Holger Schwarz

Anfragegenerierende Systeme

AF209655

VIEWEG+TEUBNER RESEARCH

Holger Schwarz

# Anfragegenerierende Systeme

Anwendungsanalyse, Implementierungs-
und Optimierungskonzepte

VIEWEG+TEUBNER RESEARCH

Bibliografische Information der Deutschen Nationalbibliothek
Die Deutsche Nationalbibliothek verzeichnet diese Publikation in der
Deutschen Nationalbibliografie; detaillierte bibliografische Daten sind im Internet über
<http://dnb.d-nb.de> abrufbar.

Habilitationsschrift Universität Stuttgart, 2009

D 93

1. Auflage 2010

Alle Rechte vorbehalten
© Vieweg+Teubner Verlag | Springer Fachmedien Wiesbaden GmbH 2010

Lektorat: Ute Wrasmann | Britta Göhrisch-Radmacher

Vieweg+Teubner Verlag ist ist eine Marke von Springer Fachmedien.
Springer Fachmedien ist Teil der Fachverlagsgruppe Springer Science+Business Media.
www.viewegteubner.de

Umschlaggestaltung: KünkelLopka Medienentwicklung, Heidelberg
Gedruckt auf säurefreiem und chlorfrei gebleichtem Papier.
Printed in Germany

ISBN 978-3-8348-1298-8

# Vorwort

Das vorliegende Buch basiert auf den Ergebnissen von Forschungsarbeiten am Institut für Parallele und Verteilte Systeme der Universität Stuttgart, an denen ich in den vergangenen Jahren beteiligt war. In der ersten Phase dieser Arbeiten lag das Hauptaugenmerk auf der Integration heterogener Daten in einem Data Warehouse und den darauf aufbauenden Analysemöglichkeiten. In meiner Dissertation zum Thema „Integration von Data Mining und Online Analytical Processing: Eine Analyse von Datenschemata, Systemarchitekturen und Optimierungsstrategien" habe ich zentrale Aspekte einer integrierten Betrachtungsweise von Data-Mining- und OLAP-Analysen bearbeitet. Hierbei spielten auch die für diese Varianten der Datenanalyse relevanten Datenzugriffe auf den Data-Warehouse-Datenbestand sowie Ansätze zu deren Optimierung eine wichtige Rolle.

Die zweite Phase der Forschungsarbeiten war einerseits geprägt durch eine Ausweitung der Anwendungspalette (für die Datenzugriffe genauer zu analysieren waren) und andererseits durch eine Weiterentwicklung der betrachteten Optimierungsstrategien. Die Palette berücksichtigter Anwendungsbereiche reichte von der Datenanalyse auf Basis eines Data Warehouse bis hin zu Workflowsystemen und Anwendungen für die semantische Suche. Im dem vom Bundesministerium für Bildung und Forschung geförderten Projekt nova-net wurden beispielsweise Techniken zur Generierung von Webanwendungen sowie Techniken zur themenspezifischen Suche von Informationen im Web, zum webbasierten Erfassen von Informationen und der zugehörigen Informationsaufbereitung entwickelt. In enger Kooperation mit IBM wurden die Datenzugriffe in datenintensiven Workflows analysiert und Ansätze zu deren Optimierung entwickelt. Verwandte Optimierungsfragestellungen wurden darüber hinaus beispielsweise in dem von der DFG geförderten Projekt CEOPS bearbeitet.

So heterogen sich die Anwendungsszenarien in den erwähnten und weiteren Projekten auch darstellten, so hat sich doch ein gemeinsames Muster gezeigt: In allen Anwendungen werden Anweisungen für Datenzugriffe generiert. Diese Beobachtung lieferte den Anlass, zu einer intensiveren Beschäftigung mit dem Thema der Anfragegenerierung und hat schlussendlich zu diesem Buch geführt. Wichtige Fragestellungen, denen ich dabei nachgegangen bin, sind Gemeinsamkeiten und Unterschiede der verfolgten Generierungsansätze, die Einbindung der

Anfragegenerierung in die jeweilige Systemarchitektur sowie die Defizite der generierten Anfragen und vielversprechende Optimierungsansätze.

Das vorliegende Buch beruht auf meiner im Jahr 2009 an der Fakultät für Informatik, Elektrotechnik und Informationstechnik der Universität Stuttgart eingereichten Habilitationsschrift, deren Entstehen ohne eine fortwährende intensive wissenschaftliche Förderung und Kooperation nicht möglich gewesen wäre. An erster Stelle gebührt Herrn Prof. Dr. Bernhard Mitschang Dank für seine stete Unterstützung meiner Forschungsarbeiten und vielfältige Denkanstöße zu den behandelten Themen. Herrn Professor Johann-Christoph Freytag danke ich für wichtige Anmerkungen zu einer ersten Fassung meiner Habilitationsschrift sowie für seine Bereitschaft, das Korreferat im Zuge meines Habilitationsverfahrens zu übernehmen. Ebenso großen Dank schulde ich den vielen Kollegen aus den verschiedenen Forschungsvorhaben, die durch Diskussionen und Implementierungsarbeiten einen unverzichtbaren Beitrag zu meiner Arbeit geleistet haben. Insbesondere sind hier Herr Dr. Severin Beucker, Herr Dr. Klaus Fichter, Herr Mihály Jakob, Herr Fabian Kaiser, Herr Dr. Dierk-Oliver Kiehne, Herr Dr. Tobias Kraft, Herr Dr. Albert Maier, Herr Dr. Christoph Mangold, Herr Oliver Suhre und Herr Marko Vrhovnik zu nennen.

Der mit einer intensiven Forschungsarbeit verbundene Zeitaufwand hinterlässt auch im persönlichen Bereich seine Spuren. Meiner Familie danke ich für das entgegengebrachte Verständnis. Insbesondere gilt mein Dank meiner Frau Sabine sowie meinen Töchtern Julia und Daniela für ihre Geduld und ihre moralische Unterstützung.

Stuttgart, im April 2010                                           Holger Schwarz

# Inhaltsverzeichnis

## 8 Vertiefung und Bewertung ausgewählter Optimierungsansätze     109

# Abbildungs- und Tabellenverzeichnis

# 1 Einleitung

Datenzugriffe bilden den Kern praktisch eines jeden Informationssystems. Dies gilt unabhängig davon, ob es sich um ein System zur Verwaltung innerbetrieblicher Daten, um ein Online-Handelssystem, um die Verwaltung wissenschaftlicher Daten oder um die Informationsbeschaffung im Internet oder Intranet handelt. Diese Informationssysteme greifen in der Regel auf Datenbestände zu, die nicht direkt ihrer Kontrolle unterliegen. Vielmehr handelt es sich typischerweise um Daten, die von mehreren, von einander unabhängigen Anwendungen genutzt werden. Die Daten werden darum von einem separaten System verwaltet, das mittels einer Anfragesprache den Zugriff auf die Daten ermöglicht. Ein typisches Szenario ist beispielsweise ein Online-Handelssystem, das in einem Application-Server ausgeführt wird und unter anderem mit SQL-Anfragen auf eine relationale Datenbank zugreift, die Kundenstammdaten, Produktinformationen und Daten zu den Lagerbeständen bereithält.

Die Anweisungen, die für den Datenzugriff verwendet werden, sind in vielen Fällen nicht vollständig, als statische Anfragen in der Anwendung enthalten, sondern werden von einer separaten Systemkomponente erstellt. Solche Systeme werden im Folgenden als *anfragegenerierende Systeme* bezeichnet. Wichtige Vorteile dieser Vorgehensweise sind, dass bei der Erstellung der Anfragen Kontextinformationen berücksichtigt werden können, die zum Zeitpunkt der Anwendungsentwicklung noch nicht vorliegen können, und dass die Anfragen dynamisch aus kleinen, mehrfach verwendbaren Fragmenten aufgebaut werden können, was erheblichen Einfluss auf die Komplexität und Wartbarkeit der Anwendungen hat. Während die Vorgehensweise der Generierung von Anfragen bereits seit langem in Informationssystemen Verwendung findet, fehlte bisher eine systematische Aufarbeitung wichtiger Fragestellungen in diesem Zusammenhang. Diese Lücke soll mit dem vorliegenden Buch geschlossen werden.

Als Grundlage für die Diskussion anfragegenerierender Systeme muss diese Systemklasse zunächst definiert und damit von anderen Systemklassen abgegrenzt werden. In Kapitel 2 wird der Begriff „anfragegenerierendes System" sehr breit interpretiert. Einerseits können komplette Anwendungen mit Hilfe generativer Ansätze erstellt werden. Andererseits werden solche Ansätze vielfach genutzt, um die Datenhaltung eines Informationssystems sowie die für den Zugriff auf diese Daten genutzten Datenbearbeitungsanweisungen zu generieren. Das breite

Spektrum anfragegenerierender Systeme wird in Kapitel 4 schließlich auch mit Hilfe einer Reihe von Szenarien und Systembeispielen verdeutlicht.

Zwei Schwerpunkte kennzeichnen die nachfolgende inhaltliche Auseinandersetzung mit dem Thema anfragegenerierende Systeme. Dies ist einerseits die Diskussion der Anforderungen, Verfahren und Grenzen der Anfragegenerierung. Andererseits gilt es, mögliche Vorgehensweisen zur weiteren Optimierung generierter Anfragen zu analysieren.

Im ersten Schwerpunktbereich stellt sich zunächst die Frage, welche Vorteile sich für ein Informationssystem durch die Nutzung generativer Ansätze ergeben. Dieser Frage wird in Kapitel 3 nachgegangen. Hier sind Aspekte wie Flexibilität, Komplexität, Anpassbarkeit und Wartbarkeit zu berücksichtigen. Darüber hinaus ist zu beachten, dass sich die Vorteile generativer Ansätze vom Zeitpunkt der Anwendungsentwicklung bis hin zur Laufzeit der Anwendung zeigen können. Der Generierungszeitpunkt ist darum ein wesentlicher Aspekt bei der Charakterisierung anfragegenerierender Systeme. Ebenso interessant ist es aber, die Unterschiede hinsichtlich der genutzten Anfragesprachen sowie hinsichtlich der Variabilität und Komplexität generierter Anfragen zu berücksichtigen. Aufbauen auf diesen und weiteren Kriterien wird in Kapitel 5 eine Klassifikation anfragegenerierender Systeme vorgestellt. Die geeigneten Vorgehensweisen zur Generierung von Anfragen werden schließlich in Kapitel 6 diskutiert. Es werden dabei sowohl auf Templates als auch auf Algorithmen beruhende Ansätze vorgestellt. Darüber hinaus wird die Parametrisierung von Anfragen als ein dritter Ansatz vorgestellt und mit den beiden anderen Generierungsansätzen sowie mit anderen Ansätzen der Code-Generierung verglichen.

Da generierte Anfragen häufig ein erhebliches Optimierungspotenzial aufweisen, stellt deren Optimierung das zweite Schwerpunktthema dar. Das Optimierungspotenzial ergibt sich nicht zuletzt aus dem vielfach verfolgten Ziel, die Systemkomponente zur Generierung der Anweisungen einfach und auf unterschiedlichen Zielplattformen flexibel einsetzbar zu machen. In Kapitel 7 werden der Optimierungsbedarf sowie die möglichen Ansätze zur Optimierung generierter Anfragen systematisch untersucht. Als ein zentrales Kriterium zur Unterscheidung der verschiedenen Ansätze wird sich hierbei die Optimierungsreichweite herausstellen. Damit wird charakterisiert, ob sich ein Optimierungsansatz auf eine oder mehrere Anfragen bezieht und ob diese Anfragen von einer oder mehreren Anwendungen erstellt wurden. Weitere Kriterien werden herausgearbeitet und im Kontext der Anfragegenerierung diskutiert. Auf dieser Grundlage kann schließlich eine Klassifikation der Optimierungsansätze vorgenommen werden. Die detaillierte Untersuchung einzelner, ausgewählter Ansätze ist dann Gegenstand von Kapitel 8, wobei eine Fokussierung auf die Optimierung von Anfragen an relationale Datenbankmanagementsysteme erfolgt. Hierzu gehören neben der klassischen Anfrageoptimierung und der Multi-Query-Optimierung auch neuere Ansätze, die stärker auf die Herausforderungen zugeschnitten sind, die sich im Kontext anfragegenerierender Systeme ergeben. Diese Ansätze unterziehen ganze Gruppen von Anfragen der Optimierung. Sie unterscheiden sich dabei in erster Line in der Komplexität des berücksichtigten Kontrollflusses, in der Bandbreite unterschiedlicher Anweisungen zur Datenbearbeitung, die bei der Optimierung berücksichtigt werden können, sowie in der gewählten Strategie zur Kontrolle des Optimierungsprozesses. In Kapitel 8 wird sowohl der CGO-Ansatz als auch die PGM-Optimierung diskutiert. Im Rahmen der Coarse-Grained-Optimierung (CGO) werden Sequenzen von Datenbearbeitungsanweisungen mit Hilfe von Restrukturierungsregeln so modifiziert, dass sie effizienter ausgeführt werden können. Die PGM-Optimierung ermöglicht die Optimierung des Datenmanagements in Workflows. Hierfür werden die für die Optimierung relevanten Bestandteile des Workflows mit Hilfe des formalen Prozessgraphmodells (PGM) repräsentiert. Zu beiden Optimierungsansätzen werden Restrukturierungsregeln und Kontrollstrategien diskutiert sowie die internen Repräsentationsmöglichkeiten für generierte Datenbearbeitungsanweisungen vorgestellt. Die Effektivität und die Effizienz der Ansätze wird anhand von Messergebnissen bewertet.

In Kapitel 9 werden die zentralen Ergebnisse schließlich zusammengefasst und diskutiert. Darüber hinaus wird erläutert, welche Fragestellungen im Zusammenhang mit den einzelnen Optimierungsansätzen einer weiteren Bearbeitung bedürfen.

# 2 Grundlagen

In diesem Kapitel werden Prämissen und zentrale Begriffsdefinitionen als Grundlage für die weitere Diskussion vorgestellt. Das Kapitel beginnt mit einer Charakterisierung der zentralen Anwendungsklassen in Abschnitt 2.1. Wichtige Aspekte von Datenbearbeitungsanweisungen sowie deren Einbettung in Anwendungsprogramme werden in Abschnitt 2.2 diskutiert. Abschnitt 2.3 beschäftigt sich mit den Grundlagen der Entwicklungsprozesse und Architekturen von Anwendungsprogrammen. Auf dieser Grundlage wird in Abschnitt 2.5 schließlich der für diese Arbeit zentrale Begriff der anfragegenerierenden Systeme definiert und diskutiert.

## 2.1 Zentrale Anwendungsklassen

Die folgende Diskussion beginnt mit Datenbankanwendungen als der für die Auseinandersetzung mit anfragegenerierenden Systemen zentralen Anwendungsklasse. Dies umfasst auch einen kurzen historischen Abriss zu deren Entwicklung. Anschließend werden Information-Retrieval- und Webanwendungen als weitere wichtige Klassen diskutiert.

### 2.1.1 Datenbankanwendungen

Unter einer *Datenbankanwendung* werden allgemein Anwendungsprogramme verstanden, die auf externe, d.h. nicht direkt der Kontrolle der Datenbankanwendung unterliegende Datenbestände zugreifen. Die Verwaltung dieser Datenbestände erfolgt vielmehr durch ein Datenbankmanagementsystem (DBMS). Mit Hilfe von in einer Anfragesprache formulierten Anweisungen ist für die Datenbankanwendung der Zugriff auf die Daten und deren Verarbeitung möglich. Das DBMS übernimmt hierbei alle Aufgaben im Zusammenhang mit der Ausführung dieser Anweisungen. Hierzu gehört insbesondere auch deren Übersetzung und Optimierung.

Mit den wachsenden Anforderungen an Datenbankanwendungen hat sich deren Komplexität im Lauf der Zeit erheblich verändert. Hier sollen insbesondere zwei Aspekte betont werden, die Komplexität der Datenhaltung sowie die Komplexität der Datenverarbeitung.

Die Datenhaltung in frühen Systemen bestand aus einer Sammlung von Dateien, in denen das Anwendungsprogramm die dauerhaft zu speichernden Daten organisierte. Schrittweise haben sich verschiedene Datenmodelle als hilfreich erwiesen, die Modellierung der Datenbestände anwendungsübergreifend zu vereinheitlichen. Hierzu zählen insbesondere das relationale, das objekt-orientierte und das hierarchische Datenmodell [GUW02]. Da Datenbankanwendungen häufig auf Datenbestände zugreifen müssen, die auf Basis unterschiedlicher Datenmodelle verwaltet werden, ergibt sich aufgrund dieser Heterogenität eine zusätzliche Komplexität für die einzelne Anwendung. Hinzu kommt die aufgrund der Fortschritte in den Speichertechnologien immer stärker wachsende Größe der Datenbestände, mit denen eine einzelne Anwendung konfrontiert ist.

Eine zunehmende Komplexität in der Datenverarbeitung lässt sich insbesondere aus den Anfragen ablesen, die eine Datenbankanwendung verwendet, um auf externe Datenbestände zuzugreifen. In diesen Anfragen spiegelt sich zunächst die Heterogenität der Datenmodelle in Form unterschiedlicher Anfragesprachen wider. Zudem sind unterschiedliche Ansätze der Einbettung von Datenbankanfragen in das Anwendungsprogramm zu berücksichtigen. Des Weiteren hat auch die Komplexität der einzelnen Anfragen stark zugenommen. In diesen Anfragen spiegelt sich ein Teil der Anwendungslogik einer Datenbankanwendung wider. Der Begriff Anwendungslogik wird hier verwendet, um all diejenigen Teile eines Anwendungsprogramms zu beschreiben, die sich weder auf reine Präsentationsaspekte noch auf die Datenverwaltung beziehen.

In Teilen konnte die Komplexitätszunahme für Datenbankanwendungen allerdings durch die Weiterentwicklung der Datenbanktechnologie ausgeglichen werden. So übernehmen DBMS zentrale und immer wiederkehrende Aufgaben der Anwendungen, wie z.B. die Synchronisation parallel laufender Aktivitäten, die Verwaltung von Transaktionen und die erforderlichen Recovery-Maßnahmen, um nur einige Beispiele zu nennen. Darüber hinaus sind es auch die Fortschritte in der Datenbanktechnologie, die es erlauben, Datenbankanwendungen mit immer komplexeren Anfragen zu erstellen. Diese komplexen Anfragen erlauben es, erhebliche Teile der Anwendungslogik in das Datenbanksystem zu verlagern, d.h. die zugehörigen Operationen nah an den Daten auszuführen. Dies ist häufig mit erheblichen Leistungsvorteilen verbunden. Um diese Vorteile allerdings nutzen zu können, müssen die Anfragen auf den jeweils zur Laufzeit aktuellen Kontext zugeschnitten sein. Hierzu gehören beispielsweise die Ausführungsumgebung sowie Eingaben der Benutzer. Dies macht es in vielen Fällen zwingend notwendig, die Anfragen der Datenbankanwendung bei deren Implementierung nur in Teilen festzulegen und erst zu einem späteren Zeitpunkt erst zu vervollständigen. Dieser Schritt der Erstellung von Anfragen durch die Datenbankanwendung selbst oder aber auch durch andere Software werden im Folgenden als Anfragegenerierung bezeichnet. In den nachfolgenden Abschnitten werden in diesem Zusammenhang zentrale Begriffe und deren Verwendung erläutert.

### 2.1.2    Information-Retrieval- und Webanwendungen

Anwendungen im Bereich Information Retrieval erlauben ebenfalls den Zugriff auf umfangreiche Datenbestände. Anders als bei Datenbankanwendungen, in deren Rahmen die gewünschten Daten mit Hilfe der Anfragesprache exakt spezifiziert werden können, werden hier Anfragen in der Regel als Schlüsselwortanfragen formuliert. Die Anfrage enthält also eine Reihe von Schlüsselworten. Gesucht sind dann die Ausschnitte aus dem vorliegenden Gesamtdatenbestand, die eine möglichst große Ähnlichkeit zu den gegebenen Schlüsselworten aufweisen. Da der Datenbestand in diesem Anwendungskontext meist aus Dokumenten besteht liefern *Information-Retrieval-Anwendungen* als Ergebnis einer Anfrage wiederum eine Liste von Dokumenten. Die Kontrolle der Daten kann direkt der Information-Retrieval-Anwendung unterliegen, wie dies z.B. bei Content-Management-Systemen der Fall ist. Ebenso ist es aber auch möglich, dass die Anwendung weitgehend unabhängig von den zu durchsuchenden Datenbeständen arbeitet. Web-Suchmaschinen sind die typischen Vertreter dieser zweiten Variante. Im Bereich der Web-Suchmaschinen spielt wiederum die Gruppe der Meta-Suchmaschinen eine wichtige Rolle. Diese Klasse von Suchmaschinen ist dadurch gekennzeichnet, dass sie nicht direkt auf die verfügbaren Dokumente zugreifen, sondern die Anfragen an andere Suchmaschinen weiterleiten, hierzu die Anfragen soweit notwendig umformulieren und schließlich die von den einzelnen Suchmaschinen gelieferten Teilergebnisse zu einem Gesamtergebnis integrieren.

Der Bereich der *Webanwendungen* ist ein ebenso zentraler Bereich, der allerdings orthogonal zu den beiden bisher genannten Bereichen gesehen werden muss. Bei dieser Gruppe von Anwendungen steht im Vordergrund, dass deren Oberfläche dem Benutzer durch einen Web-Browser präsentiert wird. Als wesentlicher Vorteil ist hervorzuheben, dass auf den Client-Rechnern der Benutzer lediglich ein solcher Browser verfügbar sein muss, um mit der Anwendung arbeiten zu können. Die weitere Verarbeitung erfolgt überwiegend serverseitig mit Hilfe von

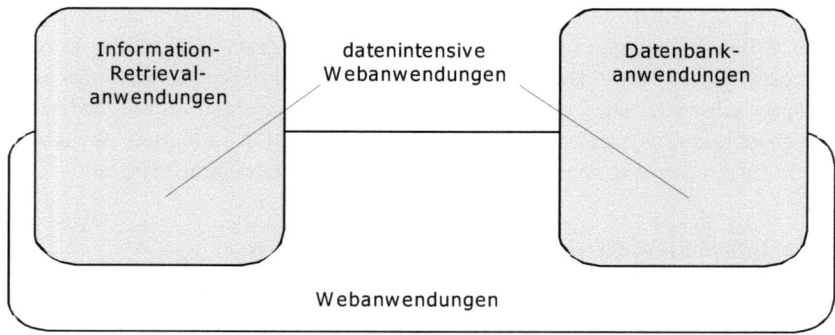

**Abbildung 1:** Zentrale Anwendungsklassen

Web-Servern, Applikation-Servern und anderen Softwarekomponenten. Dies bedeutet, dass mit dem Begriff Webanwendung lediglich charakterisiert wird, wie der Benutzer technisch auf die Anwendung zugreifen kann. Demgegenüber sagt die Unterscheidung in Datenbankanwendungen und Information-Retrieval-Anwendungen etwas über die jeweils charakteristische Art der Datenzugriffe aus. Damit besteht in beiden Bereichen die Option, eine Anwendung als Webanwendung zu realisieren oder nicht. Demgegenüber existieren allerdings auch Webanwendungen, die ohne Zugriff auf umfangreiche Datenbestände auskommen und somit weder in den Bereich der Datenbankanwendungen noch in den Bereich der Information-Retrieval-Anwendungen fallen. Webanwendung in denen der Zugriff auf größere Datenbestände eine wichtige Rolle spielt, werden im Folgenden als *datenintensive Webanwendungen* bezeichnet. Sie stellen für die Diskussion anfragegenerierender Systeme eine wichtige Anwendungsklasse dar. Für diese Anwendungsklasse wird vielfach auch der Begriff Web-Informationssystem genutzt [RV03]. Der erläuterte Zusammenhang zwischen den unterschiedlichen Anwendungsklassen ist in Abbildung 1 dargestellt.

Falls Aussagen im jeweiligen Kontext sowohl für Datenbankanwendungen als auch für Information-Retrieval-Anwendungen gelten, so wird in den folgenden Erläuterungen auch der Begriff *Anwendungsprogramm* verwendet.

Der von Anwendungsprogrammen genutzte externe Datenbestand kann durch ein *Datenmanagementsystem* verwaltet werden, er ist somit nicht direkter Bestandteil der Anwendung. Ein hervorzuhebendes Merkmal eines Datenmanagementsystems ist, dass es eine persistente Speicherung von Daten anbietet und Anwendungen den Zugriff auf die Daten mit Hilfe von Datenbearbeitungsanweisungen ermöglicht. Als Datenmanagementsystem kommen somit sämtliche DBMSe infrage. Darüber hinaus umfasst der Begriff aber auch andere Systeme, die einen Zugriff auf persistente Datenbestände erlauben, wie z.B. Content-Management-Systeme und Suchmaschinen.

## 2.2 Datenbearbeitungsanweisungen

Sowohl im Bereich der Datenbankanwendungen als auch in Information-Retrieval-Anwendungen werden Anweisungen in einer formalen Sprache genutzt, um auf Daten zuzugreifen. In Datenbankanwendungen sind dies typischerweise komplexe Anweisungen, die es erlauben, die auf den Daten auszuführenden Operationen exakt zu spezifizieren. Insbesondere sind hierbei auch schreibende Zugriffe auf die Daten vorgesehen. Anders sieht dies im Bereich des Information Retrieval aus. Wie bereits die Bezeichnung andeutet, sind hier ausschließlich lesende Zugriffe vorgesehen. Die Anweisungen erlauben hierbei nur eine unscharfe Charakterisierung der gewünschten Information und sind darum in der Regel weniger komplex. Um das skizzierte Spektrum von Anweisungen komplett zu erfassen wird hier der Begriff *Datenbearbeitungsanweisung* verwendet und sehr umfassend interpretiert. Einerseits umfasst er komplexe Anfragesprachen, wie z.B. SQL [MS02]. Andererseits sollen hier auch einfache Schlüsselwortanfragen, wie sie typischerweise durch Suchmaschinen bearbeitet werden, als Datenbearbeitungsanweisungen aufgefasst werden. Das Spektrum möglicher Datenbearbeitungsanweisungen wird im folgenden Abschnitt genauer erläutert.

### 2.2.1 Sprachen für Datenbearbeitungsanweisungen

Gemäß der oben angegebenen Definition von Datenbankanwendungen handelt es sich hierbei um allgemeine Anwendungsprogramme, deren wesentliches Spezifikum darin besteht, dass vom Programm aus ein Zugriff auf externe Datenbestände erfolgt. Bei der Entwicklung solcher Anwendungsprogramme lassen sich zwei Sprachebenen unterscheiden. Dabei bildet die spezifische Programmiersprache, in der das Anwendungsprogramm erstellt wird, eine der beiden Sprachebenen. Mit Hilfe dieser Programmiersprache ist in der Regel kein direkter Zugriff auf externe Datenbestände möglich. Um die hierfür notwendigen Datenbearbeitungsanweisungen bereitzustellen wird eine separate Anfragesprache genutzt. Diese stellt somit die zweite Sprachebene dar. Solche Sprachen sind

sowohl für den lesenden wie auch für den schreibenden Zugriff vorgesehen und
umfassen typischerweise auch Anweisungen zur Datendefinition. Die einzelnen
Anfragesprachen sind dabei auf das jeweilige Datenmodell zugeschnitten. SQL
stellt seit mehreren Jahrzehnten den Standard für das relationale Modell dar
[MS02], während sich XQuery inzwischen als Standard für Datenbestände etab-
liert hat, die mit Hilfe von XML strukturiert sind [LS04]. Entsprechende Sprachen sind aber ebenso für andere Datenmodelle, wie dem hierarchischen Modell,
dem Netzwerkmodell [DBTG71] oder der objektorientierten Modellierung der
Daten verfügbar [Cat99]. Im Folgenden erfolgt eine Fokussierung auf den
Bereich SQL und XQuery. Dies erscheint einerseits aufgrund der überragenden
Bedeutung dieser Sprachen zur Erstellung von Datenbankanwendung sinnvoll.
Andererseits sind wesentliche Ergebnisse dieser Arbeit einfach auf andere Anfragesprachen zu übertragen. Wo dies nicht ohne Weiteres möglich ist, z.B. da einzelne Aspekte der Optimierung nur bei deklarativen Sprachen von Bedeutung
sind, wird im Folgenden explizit darauf hingewiesen.

Separat zu betrachten sind Information-Retrieval-Anwendungen. Wie bereits
erläutert sind hier nur Datenbearbeitungsanweisungen für den lesenden Zugriff
relevant. In diesem Bereich fehlen Standards mit einer vergleichbaren Bedeutung, wie sie SQL im Bereich der Datenbankanwendungen zukommt. In der folgenden Diskussion erfolgt eine Fokussierung auf Boolesche Anfragen. Darunter
sind Anfragen zu verstehen, die eine Reihe gesuchter Schlüsselbegriffe enthalten,
welche wiederum durch Boolesche Operatoren verknüpft sein können. Neben der
direkten Verwendung der Schlüsselbegriffe werden auch Funktionen berücksichtigt, die Schlüsselbegriffe als Parameter erhalten. Damit ergibt sich als einfaches
Beispiel für eine Anfrage: "Universität" AND "Informatik" AND InTitle("Fakultät"). Mit Hilfe dieser Anfrage kann nach Dokumenten gesucht werden, die
sowohl die Begriffe "Universität" als auch "Informatik" enthalten. Zusätzlich
soll im Titel der Dokumente der Begriff "Fakultät" auftreten. Dieser Anfragetyp
ist insbesondere deshalb von zentraler Bedeutung, da er sowohl in einer Vielzahl
von Information-Retrieval-Systemen umgesetzt wurde als auch die typische
Anfrageschnittstelle für Web-Suchmaschinen darstellt. Weitergehende Ansätze
für Anfragen im Bereich Information Retrieval binden Erkenntnisse aus dem
Bereich künstliche Intelligenz mit ein, um z.B. eine weitgehend natürlichsprachliche Formulierung der Anfragen zu ermöglichen. Diese Ansätze werden hier
allerdings nicht weiter berücksichtigt.

## 2.2.2    Einbettung von Datenbearbeitungsanweisungen

Im Bereich der Datenbankanwendungen wurden unterschiedliche Varianten der Einbettung von Datenbearbeitungsanweisungen in das Anwendungsprogramm entwickelt, wobei in vielen Fällen ein System mehrere dieser Einbettungskonzepte unterstützt [HR01]. Eine Variante ist die Einbettung der Datenbearbeitungsanweisungen in das Anwendungsprogramm. In diesem Fall werden die Datenbearbeitungsanweisungen syntaktisch vom restlichen Anwendungsprogramm unterschieden und müssen separat übersetzt und verarbeitet werden. Die Aufruftechnik stellt dagegen einen Ansatz dar, bei dem der Zugriff auf die Daten mit Hilfe von in einer Bibliothek bereitgestellten Funktionen erfolgt. Für den Zugriff auf externe Daten sind im Anwendungsprogramm die jeweils passenden Funktionsaufrufe vorzusehen. Die eigentlichen Datenbearbeitungsanweisungen sind dann lediglich die Parameter, die diesen Funktionen übergeben werden. Bei diesem Ansatz ist für die Datenzugriffe im Anwendungsprogramm keine separate Übersetzung vor der Verarbeitung vorzusehen. Eine dritte Variante der Einbettung stellt die sogenannte Sprachintegration dar. Hier ist es das Ziel, die Datenbearbeitungsanweisungen so in eine Programmiersprache zu integrieren, dass diese integraler Bestandteil der Sprache sind und damit insbesondere keine Unterscheidung zwischen Zugriffen auf persistente und nicht-persistente Daten mehr notwendig ist. Da der zuletzt genannte Ansatz in der systemtechnischen Umsetzung und im praktischen Einsatz weitgehend bedeutungslos ist, wird im Folgenden davon ausgegangen, dass Datenbearbeitungsanweisungen in Datenbankanwendungen entweder per Einbettung oder per Aufruftechnik integriert werden.

Im Bereich der Information-Retrieval-Anwendungen ergibt sich prinzipiell dasselbe Spektrum der Einbettungsmöglichkeiten. Allerdings kann hier eine Fokussierung auf die Aufruftechnik erfolgen. Dies bedeutet, dass das Anwendungsprogramm Anfragen an ein externes Datenmanagementsystem mit Hilfe von Funktionsaufrufen weitergibt. Die jeweils zu bearbeitenden Booleschen Anfragen stellen die Parameter dieser Funktionsaufrufe dar. Bei der Erläuterung der zentralen Anwendungsklassen wurde bereits erwähnt, dass für den Aspekt der Generierung von Datenbearbeitungsanweisungen insbesondere solche Anwendungen relevant sind, die nach dem Prinzip der Metasuchmaschine arbeiten. Solche Anwendungen erstellen Anfragen und geben diese an andere Suchmaschinen zur Bearbeitung weiter. Die Schnittstelle zu diesen Suchmaschinen bietet typischerweise die Möglichkeit eines Funktionsaufrufs, unabhängig davon, ob dieser als Remote-Procedure-Call, als Web-Service-Aufruf oder in anderer Form technisch umgesetzt wird.

### 2.2.3 Komplexität von Datenbearbeitungsanweisungen

Datenbearbeitungsanweisungen können in ihrer Komplexität sehr große Unterschiede aufweisen. Im einfachsten Fall besteht die Aufgabe einer Datenbearbeitungsanweisung lediglich darin, Daten aus einem Datenbestand für das Anwendungsprogramm bereitzustellen. Jegliche Verarbeitung der Daten, d.h. auch das Herausfiltern der für das Anwendungsprogramm relevanten Daten, erfolgt in diesem Fall nicht in der Datenbearbeitungsanweisung. Sofern die Sprachen zur Formulierung von Datenbearbeitungsanweisungen lediglich Anweisungen von sehr geringer Komplexität zulassen, kann die Verarbeitung der bereitgestellten Daten somit nicht mit Hilfe der in das Anwendungsprogramm eingebetteten Datenbearbeitungsanweisungen realisiert werden, sondern muss im Anwendungsprogramm separat umgesetzt werden. Allerdings bieten sämtlich in Abschnitt 2.2.1 als relevant identifizierten aktuellen Sprachen sehr viel weitergehende Möglichkeiten der Anfrageformulierung. Diese eröffnen insbesondere auch ein breites Spektrum der Verteilung von Anwendungslogik auf das Anwendungsprogramm einerseits und das Datenmanagementsystem andererseits. Darüber hinaus sind aktuelle Datenmanagementsysteme typischerweise so ausgereift, dass sie eine effiziente Ausführung auch für komplexere Datenbearbeitungsanweisungen sicherstellen können. Dies ist nicht zuletzt auf die Fortschritte im Bereich der Anfrageoptimierung für relationale Datenbanksysteme zurückzuführen, die im Verlauf der letzten Jahrzehnte erzielt werden konnten. Eine weitere grundlegende Annahme für die Betrachtung anfragegenerierender Systeme ist somit, dass Datenbearbeitungsanweisungen berücksichtigt werden müssen, die einen Teil der Anwendungslogik eines Anwendungsprogramms widerspiegeln und somit eine nicht unerhebliche Komplexität aufweisen können. Sehr einfache Anweisungen, die lediglich dem kompletten Auslesen eines Datenobjekts dienen sind in diesem Zusammenhang lediglich als ein Spezialfall zu betrachten. Diese Art von Datenbearbeitungsanweisungen ist auch unter dem Aspekt der Generierung weitgehend uninteressant, da sie in der Regel offensichtlich sind und allenfalls geringe Abhängigkeiten vom jeweiligen Ausführungskontext aufweisen.

Zusätzliche Komplexität kann sowohl explizit als auch implizit in die Datenbearbeitungsanweisungen eingebracht werden. Unter der expliziten Variante soll hier verstanden werden, dass Datenbearbeitungsfunktionalität direkt in der für die

Datenbearbeitungsanweisungen verwendeten Anfragesprache ausgedrückt wird. Dies ist beispielsweise der Fall, wenn in SQL die WITH-Klausel oder die Möglichkeit zur Schachtelung von Anfragen genutzt wird. Am Beispiel relationaler Datenbanksysteme lässt sich gut die Möglichkeit deutlich machen, implizit mit Hilfe von Datenbearbeitungsanweisungen zusätzliche Funktionalität der Anwendung auszuführen. Hierbei ist insbesondere an die Möglichkeit zu denken, benutzerdefinierte Funktionen zu definieren, im Datenbankmanagementsystem bereitzustellen und schließlich in SQL-Anfragen zu verwenden. Diese Variante kann man als eine implizite Erhöhung der Komplexität einer Anweisung angesehen, da die Komplexität in der SQL-Anfrage an sich nicht unbedingt deutlich wird, sondern im Aufruf der benutzerdefinierten Funktion gekapselt ist.

## 2.3  Entwicklungsprozesse für Anwendungsprogramme

In diesem Abschnitt werden wichtige Grundlagen der Entwicklungsprozesse und Architekturen von Anwendungsprogrammen vorgestellt.

### 2.3.1  Phasen der Softwareentwicklung

Für die genauere Betrachtung der Datenbearbeitungsanweisungen und möglicher Erstellungszeitpunkte für diese Anweisungen ist es hilfreich, den Entwicklungsprozess angelehnt an die modellgetriebene Softwareentwicklung zu betrachten [Fra03]. Abbildung 2 stellt den sich ergebenden Prozess im Überblick dar. Der Prozess ist hierbei auf die wichtigsten Phasen und Aspekte reduziert, die für die weitere Diskussion von Bedeutung sind. Demnach sind fünf wichtige Phasen zu unterscheiden. Zunächst wird für die Anwendung ein fachliches Modell erstellt, in dem relevante Abläufe und Beziehungen plattformunabhängig dargestellt werden. Dieses Modell wird in der englischsprachigen Literatur in der Regel als Platform Independent Model bezeichnet. Daraus wird das technische Modell abgeleitet, das plattformspezifische Möglichkeiten der gewünschten Ziel-Laufzeit-

**Abbildung 2:** Wichtige Phasen eines Softwareentwicklungsprozesses

umgebung berücksichtigt (Platform Specific Model). Der Quellcode der
Anwendung wird schließlich auf Grundlage dieses Modells abgeleitet. Für diesen
Schritt gibt es wiederum eine breite Palette an Möglichkeiten. Diese reichen von
der kompletten Neuerstellung des Quellcodes, über die Wiederverwendung exis-
tierender Komponenten bis hin zu vollständigen Generierung aus dem vorgegebenen fachlichen Modell. Eine detailliertere Betrachtung dieser Optionen ist im
Zusammenhang der hier betrachteten Aspekte anfragegenerierender Systeme
nicht weiter gewinnbringend. Von Bedeutung ist dagegen der sich anschließende
Schritt, hier Code-Verteilung genannt. Diese umfasst die Verteilung, Installation
und gegebenenfalls auch Konfiguration des Anwendungsprogramms auf dem
beabsichtigten Zielsystem und wird vielfach auch als Deployment bezeichnet.
An das erfolgreiche Deployment des Anwendungsprogramms kann sich dessen
Ausführung anschließen.

Die Trennung in Programmiersprache und Anfragesprache, die für Datenbankanwendungen charakteristisch ist, wurde bereits zu Beginn von Abschnitt 2.2 erläutert. Auf den grundlegenden Entwicklungsprozess für Datenbankanwendungen
hat diese Unterscheidung allerdings keinen Einfluss, so dass die Erstellung der
Datenbearbeitungsanweisungen in Abbildung 2 noch nicht berücksichtigt ist.
Deren Einordnung erfolgt im nächsten Abschnitt.

### 2.3.2    Erstellungszeitpunkt der Datenbearbeitungsanweisungen

Ein wichtiger Aspekt für Anwendungsprogramme der unterschiedlichen Klassen
ist die Frage, zu welchem Zeitpunkt die für den Datenzugriff der Anwendung
notwendigen Anweisungen erstellt werden. Angelehnt an den oben erläuterten
Softwareentwicklungsprozess können drei wesentliche Schritte bei der Erstellung der Anweisungen für den Datenzugriff unterschieden werden. Eine plattformunabhängige Beschreibung des Datenzugriffs stellt hierbei den ersten Schritt
dar. In diesem wird ein Datenverarbeitungsschritt allgemein beschrieben, ohne
dass hierzu das physische Datenobjekt referenziert oder der Datenzugriff in einer
bestimmten Anfragesprache spezifiziert werden muss. Auf dieser Ebene sind insbesondere natürlichsprachliche und grafische Repräsentationen der Anweisungen
relevant.

Im zweiten Schritt folgt eine plattformabhängige Beschreibung des Datenzugriffs. Dies ist nichts anderes als die Spezifikation der Anweisung unter Verwendung einer konkreten Anfragesprache. Allerdings kann die Anweisung auf dieser

Ebene noch unvollständig sein. Beispielsweise ist es denkbar, dass sie Parameter enthält, die für die Ausführung durch aktuelle Werte zu ersetzen sind. Erst durch diesen Ersetzungsschritt ergibt sich schließlich das ausführbare "Programm", hier in Form einer ausführbaren Anweisung in einer Anfragesprache.

Die drei dargestellten Schritte werden prinzipiell beim Erstellen aller Datenbankanwendungen durchlaufen, wobei die einzelnen Schritte unterschiedlich stark ausgeprägt sein können. So kann die plattformunabhängige Beschreibung beispielsweise auch nur aus einem kurzen erläuternden Text bestehen, während eine zusätzliche Parametrisierung nur für bestimmte Anwendungskontexte relevant ist.

Für die Betrachtung anfragegenerierender Systeme ist es allerdings von Bedeutung, in welchen Phasen des Softwareentwicklungsprozesses welche Schritte zur Erstellung der Datenbearbeitungsanweisungen durchgeführt werden und ab welcher Phase die abschließende Datenbearbeitungsanweisung vorliegt. Nach diesem Zeitpunkt können vier wichtige Varianten unterschieden werden:

• Die Datenbearbeitungsanweisungen werden bereits bei der Erstellung des plattformspezifischen Modells der Anwendung vollständig angegeben.

• Mit der Erstellung des Quellcodes für eine Anwendung werden auch die notwendigen Datenbearbeitungsanweisungen komplettiert.

• Es besteht ebenso die Möglichkeit, die Datenbearbeitungsanweisungen erst bei der Verteilung der Anwendung (Deployment) in eine ausführbare Form zu bringen.

• Eine weitere Option ist dadurch gekennzeichnet, dass erst bei der Ausführung des Programms für die Bereitstellung lauffähiger Datenbearbeitungsanweisungen gesorgt wird. Dies umfasst sowohl die komplette Erstellung als auch die reine Parametrisierung der Anweisungen zur Laufzeit.

Hier sollen die möglichen Varianten zunächst nur genannt werden. Die Implikationen, die sich daraus jeweils für die Generierung der Anweisungen sowie für deren Optimierung ergeben, werden im weiteren Verlauf genauer diskutiert.

## 2.4 Systemarchitekturen

Die einfachste Variante zur Strukturierung eines Anwendungsprogramms, d.h. ein monolithisches Programm, soll hier nicht weiter betrachtet werden. Insbesondere stellen so strukturierte Anwendungen keine Datenbankanwendung dar, wie sie in Abschnitt 2.1 definiert sind. Der Zugriff auf externe Daten ist hier nicht gegeben.

### 2.4.1   Datenbankanwendungen

Der für Datenbankanwendungen charakteristische Zugriff auf externe Daten lässt sich einfach im Rahmen einer Client-Server-Architektur realisieren. Hierbei werden alle Aufgaben der Anwendung in eine Client- und eine Serverkomponente aufgeteilt. Diese Komponenten werden typischerweise getrennt auf unterschiedlichen Rechnern ausgeführt. In diesem Fall ist es naheliegend, dass alle Datenzugriffe direkt in der Serverkomponente erfolgen. Ob die dazu notwendigen Datenbearbeitungsanweisungen allerdings client- oder serverseitig erstellt werden ist durch die Architektur in keiner Form vorgegeben.

In verschiedener Hinsicht eine Erweiterung der Client-Server-Architektur stellen Mehrschichtenarchitekturen dar. Hier wird die Funktionalität der Anwendung auf mehrere Schichten aufgeteilt, die bei Bedarf auf unterschiedlichen Rechnern zur Ausführung kommen können. Die logische Aufteilung in Schichten zieht allerdings nicht notwendigerweise auch eine Verteilung der Komponenten nach sich. Eine häufig anzutreffende Unterteilung erfolgt in 3 Schichten nach dem Model-View-Controller-Konzept [KS88][GH+95]. Hierbei sind in der Model-Schicht die von der Anwendung zu verwaltenden Daten und Objekte gebündelt, die View-Schicht dient der Präsentation dieser Daten und die Controller-Schicht steuert die Abläufe innerhalb der Anwendung. Ein wesentliches Kennzeichen dieses Konzepts ist, dass die Daten bzw. Objekte und ihre Darstellung entkoppelt werden. Daten können sich somit ändern, ohne dass mit der Änderung auch direkt für eine Aktualisierung der Darstellung gesorgt werden muss. Die zuständigen Komponenten der View-Schicht werden über die Änderungen informiert, ohne dass der Model-Schicht diese im Einzelnen bekannt sein müssen. Es findet also eine Art Beobachtung der Datenobjekte und eine Reaktion auf deren Änderung statt. In [GH+95] wird diese Vorgehensweise darum auch mit dem Entwurfsmuster Observer beschrieben.

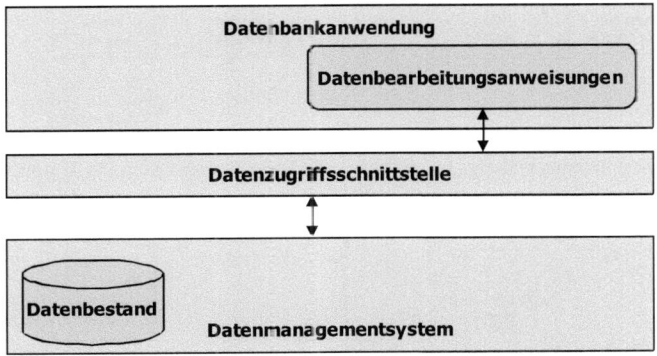

**Abbildung 3:** Systemarchitektur von Datenbankanwendungen

Eine andere Schichteneinteilung, die stärker auf den Aspekt der Datenverwaltung abhebt, zeigt Abbildung 3. Die Anwendung selbst umfasst Datenbearbeitungsanweisungen, die den externen Datenbestand referenzieren, diesen Datenbestand verändern und Daten von dort auslesen. Diese Anweisungen können beispielsweise in SQL vorliegen. Da die Datenbankanwendung und das Datenmanagementsystem in getrennten Laufzeitumgebungen ausgeführt werden, ist eine separate Schnittstelle für den Transfer der Datenbearbeitungsanweisungen in das Datenmanagementsystem sowie für die Übermittlung der Verarbeitungsergebnisse notwendig. In Abbildung 3 ist diese als Datenzugriffsschnittstelle aufgeführt. Diese Schnittstelle kann es weiterhin ermöglichen, neben lokal verfügbaren auch auf entfernte Datenbestände zuzugreifen. Datenzugriffsschnittstellen sind immer auf die jeweilige Anfragesprache und typischerweise auch auf die Programmiersprache, in der die Datenbankanwendung erstellt wird, zugeschnitten. Bekannte Standards für die Anfragesprache SQL sind beispielsweise ODBC, SQLJ und JDBC. ODBC erlaubt den Datenzugriff aus einer Vielzahl objektorientierter Programmiersprachen heraus. JDBC und SQLJ stellen separate Schnittstellen speziell für die Programmiersprache Java dar [ME00].

## 2.4.2  Webanwendungen

Eine erweiterte Architektur liegt typischerweise bei Webanwendungen vor. Fünf wichtige Architekturvarianten sind in Anlehnung an [RV03] in Abbildung 4 dargestellt. Statische Webanwendungen (Abbildung 4 a)) stellen hierbei die ein-

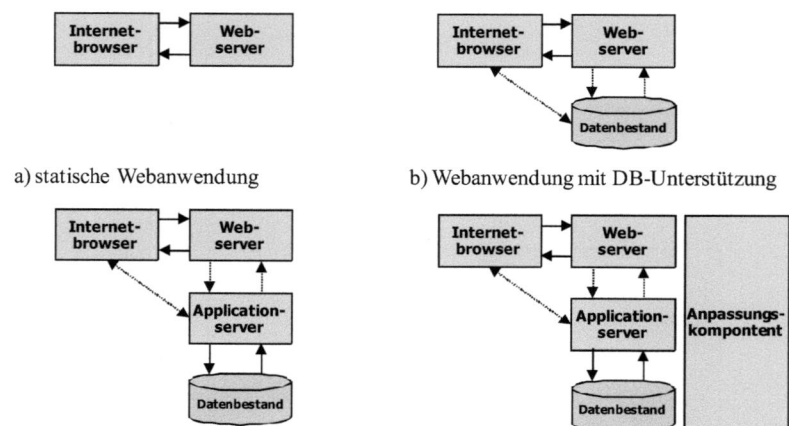

a) statische Webanwendung          b) Webanwendung mit DB-Unterstützung

c) Applikationsorientierte Webanwendung    d) Ubiquitäre Webanwendung

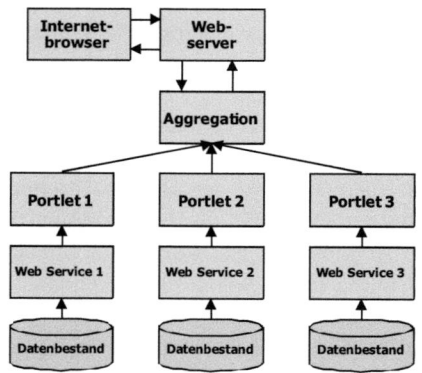

e) Portal-basierte Webanwendung

**Abbildung 4:** Architekturvarianten für Webanwendungen

fachste Variante dar. Der Webserver verwaltet in erster Linie statische Webseiten, die vom Internetbrowser angefordert werden. Einfache Formen der Interaktion können beispielsweise über das Common Gateway Interface (CGI) realisiert werden. Ein wesentlicher Nachteil dieser Architektur besteht in der Vermischung von Inhalts- und Präsentationsaspekten sowie in der fehlenden Anbindung einer Datenbank.

Der zuletzt genannte Aspekt wird mit der in Abbildung 4 b) gezeigten Architektur für Webanwendungen mit DB-Unterstützung adressiert. Hier kann der Webserver auf Datenbankinhalte zugreifen und diese als Inhalt in Webseiten einfügen. Wie diese Verknüpfung von Webseiten mit Datenbankinhalten erfolgt muss im Webserver hinterlegt sein, entweder in Form von Programmcode oder als Ergänzung in der HTML-Repräsentation der jeweiligen Webseite.

Die wachsende Komplexität von Webanwendungen sowie ein stärkerer Fokus auf die Anwendungslogik legen eine Architektur nahe, wie sie in Abbildung 4 c) gezeigt ist. In dieser Variante wird die Anwendungslogik nicht mehr im Webserver sondern in einem oder mehreren Applikationsservern gespeichert und ausgeführt. Beim Webserver verbleibt im Wesentlichen die Aufgabe, Anfragen der Clients an die Applikationsserver weiterzuleiten sowie die von den Servern gelieferten Ergebnisse zurückzutransferieren. Die Variante ubiquitärer Webanwendungen (Abbildung 4 d)) stellt eine Erweiterung dar, die es ermöglicht, personalisierte Dienste zu jeder Zeit an jedem Ort und für jedes sinnvoll nutzbare Medium zur Verfügung zu stellen. Dies macht eine Berücksichtigung des Anwendungskontexts sowie eine Anpassung der Ausgabe an die jeweils genutzten Medien notwendig. In der Architektur ist für diese Aufgaben eine spezielle Anpassungskomponente vorgesehen. Diese kann beispielsweise über ein Regelwerk die Anpassung der Inhalte und der Präsentation steuern.

Abbildung 4 e) stellt schließlich eine Architekturvariante unter Nutzung von Portal-Servern dar. Diese erlauben es dem Endbenutzer, aus einer Reihe von angebotenen Portlet-Implementierungen auszuwählen und diese zu einem Portal zu integrieren. Um diese Auswahl nicht auf lokal verfügbare Portlets zu begrenzen können Web Services integriert werden. Diese Variante ist in Abbildung 4 e) dargestellt. Die Web Services realisieren hierbei einen wesentlichen Teil der Anwendungslogik, wodurch komplexe und stark individualisierte Webseiten zusammengestellt werden können.

Für die nachfolgenden Betrachtungen sind von den vorgestellten Architekturen in erster Linie die beiden Architekturvarianten von Bedeutung, die einen Applikationsserver einbeziehen. Nur diese sind für die Generierung von Anfragen relevant. Statischen Webanwendungen und einfache Webanwendungen mit DB-Unterstützung basieren in der Regel auf statischen Datenbearbeitungsanweisungen. Bei Portal-basierten Webanwendungen beschränkt sich die Anfragegenerierung auf die Realisierung einzelner beteiligter Web Services. Dieser Aspekt wird

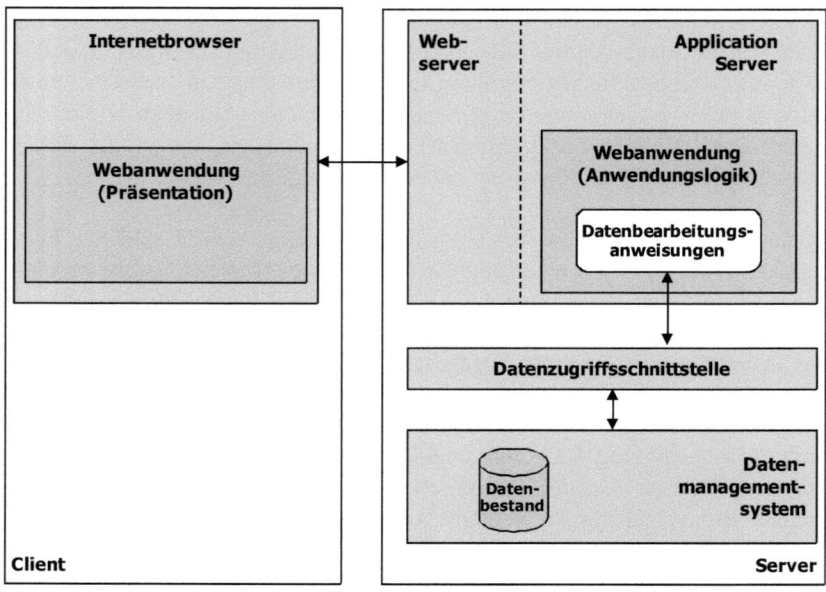

**Abbildung 5:** Systemarchitektur von Webanwendungen

somit in der Gesamtarchitektur nicht weiter sichtbar. In den auf Applikationsservern beruhenden Architekturen kann die Anfragegenerierung dagegen als Bestandteil spezifischer Systemkomponenten lokalisiert werden. Diese Architekturvariante wird darum im Folgenden weiter detailliert.

Wichtige Komponenten sind in Abbildung 5 dargestellt. Grundlegend ist, wie bereits erwähnt, die Trennung der Anwendung in Aufgaben der Präsentation, der Anwendungslogik und der Datenhaltung. Hiervon ist die Präsentation überwiegend auf Client-Seite angesiedelt, d.h. sie wird innerhalb des Internetbrowsers realisiert. Dabei spielen Technologien wie Java Script, Cascading Stylesheets etc. eine wichtige Rolle. Diese Client-Komponente der Anwendung sendet Aufrufe (HTTP Requests) an den Webserver, der Ausgangspunkt für die weitere serverseitige Verarbeitung ist. Über den Webserver wird die Anwendungslogik aufgerufen. Diese kann serverseitig als eigenständiges Programm ablaufen und über eine CGI-Schnittstelle durch den Webserver aufgerufen werden. Häufig wird die Anwendung allerdings in einem Applikation Server ausgeführt, der neben der eigentlichen Ablaufumgebung zusätzliche Services für die Anwendung bereitstellt. Diese Variante ist in Abbildung 5 dargestellt. Die Integration zwischen Webserver und Application Server kann hierbei unterschiedlich stark ausgeprägt sein. Einerseits kann der Application Server eine Ergänzung zum Webserver darstellen (z.B. Apache/Tomcat), oder aber der Webserver ist komplett ein Bestandteil des Application Servers (z.B. WebSphere). Die gestrichelte Linie soll in Abbildung 5 diese unterschiedlichen Integrationsmöglichkeiten andeuten. In der jeweiligen Ablaufumgebung stellt die Anwendung dann eine einfache Datenbankanwendung dar. Der Teil der Anwendung, der die Anwendungslogik übernimmt, enthält Datenbearbeitungsanweisungen, die wie zuvor beschrieben über eine Datenzugriffsschnittstelle an die zugehörige Datenhaltung der Anwendung geschickt werden.

### 2.4.3   Information-Retrieval-Anwendungen

Zu der Gruppe der Information-Retrieval-Anwendungen gehören insbesondere auch Web-Suchmaschinen. Die typische Architektur von Suchmaschinen ist in Anlehnung an [BR99] in Abbildung 6 dargestellt. Sie wird auch als Crawler-Indexer-Architektur bezeichnet. Der Crawler hat in dieser Architektur die Aufgabe, Webseiten von verschiedenen Webservern zu lesen und an den Indexer weiterzureichen. Dafür verwaltet er eine Liste noch zu lesender Seiten. In einer gelesenen Seite identifiziert der Crawler Links und fügt diese der Liste hinzu. Auf diese Weise werden sukzessive weite Teile des Webs erreicht. Die erzielbare Abdeckung hängt dabei unter anderem von den gewählten Startpunkten und dem zur Verfügung stehenden Zeitfenster ab. Diese einzelnen Seiten werden im Inde-

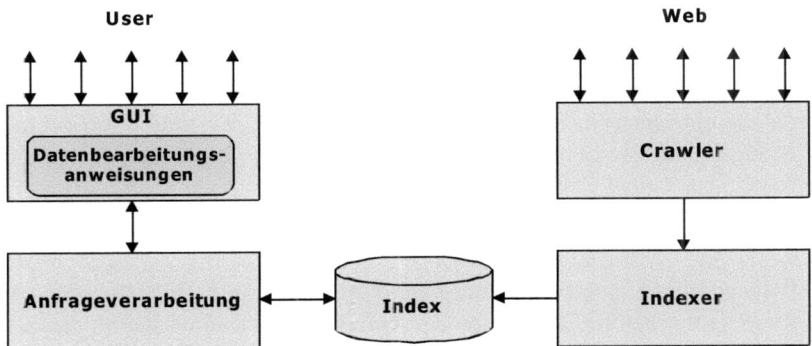

**Abbildung 6:** Crawler-Indexer-Architektur für Suchmaschinen

xer analysiert. Hierzu gehört das Entfernen von sogenannten Stop-Wörtern, d.h. Textbestandteile, wie z.B. "und", "als" und "da", die inhaltlich für den Text nicht von Bedeutung sind. Die verbleibenden Worte werden schließlich in ihre Grundform gebracht und als Suchbegriffe in einen Index eingetragen. Dieser Index erlaubt es schließlich, diejenigen Seite zu identifizieren, die einen oder mehrere Suchbegriffe enthalten.

Die Suchfunktionalität wird dem Benutzer in der gezeigten Architektur über die Benutzungsschnittstelle (GUI) bereitgestellt. Hierzu gehört insbesondere das Erstellen von Suchanfragen, die hier wie bereits erläutert als Datenbearbeitungsanweisungen bezeichnet werden. Diese Anweisungen werden an eine weitere Komponente zur Anfrageverarbeitung weitergegeben. Diese greift zur Bearbeitung der Anweisungen auf den erstellten Index zurück. Zu beachten ist, dass in dieser Architektur zwei kontinuierliche Prozesse parallel ablaufen. Der Crawler liest permanent Seiten und aktualisiert den Index entsprechend. Zu den zu lesenden Seiten gehören sowohl solche, die noch nie erfasst wurden, als auch solche, die sich seit dem letzten Lesen geändert haben. Darüber hinaus werden auch permanent Benutzeranfragen bearbeitet. Das Ergebnis jeder einzelnen Anfrage wird hierbei jeweils auf dem aktuellen Datenbestand im Index erstellt.

In der Crawler-Indexer-Architektur sind zunächst noch keine Generierungsaspekte berücksichtigt. Diese kommen in verschiedenen Erweiterungen von Suchmaschinen und auf Suchmaschinen aufsetzenden Anwendungen hinzu. Einige wichtige Beispiele werden im Folgenden aufgezählt.

- Metasuchmaschinen geben die Suchanfragen des Benutzers an mehrere Suchmaschinen weiter, nehmen die Trefferlisten dieser Suchmaschinen entgegen und integrieren diese zu einem Gesamtergebnis. Ein Generierungsaspekt ist hier insofern gegeben, als die durch den Benutzer eingegebene Suchanfrage für die einzelnen Suchanfragen ggf. in die jeweils passende Form gebracht werden muss. Die Generierung der einzelnen Suchanfragen entspricht hierbei weitgehend einem Übersetzungsvorgang.

- Grafische Benutzeroberflächen zur Eingabe der Suchanfrage verbergen teilweise oder vollständig die textuelle Repräsentation der Anfrage vor dem Benutzer und erlauben es stattdessen, die Anfrage grafisch aufzubauen. Aus dieser grafischen Repräsentation der Anfrage muss dann wiederum die textuelle Form erstellt werden, da diese Voraussetzung für die interne Bearbeitung in der Suchmaschine ist.

- Komplexe Systeme zur semantischen Suche nutzen teilweise die Funktionalität frei verfügbarer Suchmaschinen. Ein Beispiel hierfür ist das in Abschnitt 4.5 vorgestellte System EXPOSE. Wie dort erläutert wird generiert das System Anfragen an Suchmaschinen und wertet deren Ergebnisse für den Prozess der Expertensuche aus.

### 2.4.4 Service-Orientierte Architekturen

Das Konzept der serviceorientierten Architektur (kurz SOA) zielt in erster Linie auf die Umsetzung von Prozessen, insbesondere von Geschäftsprozessen, in einer Anwendung ab [BR05] [LKC8]. Das grundlegende Prinzip hierbei ist es, die Anwendung aus einer Vielzahl von Diensten für die einzelnen Teilschritte des Prozesses zusammenzusetzen und das Zusammenspiel dieser Dienste geeignet zu koordinieren. Insbesondere soll sich hierbei eine große Flexibilität ergeben, da einzelne Dienste zur Umsetzung unterschiedlicher Prozesse eingesetzt werden können. Die typische Umsetzung der serviceorientierten Architektur sieht so aus, dass die einzelnen Dienste als Web Services realisiert sind und deren koordinierte Aufrufe von einem Laufzeitsystem ausgeführt werden. Die Prozessdefinition erfolgt in einer Workflowsprache. Die Business Process Execution Language (kurz BPEL) stellt einen typischen Vertreter hierfür dar [OAS05]. Diese Sprache hat sich im kommerziellen Umfeld als Quasi-Standard etabliert. In einer strikt serviceorientierten Architektur erfolgen Datenzugriffe nur innerhalb der einzelnen Dienste. Damit ergibt sich auch nur innerhalb dieser Dienste die Notwendigkeit, Datenbearbeitungsanweisungen zu erstellen. Da die Architektur keinerlei Vorgaben zur Implementierung der einzelnen Dienste macht, kann jeder einzelne dieser Dienste eine eigenständige Datenbankanwendung umfassen. Darüber hinaus gibt es aber auch Ansätze, das Konzept der serviceorientierten Architektur dahingehend zu erweitern, dass Datenzugriffe auch direkt in der Prozessdefinition festgelegt werden können. Dies wird in Abschnitt 4.2 ausführlicher diskutiert. In diesem Fall kann die Generierung von Datenbearbeitungsanweisungen auch Bestandteil der Werkzeuge zur Erstellung und Verteilung der Anwendung sein.

## 2.5 Anfragegenerierende Systeme

Die Diskussion in Abschnitt 2.1 hat das breite Spektrum der für die Auseinandersetzung mit anfragegenerierenden Systemen relevanten Anwendungsprogramme aufgezeigt. Hierzu gehören insbesondere Datenbankanwendungen, Information-Retrieval-Anwendungen sowie Webanwendungen. Im Folgenden wird die Klasse der anfragegenerierenden Systeme eingegrenzt und ihre charakteristischen Merkmale werden erläutert. Die Diskussion der Motivation für die Verwendung anfragegenerierender Systeme sowie die Erläuterung der sich ergebenden Fragestellungen erfolgt in Kapitel 3.

### 2.5.1 Begriffsklärung und allgemeines Systemmodell

Folgende Definition zur Charakterisierung anfragegenerierender Systeme wird in der weiteren Diskussion zugrunde gelegt.

**Definition 1:** Anfragegenerierende Systeme

Anfragegenerierende Systeme sind Softwaresysteme, die in einer formalen Sprache formulierte Datenbearbeitungsanweisungen für Zugriffe auf externe Datenbestände generieren. In der Klasse der anfragegenerierenden Systeme werden zwei Arten von Softwaresystemen zusammengefasst. Zum einen sind darunter Anwendungsprogramme zu verstehen, die Datenbearbeitungsanweisungen für den Zugriff auf einen externen Datenbestand generieren und nutzen. Zum anderen gehören zu anfragegenerierenden Systemen alle Werkzeuge, die während der Entwicklung und Verteilung solcher Anwendungsprogramme zur Generierung der notwendigen Anweisungen eingesetzt werden.

Folgende Aspekte sind charakteristisch für die hier betrachtete Systemklasse:

- Die Anwendungsprogramme greifen auf Daten zu, die aus ihrer Sicht als extern zu bezeichnen sind. Dies bedeutet, dass die Daten nicht ausschließlich durch das einzelne Anwendungsprogramm verwaltet werden. Es muss also eine Schnittstelle existieren, die anderen Anwendungsprogrammen den Zugriff auf die Daten ermöglichen. Dies ist insbesondere dann gegeben, wenn die für eine Anwendung relevanten Daten durch ein Datenmanagementsystem verwaltet werden.

- Der Zugriff auf die Daten erfolgt mit Hilfe von Datenbearbeitungsanweisungen, die in einer Anfragesprache formuliert und in einer zugehörigen Laufzeitumgebung ausgeführt werden. Bezüglich der Anfragesprache erfolgt hier keine weitere Eingrenzung.

• Die Anweisungen zum Zugriff auf den Datenbestand und zu dessen Bearbeitung werden generiert. Dies bedeutet insbesondere, dass sie nicht vollständig durch die am Softwareentwicklungsprozess Beteiligten vorgegeben werden, sondern durch das Anwendungsprogramm selbst oder durch Werkzeuge, die zur Erstellung des Anwendungsprogramms eingesetzt werden, aufgebaut werden. Somit werden z.B. alle Datenbankanwendungen, deren Datenbearbeitungsanweisungen vollständig durch die Softwareentwickler bei der Implementierung festgelegt werden, nicht als anfragegenerierende Systeme im Sinne von Definition 1 gesehen.

• Neben den Anwendungsprogrammen selbst werden auch Werkzeuge als anfragegenerierende Systeme eingestuft, die im Rahmen des Entwicklungsprozesses eines Anwendungsprogramms die Generierung der notwendigen Datenbearbeitungsanweisungen unterstützen.

### 2.5.2    Abgrenzung zu anderen Systemklassen

Anfragegenerierende Systeme nach Definition 1 umfassen auch jeweils einen Teil der Klassen der Datenbankanwendungen sowie der Information-Retrieval-Anwendungen. Diese Zusammenfassung der beiden Anwendungsklassen hat sich als sinnvoll erwiesen, da sie hinsichtlich Generierung und Optimierung wesentliche Gemeinsamkeiten aufweisen. Allerdings sind die beiden Klassen von Anwendungsprogrammen nicht mit der Gruppe der anfragegenerierenden Systeme identisch. Einerseits existieren sowohl Datenbankanwendungen als auch Information-Retrieval-Anwendungen, bei denen der Generierungsaspekt für Datenbearbeitungsanweisungen keine Rolle spielt und die damit nach Definition 1 nicht als anfragegenerierende Systeme zu bezeichnen sind. In diesen Bereich fallen beispielsweise Transaktionsprogramme der klassischen OLTP-Verarbeitung, die als eine Form von Datenbankanwendungen ohne Anfragegenerierung gesehen werden können. Andererseits sollen hier auch solche Systeme berücksichtigt werden, die bei der Erstellung der jeweiligen Applikationen eingesetzt werden und dabei die notwendigen Datenbearbeitungsanweisungen generieren. Der Zusammenhang zwischen den verschiedenen Anwendungsklassen und den im Folgenden untersuchten anfragegenerierenden Systemen ist in Abbildung 7 dargestellt. Eine detaillierte Diskussion der Klasse anfragegenerierender Systeme sowie deren Klassifikation ist Gegenstand von Kapitel 5.

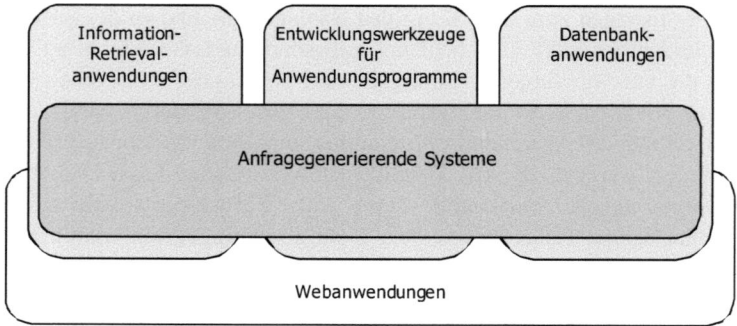

**Abbildung 7:** Abgrenzung anfragegenerierender Systeme

### 2.5.3 Generierung von Datenbearbeitungsanweisungen

Die Generierung von Datenbearbeitungsanweisungen kann zu den in Abschnitt 2.3.2 erläuterten Zeitpunkten im Rahmen des Softwareentwicklungsprozesses erfolgen. Bei der Entwicklung des plattformspezifischen Modells, der Erstellung des Quellcodes sowie bei der Verteilung der Anwendung erfolgt hierbei die Generierung durch eines oder mehrere Entwicklungswerkzeuge. Zum Ausführungszeitpunkt kann die Generierung von Datenbearbeitungsanweisungen dann nur noch durch das Anwendungsprogramm selbst erfolgen.

Im Rahmen der Generierung wird festgelegt, welche Datenbearbeitungsanweisungen zu erstellen sind, inwieweit diese zu Gruppen zusammengefasst werden und in welcher Reihenfolge die Anweisungen einer Gruppe auszuführen sind. Des Weiteren gehört dazu die detaillierte Ausformulierung der einzelnen Datenbearbeitungsanweisungen in einer formalen Sprache sowie das notwendige Zuordnen der Werte aktueller Parameter. Alle diese Detailschritte der Generierung, die im Rahmen dieser Arbeit weiter erläutert werden, können auch schrittweise über den Softwareentwicklungsprozess hinweg erfolgen. Dabei ist es sowohl möglich unterschiedliche Datenbearbeitungsanweisungen desselben Anwendungsprogramms in unterschiedlichen Phasen des Entwicklungsprozesses zu generieren. Ebenso ist es möglich für ein und dieselbe Anweisung über den Entwicklungsprozess hinweg mehrere Generierungsschritte zu durchlaufen. Letzteres kann z.B. sinnvoll sein, wenn zum Zeitpunkt der Verteilung des Anwendungsprogramms einzelne Parameter der zukünftigen Ausführungsumgebung bekannt sind und somit für die Datenbearbeitungsanweisung bereits berücksichtigt werden können, andere Größen, die Einfluss auf die Anweisungen haben, aber erst zur Laufzeit bekannt sind und somit erst in einem entsprechenden Generierungsschritt berücksichtigt werden können. Im Sinne der Minimierung des Aufwands zur Laufzeit kann hier eine schrittweise Generierung der Datenbearbeitungsanweisungen der richtige Ansatz sein.

Die im Rahmen der Generierung erfolgende Ausformulierung der einzelnen Datenbearbeitungsanweisungen kann einen Vorgang sehr unterschiedlicher Komplexität darstellen. Das Spektrum reicht von der Ergänzung von weitgehend vorgegebenen Anweisungen bis hin zur vollständigen Neuerstellung der Anweisungen. Eine Systematisierung und Bewertung der unterschiedlichen Ansätze erfolgt in Kapitel 6.

Eine der grundlegenden Thesen dieser Arbeit ist, dass in anfragegenerierenden Systemen in der Regel suboptimale Datenbearbeitungsanweisungen erstellt werden. Dies bedeutet, dass die Ausführung der erstellten Anweisungen durch das zugrundeliegende Datenmanagementsystem nicht so effizient erfolgt, wie dies prinzipiell möglich wäre. Damit ergibt sich unmittelbar der Bedarf für einen zusätzlichen Optimierungsschritt. In Kapitel 7 werden die möglichen Ansätze vorgestellt und bewertet. In Kapitel 8 wird dies durch die detaillierte Betrachtung einzelner Ansätze und Systeme vertieft.

## 2.6 Zusammenfassung

In diesem Kapitel wurden die wichtigsten Grundlagen für das Thema dieses Buches erläutert. Eine Definition des Begriffs *anfragegenerierendes System* wurde vorgestellt. Besonders betont wurde die Breite dieses Begriffes, der neben Datenbankanwendungen und Information-Retrieval-Anwendungen auch Entwicklungswerkzeuge zur Erstellung solcher Anwendungsprogramme umfasst. Die Abgrenzung zu diesen und anderen Anwendungsklassen wurde diskutiert. Ein charakteristisches Merkmal anfragegenerierender Systeme ist, dass die Datenbearbeitungsanweisungen, die diese für Zugriffe auf Daten nutzen, generiert werden. Die Anweisungen werden im Rahmen der Anwendungsentwicklung nicht vollständig durch die Entwickler festgelegt, sondern bis spätestens zum Ausführungszeit durch Software erstellt oder ergänzt. Das Spektrum der Sprachen für Datenbearbeitungsanweisungen sowie deren Komplexität und Einbettung in Anwendungsprogramme wurde in diesem Kapitel ebenfalls diskutiert.

# 3 Verwendung anfragegenerierender Systeme

Zunächst soll hier die Frage diskutiert werden, welche Gründe für die Verwendung anfragegenerierender Systeme sprechen. Diese Diskussion wird im folgenden Abschnitt geführt. Daran schließt sich eine Skizze der wichtigsten Fragestellungen, die sich im Zusammenhang mit anfragegenerierenden Systemen ergeben an. Insbesondere werden diese hinsichtlich der Systemklassifikation, der Generierungsansätze, der Verarbeitungsmodelle und Optimierungsansätze kurz angerissen. Eine ausführliche Diskussion dieser Aspekte bildet den Kern der folgenden Kapitel.

## 3.1 Motivation für die Verwendung anfragegenerierender Systeme

Es gibt unterschiedliche Aspekte, die die Generierung von Datenverarbeitungsanweisungen in Anwendungsprogrammen vorteilhaft erscheinen lassen. Diese lassen sich kurz mit den Stichworten Flexibilität, Komplexität und Anpassbarkeit umschreiben. In den folgenden Abschnitten werden diese Aspekte jeweils ausführlich diskutiert.

Eine Anmerkung sei hier vorangestellt. Wie die Diskussion in den folgenden Abschnitte zeigt, ist eine wesentliche Motivation für die Verwendung anfragegenerierender Systeme, dass es diese ermöglichen bei der Erstellung von Datenbearbeitungsanweisungen für Anwendungsprogramme solche Informationen zu berücksichtigen, die erst zum Ausführungszeitpunkt oder kurz zuvor verfügbar sind. Insbesondere liegt dies vor, wenn die Datenzugriffe direkt von den Eingaben der Benutzer abhängen. Man könnte also argumentieren, dass in diesem Fall die Datenbearbeitungsanweisungen direkt durch die jeweiligen Benutzer eines Anwendungsprogramms unter Berücksichtigung des aktuellen Ausführungskontexts und der spezifischen Informationsanforderungen der Benutzer vorgegeben werden sollten. Das Erstellen der Datenbearbeitungsanweisungen durch den Benutzer eines Anwendungsprogramms wird hier jedoch nicht als Alternative berücksichtigt. Dies hat insbesondere die folgenden Gründe. Die gestiegene Komplexität der Anwendungen und der für den Datenzugriff genutzten Anfragesprachen sowie die Notwendigkeit einfache Benutzerschnittstellen für Anwendungsprogramme bereitzustellen, lässt die Erstellung von Datenbearbeitungsanweisungen durch die Benutzer nicht als gangbaren Weg erscheinen. Insbesondere kann nicht erwartet werden, dass die Nutzer der einzelnen Anwendungen ausreichende Kenntnisse zu Strategien der Datenhaltung und zu Anfragesprachen mitbringen. Obwohl also die Nutzer durch ihre Interaktion mit der Anwendung die Art des Datenzugriffs wesentlich beeinflussen, muss die Umsetzung in ausführbare Datenbearbeitungsanweisungen durch die Anwendung selbst erfolgen. Ein Generierungsansatz ist somit unabdingbar.

### 3.1.1   Flexibilität in der Reaktion auf Eingaben

In einer Vielzahl von Anwendungsprogrammen können die Details der Datenzugriffe erst nach erfolgter Benutzereingabe festgelegt werden. Durch diese Eingabe wird insbesondere festgelegt, auf welchen Datenbestand zugegriffen werden muss, welche Filterkriterien für den Datenzugriff anzuwenden sind oder welche Änderungsoperationen ausgeführt werden sollen. In einem Online-Shop bedeutet dies beispielsweise, dass durch die Benutzereingabe festgelegt wird, auf welche Kundendaten zugegriffen wird und welche Produkte einem Warenkorb hinzugefügt oder dort gelöscht werden sollen. Die erfolgte Benutzereingabe muss dann auf eine Datenbearbeitungsanweisung abgebildet werden. Erfolgt dies in einem System ohne Generierung, so müssen die Anweisungen bereits vorgefertigt in der Anwendung vorliegen. Zum Ausführungszeitpunkt erfolgt dann nur noch die Auswahl einer geeigneten Anweisung aus dieser Menge verfügbarer Anweisungen. Hier ergeben sich zwei grundlegende Probleme. Einerseits muss in einem Anwendungsprogramm typischerweise eine Vielzahl von Kombinationsmöglichkeiten aus verschiedenen Benutzereingaben und Informationen zum Ausführungskontext berücksichtigt werden. Für alle denkbaren Kombinationen jeweils die geeignete Datenbearbeitungsanweisung im Anwendungsprogramm vorzuhalten ist im Allgemeinen aus Aufwandsgründen nicht praktikabel. Andererseits kann die Anzahl der vorgehaltenen Anweisungen reduziert werden. Daraus ergibt sich allerdings auch unmittelbar eine erhebliche Einschränkung für die Nutzer des Anwendungsprogramms. Für einzelne Benutzereingaben ist in diesem Fall keine Abbildung auf eine geeignete Datenbearbeitungsanweisung möglich. Beide Einschränkungen sind in anfragegenerierenden Systemen nicht gegeben. In Abhängigkeit von der Benutzereingabe können bei deren Abbildung auf die geeigneten Anweisungen unter anderem die folgenden Punkte festgelegt werden, ohne dass hierzu die Gesamtheit der möglichen Anweisungen bereits im Anwendungsprogramm verfügbar sein muss.

- Die Anzahl der Datenbearbeitungsanweisungen, die notwendig sind, um die vom Benutzer gewünschten Aktionen im zugrunde liegenden Datenbestand nachzuvollziehen.

- Die Typen der Datenbearbeitungsanweisungen, d.h. ob es sich um Lese-, Einfüge-, Lösch- oder Änderungsoperationen handelt.

- Die Zusammensetzung der Datenbearbeitungsanweisungen aus Basisbestandteilen.

- Die Parametrisierung der einzelnen Datenbearbeitungsanweisungen.

### 3.1.2 Flexibilität in der Anpassung an die Datenverarbeitungskomponente

Von Anwendungsprogrammen wird häufig eine Flexibilität hinsichtlich der adressierten Datenverarbeitungskomponente erwartet. In einer Business-Intelligence-Anwendung ist es beispielsweise häufig wünschenswert, erst zur Laufzeit festzulegen, in welcher Datenbank die Daten liegen, die analysiert werden sollen. Diese Festlegung umfasst das Schema der Datenbank, den Datenbankserver sowie den Typ des Datenbankmanagementsystems. Diese Aspekte bestimmen Details der zu generierenden Datenbearbeitungsanweisungen. Die Generierung dieser Anweisungen ermöglicht in diesem Zusammenhang die flexible Auswahl der anzusprechenden Datenquellen und die Anpassung an deren spezifische Eigenschaften. Einen weiteren wichtigen Gesichtspunkt stellen Änderungen und Erweiterungen in den Datenverarbeitungskomponenten dar. Beispielsweise bringt eine neue Version eines Datenbankmanagementsystems in der Regel Änderungen im unterstützten Sprachumfang mit sich. Sollen diese Änderungen in Anwendungsprogrammen genutzt werden, dann bedeutet dies, dass modifizierte Datenbearbeitungsanweisungen zu erstellen sind. Bei dieser Anpassung ist die Vielzahl von Anweisungen zu berücksichtigen, die in einem komplexen Anwendungsprogramm notwendig sind. In anfragegenerierenden Systemen ist hierbei nur der Generierungsalgorithmus anzupassen. Ohne Generierungsansatz wäre eine Überprüfung und ggf. eine Anpassung aller im Anwendungsprogramm enthaltenen Datenbearbeitungsanweisungen notwendig. Dies bedeutet in der Regel mehr Aufwand und ist vielfach fehleranfälliger.

### 3.1.3 Komplexitätsreduktion

Bei Anwendungsprogrammen, die eine große Anzahl von Datenbearbeitungsanweisungen nutzen, kann durch die Generierung dieser Anweisungen die Komple-

xität der Anwendung deutlich reduziert werden. Durch den Generierungsalgorithmus werden in diesem Fall die zu den jeweiligen Anforderungen passenden
Datenbearbeitungsanweisungen erstellt. Ohne Generierungsansatz müssten alle
für die Anwendung relevanten Datenbearbeitungsanweisungen explizit hinterlegt
werden. Insbesondere, wenn die Anweisungen aufgrund von Benutzereingaben
eine erhebliche Variation aufweisen, führt dies zu einer sehr großen Anzahl einzelner Anweisungen und somit zu erheblichem Aufwand bei deren Auswahl,
Erstellung und Wartung.

### 3.1.4   Anpassbarkeit und Wartbarkeit

Es gibt eine Vielzahl von Anlässen, die Datenbearbeitungsanweisungen in einem
Anwendungsprogramm zu ändern. Zunächst einmal ist dies der Fall, wenn sich
eine Änderung in der Funktionalität der Anwendung auch in der Art des Datenzugriffs niederschlägt. In diesem Fall müssen zusätzliche bzw. modifizierte
Datenbearbeitungsanweisungen in die Anwendung aufgenommen werden. Darüber hinaus können aber auch Änderungen im Kontext des Anwendungsprogramms Änderungen bei den verwendeten Datenbearbeitungsanweisungen nach
sich ziehen. Dies ist beispielsweise der Fall, wenn sich der von der verwendeten
Datenverarbeitungskomponente unterstützte Sprachumfang ändert. In ähnlicher
Weise können sich auch im Bereich des Information Retrieval die durch eine
Suchmaschine unterstützen Anfragen ändern. Handelt es sich bei der Datenverarbeitungskomponente um ein Datenbankmanagementsystem so können weitere
Aspekte der logischen und physischen Datenorganisation eine Rolle spielen.
Einerseits kann sich das logische Schema der Datenbank ändern, so dass Anfragen auf zusätzlichen Tabellen und Sichten aufgebaut werden können. Andererseits kann es aufgrund von Änderungen im physischen Schema einer Datenbank
sinnvoll sein, einzelne Datenbearbeitungsanweisungen umzuformulieren, um
z.B. zusätzliche Indexstrukturen gewinnbringend einzusetzen.

Wie bereits in den vorigen Abschnitten angedeutet, ist das Nachvollziehen solcher Änderungen in Anwendungsprogrammen, die alle Datenbearbeitungsanweisungen explizit aufweisen mit großem Aufwand verbunden. Für jede der Datenbearbeitungsanweisungen muss einzeln entschieden werden, ob eine Anpassung
notwendig ist und bei Bedarf die entsprechende Änderung durchgeführt werden.
Hierbei muss von einer großen Fehleranfälligkeit ausgegangen werden. Die beiden wesentlichen Fehlerquellen sind: (1) Die Notwendigkeit zur Änderung wird
bei einzelnen Anweisungen leicht übersehen. (2) Sich inhaltlich entsprechende

oder voneinander abhängende Änderungen werden unter Umständen nicht konsistent ausgeführt. Bei anfragegenerierenden Systemen reicht es dagegen aus, den Generierungsalgorithmus an die geänderten Randbedingungen anzupassen. Das bedeutet einerseits, dass ein wesentlich kleinerer Teil der Anwendung von der Änderung betroffen ist - lediglich einzelne Module des Generierungsalgorithmus im Gegensatz zu einer Vielzahl von Modulen der Anwendung, die Datenbearbeitungsanweisungen aufweisen. Darüber hinaus wird mit den punktuellen Änderungen im Algorithmus auch sichergestellt, dass durch die jeweilige Änderung alle entsprechenden Anweisungen erfasst sind. Schließlich werden nach der Änderung nur noch die Datenbearbeitungsanweisungen in der modifizierten Variante erstellt.

## 3.2 Fragestellungen anfragegenerierender Systeme im Überblick

Im vorangegangenen Abschnitt wurden wesentliche Aspekte zur Motivation anfragegenerierender Systeme erläutert. Nicht zuletzt die in Kapitel 4 vorgestellten Systembeispiele zeigen, dass anfragegenerierende Systeme eine erhebliche Verbreitung aufweisen und in unterschiedlichsten Anwendungskontexten zu finden sind. Hierzu gehören Business Intelligence und semantische Suche ebenso, wie Werkzeuge zur modellbasierten Anwendungsgenerierung. Trotzdem fehlt eine systematische Untersuchung anfragegenerierender Systeme bisher. In diesem Abschnitt soll verdeutlicht werden, welche Leitfragen im Folgenden weiter vertieft werden. Diese berücksichtigten Fragestellungen lassen sich unter den Stichworten Systemklassifikation, Generierungsansätze, Verarbeitungsmodelle und Optimierungsansätze zusammenfassen und werden in den folgenden Abschnitten erläutert. Deren ausführliche Diskussion erfolgt dann in den weiteren Kapiteln. Diese Diskussion wird jeweils mit Systembeispielen aus verschiedenen Anwendungsbereichen illustriert. Diese werden in Kapitel 4 vorgestellt.

### 3.2.1 Systemklassifikation

Zur Klasse der anfragegenerierenden Systeme gehört ein breites Spektrum von Anwendungsprogrammen aus sehr unterschiedlichen Anwendungsbereichen. Diese Anwendungsbereiche und zugehörige Anwendungsprogramme wurden unter dem Gesichtspunkt der Anfragegenerierung in bisherigen Arbeiten nicht genauer analysiert. In Kapitel 5 wird deshalb eine Klassifikation vorgestellt, die den gesamten Bereich anfragegenerierender Systeme strukturiert. Hierzu müssen zunächst geeignete Klassifikationsmerkmale erarbeitet werden, auf deren Grundlage die Festlegung der einzelnen Klassen erfolgen kann. Die vorgestellte Klassifikation verfolgt in erster Linie das Ziel, eine Strukturierung mit Bezug zu den Generierungs- und Optimierungsmöglichkeiten für Datenbearbeitungsanweisungen zu schaffen. Die Klassifikationskriterien sind also so gewählt, dass sich für alle Instanzen einer Klasse, d.h. für die einer Klasse zuzuordnenden Anwendungsprogramme, Gemeinsamkeiten hinsichtlich einsetzbarer Generierungsansätze und hinsichtlich gewinnbringender Optimierungsansätze identifizieren lassen. Folgende Fragestellungen bilden somit den Kern der Erläuterungen zur Systemklassifikation in Kapitel 5:

- Welche Klassifikationskriterien sind geeignet, die Klasse der anfragegenerierenden Systeme so zu klassifizieren, dass anhand der Klassenzuordnung eine Aussage über mögliche Ansätze zur Anfragegenerierung ableiten lässt?

- Welche Klassifikationskriterien sind geeignet, die Klasse der anfragegenerierenden Systeme so zu strukturieren, dass anhand der Klassenzuordnung eine Aussage über gewinnbringende Optimierungsansätze möglich wird?

- Wie können die Kriterien in einem Klassifikationsschema geeignet kombiniert werden?

### 3.2.2   Generierungsansätze

Im Bereich der anfragegenerierenden Systeme wird eine Vielzahl von Ansätzen zur Generierung der Datenbearbeitungsanweisungen verfolgt. Das Spektrum reicht von Ansätzen, bei denen das Generieren der Datenbearbeitungsanweisung lediglich darin besteht, dass in einer vorgegebenen Anweisung die fehlenden Teile ergänzt werden, bis hin zu komplexeren Ansätzen, bei denen ein Algorithmus sämtliche Teile der Anweisung erstellt. Das Ziel von Kapitel 6 ist es, diese Ansätze zu strukturieren und wichtige Grundmuster der Generierung zu identifizieren und zu bewerten. Folgende Leitfragen stehen hierbei im Mittelpunkt:

- Welche Grundmuster für die Generierung von Datenbearbeitungsanweisungen lassen sich identifizieren?

- Welches sind die geeigneten Bewertungskriterien für einen Vergleich der Grundmuster von Generierungsansätzen?

- Wie unterscheiden sich die identifizierten Grundmuster hinsichtlich dieser Bewertungskriterien?

### 3.2.3    Optimierungsansätze

Eine zentrale Erkenntnis aus der Analyse anfragegenerierender Systeme ist, dass diese in der Regel keine optimalen Datenbearbeitungsanweisungen bereitstellen. Die Bewertung generierter Anweisungen bezieht sich hierbei auf die Performanz der Ausführung. Hier ergibt sich häufig ein erhebliches Optimierungspotenzial. Ein wesentlicher Grund hierfür ist darin zu sehen, dass zugunsten einer vereinfachten Generierung darauf verzichtet wird, für jeden Anwendungskontext die optimalen Datenbearbeitungsanweisungen zu erstellen. Ein weiterer Untersuchungsgegenstand sind darum die Optimierungsmöglichkeiten, die sich für anfragegenerierende Systeme bezüglich der Datenbearbeitung ergeben. Allgemeine Aspekte hierzu werden zunächst in Kapitel 7 betrachtet. Ein zentraler Gesichtspunkt wird hierbei sein, auf welcher Systemebene welche Optimierungskonzepte angewandt werden können. Ein weiterer wichtiger Aspekt ist die Frage, inwieweit sich die für generierte Anweisungen möglichen Optimierungsansätze von der klassischen Anfrageoptimierung unterscheiden. Eine Vertiefung einzelner Optimierungsansätze und deren Erläuterung an ausgewählten Systembeispielen ist schließlich Gegenstand von Kapitel 8. Folgende Fragestellung stehen bei der Strukturierung der Optimierungsansätze im Zentrum:

- Woraus resultiert der Optimierungsbedarf für generierte Datenbearbeitungsanweisungen?

- Welche Dimensionen müssen bei der Strukturierung der Optimierungsansätze berücksichtigt werden?

- Welchen Bezug gibt es zwischen der klassischen Optimierung, wie sie beispielweise aus Datenbankmanagementsystemen bekannt ist und den für anfragegenerierende Systeme als relevant identifizierten Optimierungsansätzen?

- Welches Optimierungspotenzial ergibt sich jeweils bei den einzelnen Ansätzen zur Optimierung der Datenbearbeitungsanweisungen?

## 3.3  Zusammenfassung

In diesem Kapitel wurden die wichtigsten Vorteile anfragegenerierender Systeme herausgearbeitet. Dabei hat sich gezeigt, dass die Flexibilität der Anwendung hinsichtlich der möglichen Reaktionen auf die Benutzereingabe sowie die Flexibilität bei der Anpassung an die Datenverarbeitungskomponente zwei wichtige Gesichtspunkte in diesem Zusammenhang darstellen. Darüber hinaus kann die

Generierung von Datenbearbeitungsanweisungen aber auch eine Komplexitätsreduktion sowie eine verbesserte Wartbarkeit für das Anwendungsprogramm bedeuten. Auf dieser Grundlage wurden die einzelnen Themenfelder, die im Zentrum der folgenden Kapitel stehen vorgestellt, sowie die Leitfragen für die einzelnen Themenfelder erläutert. Vor der Bearbeitung dieser Themenfelder schließt sich im folgenden Kapitel eine Vorstellung von Systembeispielen und Beispielszenarien an.

# 4 Szenarien und Systembeispiele

In diesem Kapitel wird eine Reihe von Szenarien vorgestellt, mit deren Hilfe verschiedene Aspekte der Generierung von Datenbearbeitungsanweisungen erläutert werden können. Die Auswahl der Szenarien und Systembeispiele erfolgte hierbei mit dem Ziel ein möglichst breites Spektrum an Generierungsansätzen auf der einen Seite und an Optimierungsmöglichkeiten auf der anderen abzudecken. Für jedes der Beispiele wird neben allgemeinen Aspekten auch die zugrunde liegende Systemarchitektur erläutert und diskutiert, welche Bedeutung der Anfragegenerierung jeweils zukommt.

## 4.1 Business Intelligence

Zur Analyse der Daten in einem Data Warehouse sind verschiedenste Ansätze verfügbar und in der Praxis erprobt. Zwei der wichtigsten Vertreter sind das Online Analytical Processing (OLAP) und das Data Mining. Sie werden hier zusammenfassend als Business-Intelligence-Anwendungen bezeichnet und bilden einen zentralen Bestandteil von umfassenden Business-Intelligence-Lösungen. Erst durch den integrierten Einsatz von OLAP und Data Mining kann den Informationsanforderungen realer Anwendungen Rechnung getragen werden. Dies resultiert aus den im Folgenden erläuterten unterschiedlichen Schwerpunkten der beiden Analyseansätze.

OLAP ermöglicht die mehrdimensionale Analyse von Daten in einem Data-Warehouse-Datenbanksystem (DWDBS) sowie die grafische Darstellung der Analyseergebnisse [DS+98] [KR+98]. Die Dimensionen entsprechen hierbei den Blickwinkeln, aus denen die Anwender vorhandene Daten analysieren. Zu den wichtigsten OLAP-Operationen gehören die Selektion, d.h. die Einschränkung der betrachteten Attributwerte in einzelnen Dimensionen, die Navigation auf den Daten sowie die Aggregation der Daten [AGS97] [CD97] [PR00]. Werden diese direkt auf einem relationalen Datenbanksystem ausgeführt, dann müssen die hierzu notwendigen SQL-Anfragen durch das OLAP-Werkzeug generiert werden. Dieser Ansatz wird als relationales OLAP (ROLAP) bezeichnet.

Bei Data Mining liegt der Schwerpunkt auf der Ableitung von Mustern und Regeln, die vorab nicht bekannt sind und die für eine bestimmte Anwendung von großem Nutzen sind. Während OLAP die Überprüfung von Hypothesen unter-

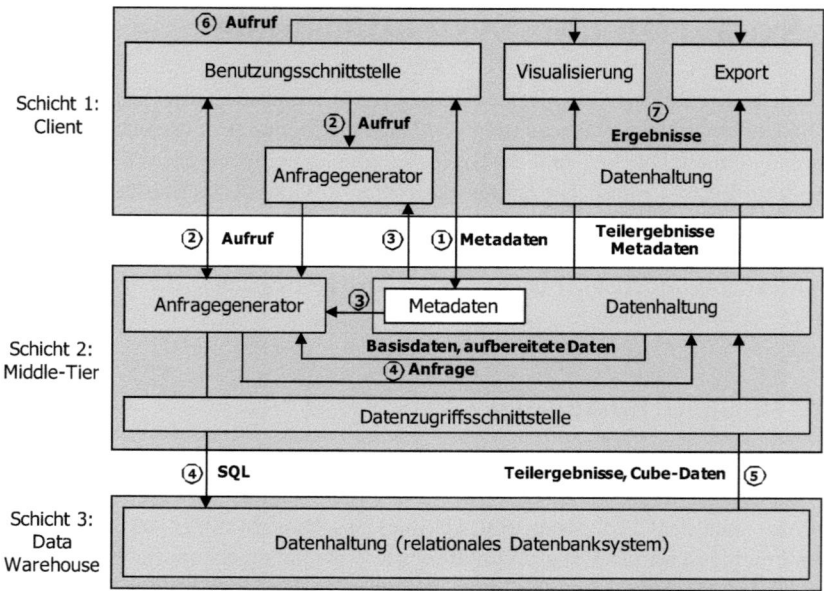

**Abbildung 8:** Dreischichtenarchitektur von Business-Intelligence-Anwendungen

stützt, die durch den Anwender aufgestellt wurden, sollen Data-Mining-Werk-
zeuge neue Hypothesen möglichst selbständig aufstellen [FPS96b] [HK06].
Auch bei diesem Ansatz werden mit Hilfe der Werkzeuge SQL-Anfragen an das
Data Warehouse gestellt, allerdings nicht nur Anfragen, die für die eigentliche
Analyse relevant sind, sondern ebenso Anfragen, deren Ziel die für das einzelne
Data-Mining-Verfahren zugeschnittene Aufbereitung der Basisdaten ist.

Bei der Betrachtung der Integrationsmöglichkeiten für OLAP und Data Mining
spielen unter anderem Fragen der Systemarchitektur und der typischen Verarbei-
tungsszenarien eine Rolle. Diese Aspekte werden im folgenden Abschnitt diskutiert.

### 4.1.1   Systemarchitektur

In Abbildung 8 ist die typische Dreischichtenarchitektur gängiger OLAP- und
Data-Mining-Werkzeugen dargestellt [Sch03]. Zum Verarbeitungsszenario einzelner Benutzeranfragen gehört, dass in der Client-Schicht Anfragen spezifiziert

werden, diese in der Middle-Tier in SQL umgesetzt und schließlich in der Daten-
haltungsschicht ausgewertet werden. Die in der Abbildung numerierten Pfeile
markieren die Schritte von der Festlegung der Informationsanforderungen bis hin
zur Präsentation der Ergebnisse. Sie werden im Folgenden erläutert.

Über die Benutzungsschnittstelle werden die relevanten Metadaten erfasst und in
der Middle-Tier gespeichert (1). Die Benutzungsschnittstelle ermöglicht auch das
Anstoßen der Analyseverfahren. Die Ausführung der für die Analysen notwendigen Schritte ist Aufgabe eines *Anfragegenerators*. Bei OLAP-Anwendungen
gehört hierzu das Erstellen der einzelnen Datenwürfel (Cube-Daten), die Navigation in diesen Würfeln sowie die Selektion der relevanten Ausschnitte. Bei Data-
Mining-Anwendungen kommen dem Anfragegenerator zweierlei Aufgaben zu.
Einerseits muss er die Anfragen erstellen, die notwendig sind, um die Basisdaten
zugeschnitten für die eingesetzten Data-Mining-Methoden aufzubereiten. Andererseits ist der Anfragegenerator auch für die Ausführung der einzelnen Data-
Mining-Algorithmen zuständig. Ein Teil des Anfragegenerators kann auch auf
dem Client angesiedelt sein, wo der weniger berechnungsintensive Teil der Algorithmen ausgeführt werden kann. Der Anfragegenerator greift bei der Erstellung
der für die Aufbereitungs- und Analyseschritte notwendigen Anfragen auf Metadaten zu (3). Die vom Anfragegenerator erstellten Anfragen werden schließlich
auf der Basis eines der vorhandenen Datenbestände ausgeführt (4). Dies kann
entweder bedeuten, dass die für eine Benutzeranfrage erzeugte Folge von SQL-
Anfragen an das DWDBS weitergegeben wird oder dass mit Hilfe dieser SQL-
Anfragen lediglich die zur Aufbereitung und Analyse benötigten Daten gelesen
und in der Middle-Tier zwischengespeichert werden. Sowohl objekt-relationale
als auch multidimensionale Datenbanksysteme können hierzu in der Middle-Tier
zum Einsatz kommen. Der Anfragegenerator erstellt dann Anfragen in der für
das jeweilige System vorgesehenen Anfragesprache. Das DWDBS liefert die
Ergebnisse (Basisdaten oder aufbereitete Daten) der vom Anfragegenerator
erstellten Anfragen zurück an die Middle-Tier (5). Im OLAP-Bereich kann durch
das DWDBS vielfach bereits ein vollständiger Datenwürfel erstellt werden. Im
Data-Mining dagegen werden häufig nur Teilergebnisse an die Middle-Tier weitergegeben. Über die Benutzungsschnittstelle kann schließlich die Visualisierung
und der Export der Ergebnisse angestoßen werden (6)+(7).

### 4.1.2   Generierung von Datenbearbeitungsanweisungen

In den betrachteten Systemen werden Benutzeranfragen häufig in einem Schritt in eine Sequenz von Anfragen an das DWDBS übersetzt. Dies hat mehrere Gründe: Teilweise ist eine Sequenz notwendig, da für die Benutzeranfrage keine einzelne SQL-Anweisung formuliert werden kann. In vielen Fällen können Anfragesequenzen leichter durch den Menschen interpretiert und überprüft werden. Das Erstellen von Anfragesequenzen stellt die einfachste Form eines Anfragegenerators dar, da eine Sequenz typischerweise die Schritte widerspiegelt, in denen die Benutzer ihre Anforderungen definieren. Darüber hinaus weist eine Anfragesequenz auch weniger Abhängigkeiten hinsichtlich des zugrunde liegenden Datenbanksystems auf. Die Teilanfragen der Sequenz sind zumeist einfach strukturiert und nutzen keine spezifischen Eigenschaften einzelner Datenbanksysteme aus. Der Anfragegenerator muss somit nur bei wenigen Details einer Anfragesequenz eine Anpassung für ein spezifisches System vornehmen. Datenbanksysteme unterschiedlicher Hersteller sowie Versionswechsel eines Datenbanksystems erfordern nur geringfügige Änderungen des Algorithmus.

## 4.2  Datenmanagement in datenintensiven Workflows

Workflows beschreiben eine Folge von rechnergestützten Aktivitäten, deren Versorgung mit Daten sowie die Reihenfolge und Bedingungen ihrer Ausführung. Um die Beschreibung eines Workflows zu erstellen, wird häufig eine Workflowbeschreibungssprache verwendet. Die Ablaufumgebung, in der Instanzen von Workflows zur Ausführung kommen, wird als Workflowmanagementsystem bezeichnet. Dieses kontrolliert die Versorgung der Workflowinstanzen mit Daten und steuert den gesamten Ablauf [LR00].

Eine aktuelle Möglichkeit, Workflows zu spezifizieren ist durch die Business Process Execution Language (kurz BPEL) gegeben [OAS05]. Hierbei handelt es sich um eine Beschreibungsmöglichkeit auf Basis von XML. Die einzelnen Aktivitäten eines Workflows sind in Form von Web Services definiert. BPEL erlaubt es, deren Aufruf, ihre Versorgung mit Daten sowie die notwendigen Kontrollflusskonstrukte festzulegen. Bei den in BPEL bereitgestellten Möglichkeiten zur Bearbeitung von Daten müssen zwei Varianten unterschieden werden. Einmal stehen Daten im Mittelpunkt, die nur lokal in der Ausführungsumgebung des Workflows verfügbar sind. Zur Bearbeitung solcher Daten stellt BPEL die Assign-Aktivität bereit. Diese erlaubt den selektiven Zugriff auf lokale Daten

sowie deren einfache Verarbeitung mit Hilfe von XPath-Ausdrücken. Komplexere Verarbeitungsmöglichkeiten müssen dagegen in Web Services gekapselt
werden. Dies bedeutet, dass die gewünschte Funktionalität separat, d.h. insbesondere außerhalb des Workflows implementiert, und über eine Web-Service-
Schnittstelle bereitgestellt wird. Dies wird durch alle gängigen Produkte zur Ausführung von BPEL-Workflows unterstützt [IBMa] [Mic] [Ora].

Für Workflows, in denen die Verarbeitung von großen Datenmengen im Vordergrund steht, ist bei der Modellierung der Workflows häufig eine direktere Einbindung der Datenbearbeitungsfunktionalität in die Workflowbeschreibungssprache
von Vorteil. Solche Workflows werden hier als datenintensive Workflows
bezeichnet. Die direkte Einbindung von Datenbearbeitungsfunktionalität in
BPEL-Workflows ist mit Hilfe unterschiedlicher Erweiterungen erreichbar
[VS+08]. Insbesondere existiert eine Erweiterung, die es ermöglicht, SQL-
Anweisungen zu einem direkten Bestandteil von Workflows, die mit Hilfe von
BPEL definiert werden, zu machen [IBMb]. Bei der Verwendung einer solchen
Erweiterung können zusätzliche Aktivitäten in den Workflow eingefügt werden,
deren Aufgabe die Datenbearbeitung ist. In einer solchen Datenmanagementaktivität werden dann beispielsweise die notwendigen SQL-Anweisungen spezifiziert. Hierbei sind unterschiedliche Ansätze der Spezifikation denkbar. Die einfachste Variante besteht darin, vollständige und direkt ausführbare Datenbearbeitungsanweisungen in der Aktivität festzulegen. Etwas flexibler wird das Ganze,
wenn eine Anpassung an die Ausführungsumgebung erfolgen kann. Dies bedeutet z.B. das Binden der Anweisung an eine bestimmte Datenquelle, die Belegung
von Parametern mit aktuellen Werten sowie eine eventuell notwendige syntaktische Anpassung der SQL-Anweisungen an den jeweiligen Ausführungskontext.
Darüber hinaus ist es auch denkbar, eine abstrakte Definition von Datenmanagementaktivitäten zuzulassen, so dass die Abbildung auf ausführbare SQL-Anweisungen bei Bedarf bis zum Ausführungszeitpunkt verzögert werden kann. Aktuelle Produkte, die die hier vorgestellte Art der BPEL-Erweiterung unterstützen,
erlauben diese abstrakte und flexible Variante der Definition von Datenmanagementaktivitäten allerdings nicht [IBMa].

Abbildung 9 zeigt einen in BPEL spezifizierten und um zusätzliche Datenmanagementaktivitäten angereicherten Workflow. Dieser beschreibt die Verarbeitung von Bestellinformationen, die in einer Datenbanktabelle zur Verfügung stehen. Die Bestellung der einzelnen Produkte erfolgt mit Hilfe eines Web-Service-
Aufrufs, dessen Ergebnis wiederum in einer Tabelle protokolliert wird. In Abbil-

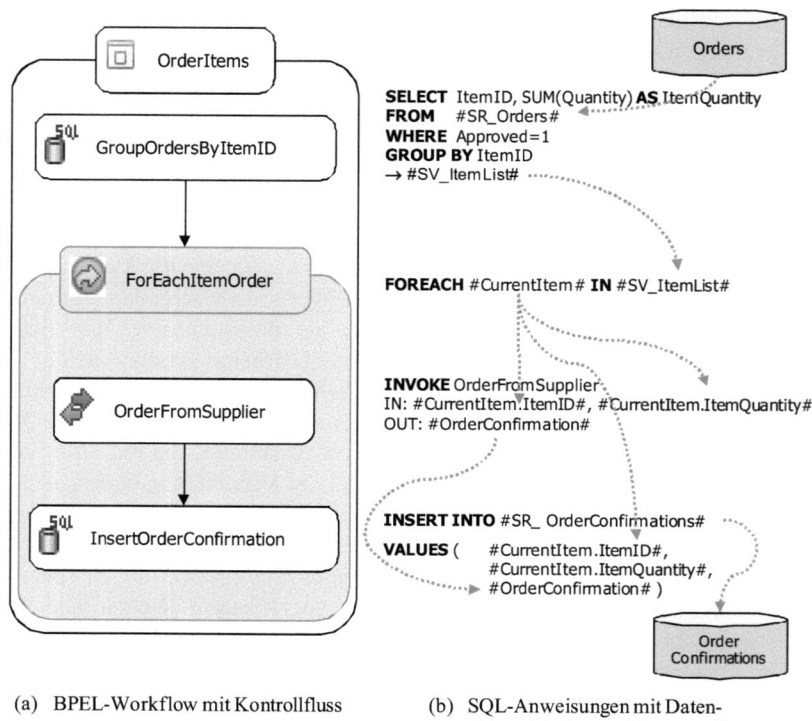

(a) BPEL-Workflow mit Kontrollfluss        (b) SQL-Anweisungen mit Daten-
                                               abhängigkeiten und Datenquellen

**Abbildung 9:** Beispielworkflow mit Datenmanagementaktivitäten

dung 9 ist für diesen Ablauf der Scope *OrderItems* einschließlich der enthaltenen
Aktivitäten dargestellt. Der Ablauf startet mit der Datenmanagementaktivität
*GroupOrdersByItemID*. Die zu dieser Aktivität gehörende SQL-Anweisung
greift auf die Tabelle *Orders* zu, gruppiert die enthaltenen Bestellinformationen
nach dem Attribut *ItemID* und liefert schließlich eine Summe für jede Gruppe.
Das Ergebnis dieser Anweisung wird im Prozessraum der Ausführungsumgebung in der Variablen *SV_Item_List* verfügbar gemacht. Auf diese greift die
nachfolgende ForEach-Aktivität zu. Sie stellt einen Cursor über das zuvor
berechnete Anfrageergebnis bereit, wobei auf die einzelnen Tupel des Ergebnisses mit Hilfe der Variablen *CurrentItem* zugegriffen wird. Der Inhalt der einzelnen Tupel stellt im weiteren Verlauf die Eingabe für Aufrufe des Web Service

*OrderFromSupplier* dar. Mit Hilfe dieses Web Service wird für die relevanten Produkte (*ItemID*) festgestellt, ob ein Lieferant diese in der gewünschten Stückzahl liefern kann. Gegebenenfalls stellt das Ergebnis eines Web-Service-Aufrufs eine entsprechende Bestätigung dar (*OrderConfirmation*). Diese Bestätigung wird dann in der abschließenden Datenmanagementaktivität *InsertOrderConfirmation* in der Tabelle *OrderConfirmations* abgelegt.

Das Beispiel zeigt in Abbildung 9 (a) zwei Datenmanagementaktivitäten für SQL-Anweisungen, zu denen in Abbildung 9 (b) jeweils die genauen Anweisungen angegeben sind. Beide SQL-Anweisungen arbeiten auf relationalen Tabellen, die außerhalb der Workflow-Ausführungsumgebung verwaltet werden. Ohne die Ergänzung um Datenmanagementaktivitäten wäre derselbe Ablauf nur zu modellieren gewesen, wenn die SQL-Anweisungen in Web Services gekapselt zur Ausführung kommen würden. Detailinformationen zur Datenbearbeitung können dann nicht mehr direkt im Workflow erfasst werden, sondern müssen über die Metadaten zu den Web Services bereitgestellt werden.

### 4.2.1 Systemarchitektur

Die Architektur zur Verarbeitung datenintensiver Workflows ist in Abbildung 10 dargestellt. Die Modellierung von Workflows erfolgt typischerweise auf zwei Ebenen. Auf der obersten Ebene (*Business Engineering Layer*) wird eine abstrakte Beschreibung von Abläufen erstellt, bei der inhaltliche Aspekte der Prozesse im Vordergrund stehen. Für diese Ebene gibt es speziell zugeschnittene Notationen, wie z.B. die Business Process Modeling Notation [OMG06]. Diese abstrakte Darstellung wird dann in eine ausführbare Repräsentation der Prozesse übertragen, den sogenannten Workflows. BPEL ist ein typischer Vertreter einer hierfür genutzten Workflowbeschreibungssprache. Das erstellte Workflow-Modell wird schließlich in einer Ablaufumgebung zur Ausführung gebracht. Mit den vorgestellten Erweiterungen für BPEL ergeben sich nun zwei Möglichkeiten, wie Datenmanagementaktivitäten in einem solchen Workflow durchgeführt werden können. Einerseits kann eine Funktion in der *Function Layer* aufgerufen werden, wo Datenmanagement z.B. in einem Web Service gekapselt werden kann. Andererseits kann aus dem Workflow-Modell heraus auch direkt auf Funktionalität der *Data Layer* zugegriffen. Dies ist beispielsweise der Fall, wenn über die vorgestellten Aktivitätstypen Datenbearbeitungsanweisungen dem Datenbankmanagementsystem direkt übergeben werden oder aber Aufrufe von Stored Procedures erfolgen.

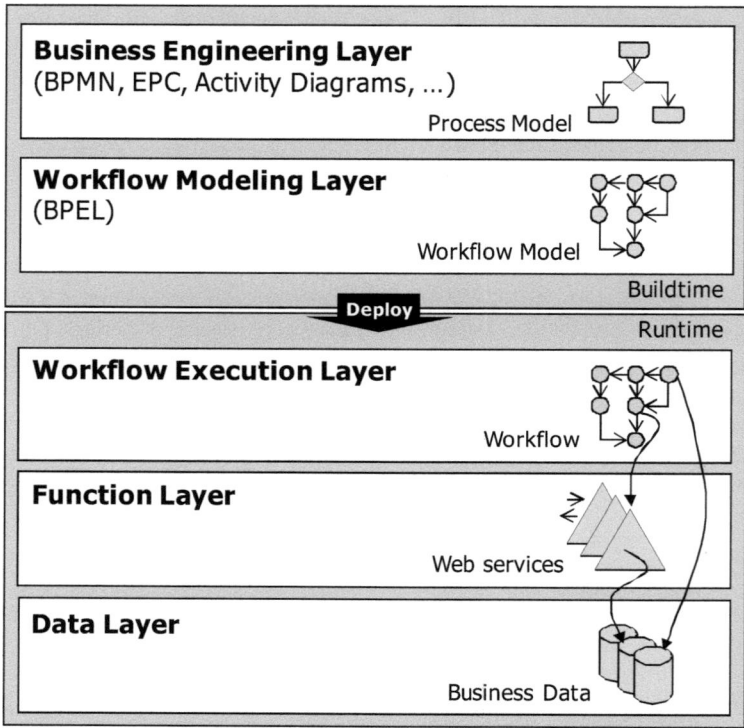

**Abbildung 10:** Systemarchitektur datenintensiver Workflows

### 4.2.2    Generierung von Datenbearbeitungsanweisungen

Bei der direkten Einbindung von Datenbearbeitungsfunktionalität in BPEL-Workflows ist es nicht notwendig, dass die Datenmanagementaktivitäten bereits vollständige Datenbearbeitungsanweisungen enthalten. Diese können beispielsweise einzelne Parameter enthalten, die zum Ausführungszeitpunkt durch den aktuellen Wert einer Variablen des Workflows ersetzt werden. Ein Beispiel hierfür ist in Abbildung 9 mit der SQL-Aktivität *InsertOrderConfirmation* gegeben. In diesem Fall kann über die Parametrisierung beispielsweise eine Benutzereingabe für den Datenzugriff berücksichtigt werden. Ein weiteres Beispiel für eine Parametrisierung stellt die SQL-Aktivität *GroupOrdersByItemID* dar. Hier ist die Tabelle, aus der Daten gelesen werden, als Parameter angegeben. Dies bietet die

Möglichkeit, entweder bei der Verteilung oder auch erst bei der Ausführung des Workflows festzulegen, auf welche Tabelle zugegriffen wird. In diesem Fall erlaubt die Parametrisierung also eine Anpassung des Workflows an den zum Ausführungszeitpunkt jeweils gültigen Ausführungskontext.

## 4.3 Generierung eines Repositories

Repositories stellen eine zentrale Komponente von Entwurfswerkzeugen ganz unterschiedlicher Anwendungsbereiche, wie z.B. CAD und Softwareentwicklung dar. Die jeweils genutzten Repositories weisen dabei eine Vielzahl von Gemeinsamkeiten auf, müssen aber zusätzlich an den jeweiligen Anwendungskontext angepasst werden. Es erscheint darum vielversprechend, jeweils spezifische Repositories unter Berücksichtigung des Kontexts zu generieren. Generiert wird in diesem Fall auch das Datenbankschema für das Repository sowie die Datenbearbeitungsanweisungen für den Datenzugriff. In [MRS99] [HMRS99] wird ein als SERUM bezeichneter Ansatz vorgestellt, der eine Infrastruktur zur Generierung spezifischer Repositories unter Berücksichtigung des Kontexts bereitstellt. Die Architektur dieser Infrastruktur ist in Abbildung 11 dargestellt und soll im Folgenden kurz erläutert werden. Dabei wird vereinfachend von einem Repository gesprochen, wenn streng genommen die Kombination aus einem Repository als Datenbestand und dem Repository-Manager zur Verwaltung dieses Datenbestands gemeint ist.

### 4.3.1 Systemarchitektur

Dem Nutzer bietet die in SERUM bereitgestellte Infrastruktur zunächst *Frameworks*. Dies sind unvollständige Komponenten eines Repository-Managers. Sie können über die *Repository Definition API* ausgewählt und parametrisiert werden. Als Ergebnis entsteht ein UML-Modell des zu erstellenden Repositories, das in der *Meta-DB* abgelegt wird. Die hier verfügbaren UML-Modelle sowie die in der *FW-DB* vorgehaltenen Frameworks bilden zusammen die Eingabe für den *Repository Generator*. Dieser generiert daraus alle anwendungsspezifischen Bestandteile des gewünschten Repositories. Hierzu gehört zunächst das Schema der *Repository-DB*. Dieses wird, wie die anderen Datenbestände der Infrastruktur auch, in einer objektrelationalen Datenbank verwaltet. Das Schema umfasst sowohl die in der *Repository-DB* abzulegenden Typen und Datenstrukturen, wie auch die zu deren Verarbeitung notwendigen Methoden in Form von User Defi-

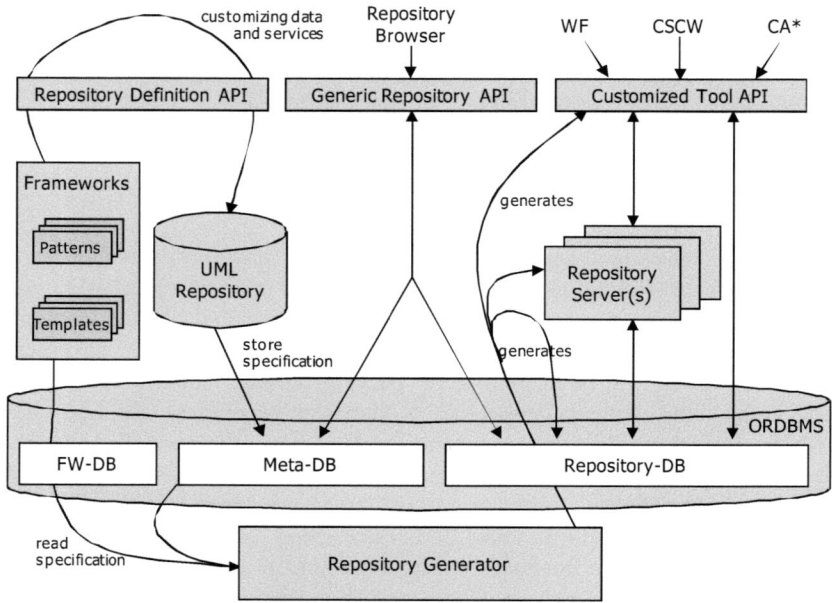

**Abbildung 11:** Architektur von SERUM

ned Functions (UDF). Zusätzlich erstellt der Generator auch eine anwendungs-spezifische API (*Customized Tool API*) für den Zugriff auf das Repository. Diese erlaubt es, das Repository auf die spezifischen Anforderungen der zum Einsatz kommenden Tools zuzuschneiden. Zusätzlich notwendige Anwendungslogik wird in sogenannten *Repository Servern* bereitgestellt. Deren Implementierung muss ggf. vom Benutzer verfügbar gemacht werden. Die *Repository-DB*, die *Customized Tool API* sowie die *Repository Server* bilden zusammen den anwen-dungsspezifischen Teil des zu erstellenden Repositories. Als generische Kompo-nente steht in jedem der mit SERUM erstellten Repositories die *Generic Reposi-tory API* zur Verfügung. Sie erlaubt es dem Nutzer, die *Meta-DB* und die *Repository-DB* zu durchlaufen und darin nach bestimmten Komponenten zu suchen.

### 4.3.2    Generierung von Datenbearbeitungsanweisungen

Der SERUM-Generator erstellt nicht nur eine Anwendungsschnittstelle (*Custo-mized Tool API*), sondern auch das Datenbankschema für das Repository und die

Methoden für den Datenzugriff. Zentraler Bestandteil dieser Methoden sind Datenbearbeitungsanweisungen, die von einem objektrelationalen Datenbanksystem ausgeführt werden. Die Generierung von Datenbearbeitungsanweisungen stellt in SERUM somit nur einen Teilaspekt dar. Der gesamte Generierungsansatz von SERUM basiert auf Templates. Die Generierung von Datenbearbeitungsanweisungen erfolgt somit ebenfalls template-basiert. Zusätzlich ist aber auch eine Parametrisierung möglich. Die generierten Datenbearbeitungsanweisungen sind dabei sehr homogen. Deren vorrangige Aufgabe ist es, Informationen aus unterschiedlichen Tabellen der Repository-DB auszulesen und bei Bedarf zu verknüpfen.

## 4.4 Generierung datenintensiver Webanwendungen

In [JS+06a] und [JS+06b] wird ein Ansatz zur Generierung datenintensiver Webanwendungen und die Umsetzung dieses Ansatzes im Entwicklungswerkzeug ALGen beschrieben. Betrachtet werden Webanwendungen, die wesentlich dadurch gekennzeichnet sind, dass sie Möglichkeiten zum Erstellen, Bearbeiten und Löschen von Daten bereitstellen, d.h. hier stehen die Operationen auf den Daten im Mittelpunkt. Im Sinne der in Abschnitt 2.1 erläuterten Grundlagen handelt es sich somit um Datenbankanwendungen.

Das Ziel der genannten Arbeiten ist es, die Entwicklung von Webanwendungen derart zu ermöglichen, dass auf Basis mehrerer Modelle eine weitgehende Generierung der Anwendung erfolgen kann. Hierbei sind Modelle für die Präsentation der Webanwendung (Presentation Model), für die Navigation (Navigation Model), die notwendigen Operationen (Operation Model) sowie für die zu verarbeitenden Daten (Content Model) vorgesehen. Die Beschreibung der Operationen in einem eigenständigen Modell stellt hier den zentralen Erweiterungsaspekt gegenüber anderen Ansätzen, wie z.B. OOHDM [SRB96], Araneus [MAM03], AutoWeb [FP00], Strudel [FF+98], OO-HMethod [GCP00], WebML [AGS97] [CFB00] [CFM02], UWE [KK02a] [KK02b] und W2000 [BGP00] [BGP01] dar.

### 4.4.1    Systemarchitektur

Die Architektur des Entwicklungswerkzeugs ALGen ist in Abbildung 12 dargestellt [JS+06a]. Die Abbildung zeigt die verschiedenen Komponenten des Anwendungsgenerators und deren Verknüpfung mit den oben erläuterten Model-

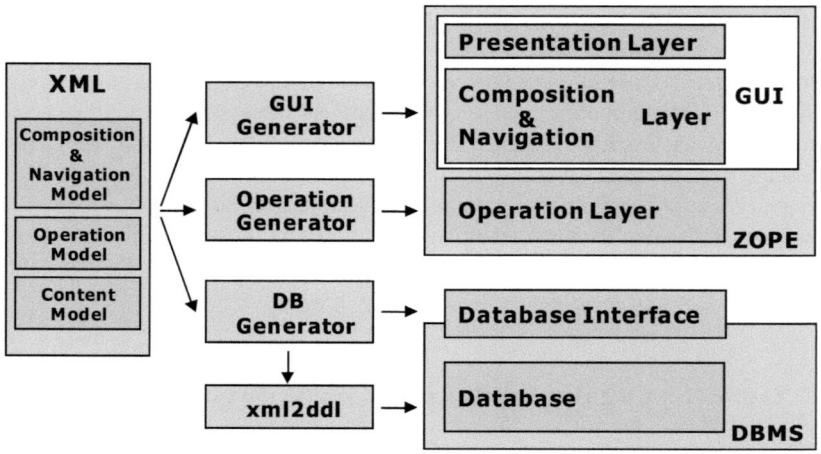

**Abbildung 12:** Architektur des Webanwendungs-Generators ALGen

len. Jede der Generatorkomponenten erzeugt eine Schicht der Webapplikation, wobei diese jeweils entweder der Laufzeitumgebung der Applikation (im Prototyp der Application Server ZOPE) oder dem Datenbanksystem zugeordnet sind. Der *GUI Generator* und der *Operation Generator* sind die Komponenten, die die verschiedenen für die Anwendung notwendigen Operationen sowie die Präsentation der Ergebnisse festlegen. Diese werden im Application Server ausgeführt.

### 4.4.2    Generierung von Datenbearbeitungsanweisungen

Für die Generierung von Datenbearbeitungsanweisungen ist in dieser Architektur der *DB Generator* zuständig [FPS96b]. Dieser erstellt die Schnittstelle der Webanwendung zur Datenbank (*Database Interface*). In dieser werden zu den Operationen auf den Objekten der Anwendung, die im Operation Layer verwendet werden, die jeweils passenden Datenbearbeitungsanweisungen des zugrunde liegenden Datenbanksystems (DBMS) generiert. Dies kann einerseits bedeuten, dass Operationen vollständig in Datenbearbeitungsanweisungen umgesetzt werden. Für spezielle Operationen kann es andererseits auch notwendig sein, das Ergebnis der generierten Datenbearbeitungsanweisungen nachzubearbeiten. In diesem Fall muss der DB Generator den hierfür notwendigen Programmcode ebenfalls generieren. Der DB Generator ist weiterhin dafür zuständig, das für die Anwendung notwendige Schema in der Datenbank anzulegen bzw. zu modifizieren. Die hierfür notwendigen Datenbearbeitungsanweisungen (DDL-Anweisungen) werden mit Hilfe der Komponente XML2DDL erstellt [XML].

ALGen ist ein Beispiel für ein anfragegenerierendes System, das zur Erstellung von Anwendungsprogrammen genutzt wird. Insbesondere ist relevant, dass hierbei auch die Datenbearbeitungsanweisungen generiert werden. ALGen geht allerdings weit darüber hinaus, da es das Ziel dieses Werkzeuges ist, vollständige Webanwendungen auf der Basis von Modellen zu generieren. Der Generierungsaspekt kann in den durch ALGen erstellten Webanwendungen allerdings noch in einer weiteren Form präsent sein. Sofern für die erstellten Datenbearbeitungsanweisungen eine nachträgliche Anpassung an Benutzereingaben notwendig ist, ist auch hier die Verwendung von Parametern in den Anweisungen möglich.

## 4.5  Semantische Suche

Mit der Diskussion um das Semantic Web sind Technologien zur Unterstützung der Interaktion zwischen Menschen und Computersystemen wieder stärker in den Mittelpunkt wissenschaftlicher Arbeiten gerückt [BHL01]. Ein Aspekt hierbei ist die Unterstützung der Suche nach Dokumenten unter Berücksichtigung der Semantik der Anfragen und der Dokumente. Dieser Bereich von Suchansätzen wird allgemein als semantische Suche bezeichnet. Ein Überblick über die verwendeten Konzepte findet sich beispielweise in [Man07]. Aus der Vielzahl verfügbarer Ansätze und Systeme werden hier zwei herausgegriffen, die es erlauben, exemplarisch den Aspekt der Anfragegenerierung im Bereich der semantischen Suche zu beleuchten.

### 4.5.1   u38

In [MSM05] und [MSM06] wird das System u38 vorgestellt. Dieses ermöglicht die semantische Suche auf einem Dokumentenbestand. Vielfach liegen zusätzlich aber auch strukturierte Daten vor, die für die Suche gewinnbringend genutzt werden können. Beispielsweise können Fehlerberichte zu den Produktionsprozessen eines Unternehmens als Dokumente vorliegen, während die Informationen zu den Eigenschaften der eingesetzten Maschinen und deren Zuordnung zu den einzelnen Produktionsschritten in einer relationalen Datenbank gespeichert sind. Für die Fehleranlayse sind diese strukturierten Daten ebenso von Bedeutung wie die in den Dokumenten enthaltenen Angaben. Die strukturierten Daten werden in u38 im Rahmen des Suchprozesses daher ebenfalls berücksichtigt. Das System hat als Informationsgrundlage also einerseits die einzelnen Dokumente und deren Inhalt. Andererseits wird aber auch ein strukturierter Datenbestand, beispielsweise verwaltet durch ein relationales Datenbanksystem, herangezogen, um die Suchergebnisse zu verbessern. Dies kann dann erfolgreich durchgeführt werden, wenn in den Datenbanken, auf die zugegriffen wird, weitergehende Informationen zu zentralen, in den Dokumenten zu findenden Begriffen verfügbar sind. Die Aufgabe von u38 besteht dann darin, diese Zusatzinformation aus der Datenbank mit den Dokumentinhalten zu verknüpfen und so die Suche zu präzisieren. Das System unterstützt zwei Arten der Suche. Einerseits kann die Suche durch die Angabe einer Kombination von Stichworten erfolgen. Andererseits unterstützt das System auch die Suche nach Dokumenten, die einem vorgegebenen Dokument möglichst ähnlich sein sollen.

Die Architektur von u38 ist in Abbildung 13 skizziert. Die zentrale Datenstruktur des Systems ist ein Index, der offline aufgebaut wird. Dieser verknüpft die verfügbaren Informationen aus Dokumenten, Datenbanken und Ontologien. Für jeden Typ von Datenquelle ist hierbei eine eigene Mappingkomponente vorgesehen. Die relevanten Informationen aus den Datenquellen werden verknüpft und in einem sogenannten *Context Graph* repräsentiert. Dieser liefert zu jedem Dokument den begrifflichen Kontext unter Berücksichtigung der aus Datenbanken importierten Daten. Der *Contextualizer* berechnet auf dieser Grundlage verschiedene Relevanzmaße und gibt diese an den *Index Builder* zum Aufbau des Index weiter. Alle diese Komponenten arbeiten auf internen Datenstrukturen und weisen keinen Aspekt der Anfragegenerierung auf. Bezüglich weiterer Details zu deren Funktionsweise und Anpassungsfähigkeit sei darum auf [MSM05] verwiesen.

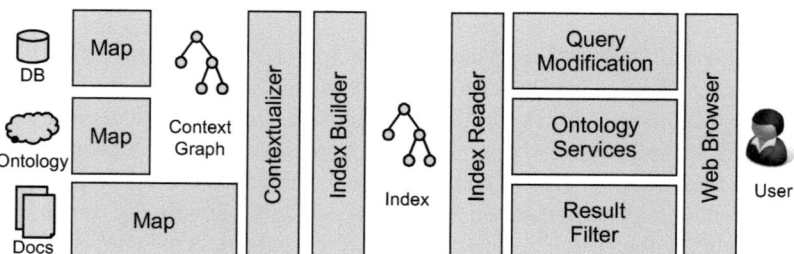

**Abbildung 13:** Systemarchitektur von u38

Bei der eigentlichen Suche spielt dann der Generierungsaspekt allerdings eine
Rolle. Zunächst übergibt der Nutzer dem System seine Anfrage, d.h. eine bei
Bedarf durch logische Operationen verknüpfte Liste von Stichworten sowie eine
Angabe darüber, in welchem Umfang der Kontext eines Dokuments zur Beantwortung der Anfrage berücksichtigt werden soll. Diese Anfrage wird nun
zunächst durch die Komponente *Query Modification* verarbeitet, bevor sie dem
*Index Reader* übergeben werden kann. In diesem Zwischenschritt wird die tatsächlich auf dem Index auszuführende Anfrage auf Basis der Benutzereingabe
generiert. Dieser Schritt ist notwendig, um unter Verwendung der vom Benutzer
vorgegebenen Restriktionen hinsichtlich der Berücksichtigung des Dokumenten-
kontexts, die geeignete Anfrage an den Index bereitzustellen. Diese Details sind
erst zum Ausführungszeitpunkt bekannt und können somit nicht vorab in Anfragen berücksichtigt werden. In einem letzten Schritt wird die Ergebnismenge
gegebenenfalls durch die Komponente *Result Filter* reduziert. Sowohl bei der
*Query Modification* als auch im *Result Filter* können zusätzlich Ontologien
berücksichtigt werden. u38 verfolgt mit der Modifikation der vom Benutzer ein-
gegebenen Anfragen einen im Information Retrieval gebräuchlichen Ansatz
[MSB98]. In [Man07] werden hierzu drei Klassen unterschieden: Die manuelle
Anpassung der Anfrage, die automatische Modifikation und insbesondere Erweiterung der Anfrage sowie die Anfrageverarbeitung auf Grundlage einer Graphstruktur. Der letzte Fall ist dann gegeben, wenn die einzelnen Dokumente über
die enthaltenen Stichworte verknüpft sind. Dann können bei der Suche ausgehend von der vom Benutzer vorgegebenen Stichwortanfrage die relevanten
Dokumente gesucht und von diesen aus zu den thematisch ähnlichen navigiert
werden. In u38 wird allerdings die Variante der automatischen Anfragemodifikation umgesetzt. Die Anfrage an den Index erfolgt in einem Schritt nachdem sie
geeignet modifiziert wurde. Eine Navigation auf der Dokumentenstruktur erfolgt
hierbei nicht. Dessen ungeachtet kann der Benutzer in mehreren Iterationen seine
Anfrage natürlich verfeinern und so versuchen, die Qualität der Ergebnismenge
zu erhöhen.

## 4.5.2 EXPOSE

EXPOSE ist ein System zur Suche nach Experten im Web [KSJ06]. Das Ziel ist
es, ausgehend von einer möglichst einfachen Spezifikation eines Themas Experten zu diesem Thema zu identifizieren. Als Informationsgrundlage soll hierfür im
Web verfügbare Information, wie z.B. Webseiten und Dokumente genutzt werden. Hieraus ergibt sich bereits ein wesentlicher Unterschied zu dem im vorange-

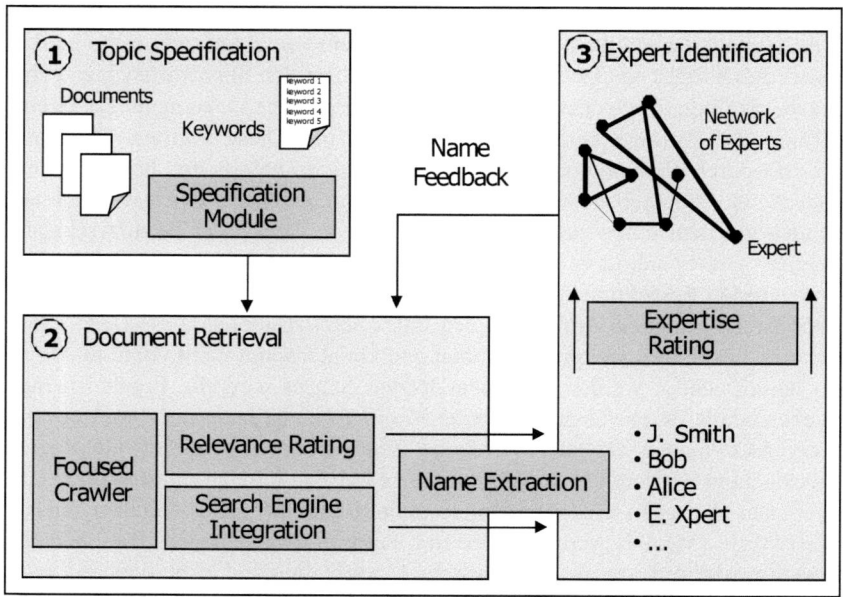

**Abbildung 14:** Expertensuche in EXPOSE

henden Abschnitt vorgestellten System. Während bei u38 ein lokaler Dokumentenbestand adressiert wird, für den unabhängig von der Suche ein Index aufgebaut werden kann, durchsucht EXPOSE das Web direkt bei der Suche mit Hilfe einer eigenen Komponente und bezieht hierbei bei Bedarf Informationen gewöhnlicher Suchmaschinen mit ein. Da die Informationen nur anfragespezifisch verarbeitet werden, ist es nicht möglich, vorab einen Index zu erstellen.

Der durch das Systems unterstützte Ablauf ist in Abbildung 14 gezeigt. Ausgangspunkt ist eine *Topic Specification*, d.h. die Spezifikation des Suchthemas. Diese kann einerseits durch einfache Sichtwortlisten und andererseits mit Hilfe von Beispieldokumenten zum Thema gegeben sein. Die erstellte Spezifikation wird als Eingabe für das *Document Retrieval* genutzt. Hierbei wird mit Hilfe eines *Focused Crawlers* das Web systematisch nach thematisch passenden Dokumenten durchsucht und für diese ein Ranking durchgeführt. Im Gegensatz zur gewöhnlichen Dokumentensuche stellt das Ergebnis des Focused Crawlers hier allerdings nur ein Zwischenergebnis dar. In EXPOSE stellt die Dokumentenliste die Eingabe für eine dritte Phase dar. In dieser werden aus den Dokumenten Namen extrahiert, die potenzielle Experten repräsentieren. Für die identifizierten Namen wird schließlich das erwartende Maß ihrer Expertise bewertet. Dieses Ranking der Experten stellt schließlich das dem Benutzer zurückgelieferte Ergebnis dar. Der Aspekt Anfragegenerierung spielt in EXPOSE im Rahmen des *Document Retrieval* eine Rolle. Dies ist in Abbildung 14 durch *Search Engine Integration* angedeutet. Diese Integration von Suchmaschinen bedeutet, dass das *Document Retrieval* mit Hilfe von Suchmaschinen, die selbst nicht zum System EXPOSE gehören, verbessert werden soll. Hierzu müssen Anfragen an verschiedene Suchmaschinen generiert und ihre Ergebnisse in den Suchprozess integriert werden. Diese Anfragen nutzen typischerweise nicht die Standardsuchfunktionalität der Suchmaschinen. Vielmehr werden spezielle Funktionen z.B. zur Verfolgung von Backlinks oder das Finden von ähnlichen Dokumenten verwendet. Am Beispiel von Backlinks soll dies hier kurz erläutert werden. Weitere Details zur Integration von Standardsuchmaschinen finden sich in [KSJ06]. Bei einem einfachen Crawler werden typischerweise nur Links zwischen Dokumenten in einer Richtung verfolgt. Besteht zwischen zwei Seiten A und B also ein Link von A nach B und die Seite A wurde bereits erreicht, dann erreicht der Crawler über den existierenden Link auch die Seite B. Wird allerdings zunächst nur die Seite B erreicht, so kann der Crawler den Link von A nach B nicht nutzen, um auch die Seite A zu erreichen. Hier kann jetzt die Zusatzfunktionalität anderer Suchmaschinen eingebunden werden. Diese bieten oft die Möglichkeit, eine Seite vorzugeben und nach allen anderen Seiten zu suchen, die einen Link auf diese Seite aufweisen. Im Beispiel wird also die Seite B genutzt, um Backlinks zu identifizieren, die auf diese Seite verweisen. Im Ergebnis muss dann also auch Seite A enthalten sein, womit diese mit Hilfe der Backlink-Funktionalität ebenfalls erreicht wird. Bei der Generierung von Anfragen an externe Suchmaschinen muss neben dem aktuellen Zustand des Crawlers auch die Mächtigkeit sowie die unterstützte Syntax der Suchmaschinen berücksichtigt werden.

Welche Rolle die Anfragegenerierung in diesem Zusammenhang spielt soll an dem in Abbildung 15 dargestellten Zusammenspiel der wichtigsten Komponenten von EXPOSE erläutert werden. Zunächst kann der durch EXPOSE unterstützte Suchvorgang grob in zwei Phasen unterteilt werden. Im Fokus der ersten Phase liegt die Dokumentensuche, während die Extraktion relevanter Informationen aus den gefundenen Dokumenten die zweite Phase darstellt. In der ersten Phase ist es zunächst die Aufgabe des Benutzers, das Themenfeld, zu dem Experten gefunden werden sollen, zu spezifizieren. Diese Themenspezifikation dient

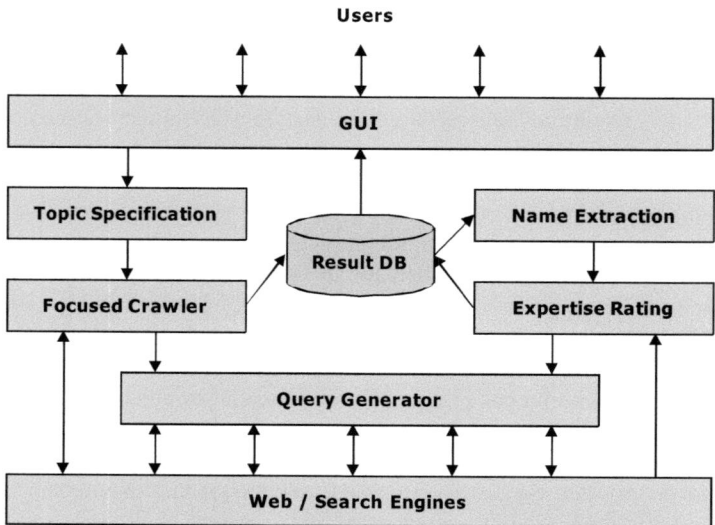

**Abbildung 15:** Systemarchitektur von EXPOSE

als Eingabe für den *Focused Crawler*, der im Web nach Dokumenten sucht, die für das vorgegebene Thema relevant sind. Der *Focused Crawler* extrahiert und verfolgt dabei Links, die sich in bereits gefundenen Dokumenten befinden. Darüber hinaus wird in den Suchprozess aber auch erweiterte Funktionalität von Suchmaschinen eingebunden. Da diese Suchmaschinen nicht Bestandteil von EXPOSE sind, müssen die Anfragen an diese Suchmaschinen innerhalb von EXPOSE erstellt werden. Hierfür ist eine eigenständige Generierungskomponente (*Query Generator*) vorgesehen. Alle Ergebnisse des *Focused Crawler* werden schließlich in einer Datenbank (*Result DB*) gesammelt.

Die vom *Focused Crawler* identifizierten Dokumente stellen noch nicht das für die Nutzer relevante Ergebnis dar. Darum müssen in den Dokumenten zunächst Personen identifiziert und deren Expertise bewertet werden. Bei der Bewältigung des letztgenannten Schrittes kann wieder ein Anfragegenerator zum Einsatz kommen. Dieser generiert Anfragen an Suchmaschinen, mit deren Hilfe z.B. herausgefunden werden kann, in welchem thematischen Kontext eine bestimmte Person typischerweise genannt wird. Diese Information kann dann in die Bewertung der individuellen Expertise einfließen. Die Daten zu identifizierten Personen sowie entsprechende Annotationen zu deren Expertise werden wiederum im zentralen

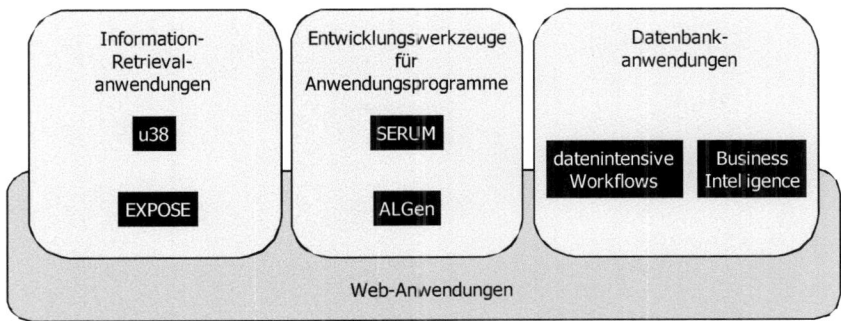

**Abbildung 16:** Zuordnung der Systembeispiele zu Anwendungsklassen

Datenbestand des Systems abgelegt und über die GUI für die Nutzer verfügbar gemacht.

## 4.6 Zusammenfassung

In diesem Kapitel wurden eine Reihe von Systembeispielen und Anwendungs-szenarien vorgestellt, in denen Datenbearbeitungsanweisungen in unterschiedli-chen Varianten generiert werden. Die Beispiele decken die in Abschnitt 2.1 vor-gestellten Anwendungsklassen ab. In den Bereich Datenbankanwendungen fallen sowohl Anwendungsprogramme im Bereich Business Intelligence als auch Workflows mit spezifischen Datenmanagementaktivitäten. Solche datenintensi-ven Workflows wurden in Abschnitt 4.2 vorgestellt. Der Bereich Webanwendun-gen ist unter anderem mit dem Werkzeug ALGen, das solche Anwendungen generiert, vertreten. ALGen und SERUM sind darüber hinaus die beiden Vertre-ter von Werkzeugen zur Generierung von Anwendungsprogrammen. Bei u38 und EXPOSE handelt es sich um zwei unterschiedliche Information-Retrieval-Anwendungen. In Abbildung 16 wird diese Zuordnung der Systembeispiele zu Anwendungsklassen verdeutlicht.

# 5 Klassifikation anfragegenerierender Systeme

Das Ziel dieses Kapitels ist es, den Bereich der anfragegenerierenden Systeme zu dem ein breites Spektrum von Anwendungsprogrammen aus sehr unterschiedlichen Anwendungsbereichen gehört, zu strukturieren. Hierzu werden im folgenden Abschnitt zunächst die Klassifikationskriterien vorgestellt und deren Eignung für eine schlüssige Klassifikation diskutiert. In Abschnitt 5.2 erfolgt dann eine Zuordnung der vorgestellten Systembeispiele zu den einzelnen Klassen.

## 5.1 Klassifikationskriterien

Ziel des hier vorgestellten Klassifikationsschemas ist es, Systeme, die Datenbearbeitungsanweisungen generieren, anhand charakteristischer Eigenschaften voneinander abzugrenzen. Die Klassifikationskriterien wurden hierbei insbesondere so gewählt, dass in den folgenden Kapiteln dieser Arbeit aus der Klassenzuordnung Aussagen bezüglich möglicher Generierungsansätze und gewinnbringender Optimierungsansätze abgeleitet werden können.

### 5.1.1  Generierungszeitpunkt

Ein zentraler Aspekt zur Klassifikation anfragegenerierender Systeme ist die Frage des Generierungszeitpunkts. Eine Zuordnung der relevanten Generierungszeitpunkte zu den in Abschnitt 2.3.1 erläuterten Phasen des Softwareentwicklungsprozesses ist in Abbildung 17 gezeigt. Diese Zuordnung soll zunächst genauer erläutert werden:

- Generierungszeitpunkt Modellerstellung (M):
  Zunächst besteht die Möglichkeit, dass Datenbearbeitungsanweisungen bereits bei der Erstellung des plattformspezifischen Modells der Anwendung vollständig angegeben werden. In Abbildung 17 ist dies mit (M) für Modell gekennzeichnet. Diese frühzeitige Festlegung der Anweisungen hat wesentliche Konsequenzen für die Optimierungsmöglichkeiten, die zum Generierungszeitpunkt gegeben sind. Diese sind dadurch eingeschränkt, dass eine Bindung an spätere Ausführungsumgebung noch nicht möglich ist. Damit sind alle Optimierungsansätze, die von der konkreten Ausführungsumgebung abhängen nicht anwendbar. Beispielsweise können weder Eigenschaften des

Datenbanksystems, das die Datenbearbeitungsanweisungen ausführt, noch die aktuelle Systemlast in Optimierungsentscheidungen einfließen. Die Generierung der Datenbearbeitungsanweisungen zum *Generierungszeitpunkt (M)* hat dagegen den Vorteil, dass die Komplexität der Generierungsalgorithmen keinen Einfluss auf die spätere Anwendung hat.

- Generierungszeitpunkt Codeerstellung (C):
  Im Softwareentwicklungsprozess nachgelagert ist die Phase der Codeerstellung. Diese zweite Option zur Generierung von Datenbearbeitungsanweisungen ist in Abbildung 17 als *Generierungszeitpunkt (C)* markiert. In diesem Fall werden spätestens beim zentralen Implementierungsschritt im Entwicklungsprozess die notwendigen Anweisungen komplettiert. Auch in diesem Fall ist die Bindung an die spätere Ausführungsumgebung noch nicht erfolgt, so dass bezüglich der Optimierungsmöglichkeiten vergleichbare Einschränkungen bestehen, wie sie bereits im vorangegegangenen Abschnitt erläutert wurden. Auch bei der Anfragegenerierung als Bestandteil der Codeerstellung fällt der Generierungsaufwand lediglich innerhalb eines Entwicklungswerkzeugs an, so dass die Anwendung zur Laufzeit unabhängig ist von der Komplexität der Generierungsalgorithmen.

- Generierungszeitpunkt Deployment (D):
  Auf die Erstellung des Codes folgt im Softwareentwicklungsprozess dessen Verteilung. In dieser Phase besteht ebenfalls die Möglichkeit, die Generierung der Datenbearbeitungsanweisungen abzuschließen. Dies ist beispielsweise der Fall, wenn die Anweisungen im Code zunächst in einer parametrisierten Form enthalten sind und diese Parameter erst bei der Verteilung mit aktuellen Werten belegt werden. Bei der Verteilung der Software und der darin enthaltenen Datenbearbeitungsanweisungen werden insbesondere Details der späteren Ausführungsumgebung festgelegt. Wenn in dieser Phase also die Generierung abgeschlossen wird, können hierbei bereits Optimierungsansätze in Abhängigkeit von dieser Ausführungsumgebung verfolgt werden. Aus diesem Grund ist es sinnvoll die Verteilung der Software als einen separaten *Generierungszeitpunkt (D)* in der Klassifikation zu berücksichtigen. In diesem Fall ist der Aufwand für die Generierung der Datenbearbeitungsanweisungen bei der Verteilung der Software zu berücksichtigen.

- Generierungszeitpunkt Laufzeit (L):
  Bleibt noch der *Generierungszeitpunkt (L)* als die letzte und dynamischste Option. In dieser wird die Generierung der Datenbearbeitungsanweisungen erst zur Laufzeit der Applikation durchgeführt. Bezüglich der Aktivitäten, die

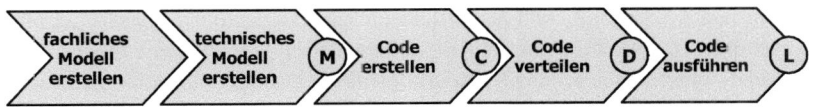

**Abbildung 17:** Softwareentwicklungsprozess und Generierungszeitpunkte

zur Laufzeit notwendig sind, um die Generierung abzuschließen ist ein großes Spektrum zu berücksichtigen. Einerseits kann lediglich noch eine Parametrisierung der mit dem Code verteilten Datenbearbeitungsanweisungen notwendig sein. Andererseits können zur Laufzeit auch die vollständigen Anweisungen generiert werden. Ungeachtet dessen wo sich ein konkretes Anwendungsprogramm in diesem Spektrum bewegt, eröffnet dieser Generierungszeitpunkt die besten Möglichkeiten zur Optimierung der Anweisungen. Schließlich sind zur Ausführungszeit sämtliche Details bezüglich Ausführungsumgebung und der aktuellen Systemlast verfügbar. Klar ist allerdings auch, dass bei diesem Generierungszeitpunkt der Aufwand für die Generierung komplett als zusätzliche Laufzeit des Anwendungsprogramms zu Buche schlägt. Als Konsequenz daraus muss unter Umständen auf sehr komplexe und zeitaufwändige Generierungsalgorithmen verzichtet werden.

Bei der Zuordnung der Generierungszeitpunkte ist zu beachten, dass sich die Generierung von Datenbearbeitungsanweisungen auch für eine Applikation über mehrere der dargestellten Phasen hinweg erstrecken kann. Dies ist insbesondere dann sinnvoll, wenn eine schrittweise Verfeinerung der Anweisungen erfolgen soll, um z.B. eine möglichst späte Bindung an konkrete Parameter der Ausführungsumgebung zu ermöglichen. In der hier vorgestellten Klassifikation wird ein einzelner Zeitpunkt als Kriterium verwendet. Der Generierungszeitpunkt wird somit definiert als der Zeitpunkt, zu dem eine vollständige und ausführbare Datenbearbeitungsanweisung vorliegt. Diese Fokussierung auf den Zeitpunkt, zu dem die Generierung abgeschlossen ist, ist sinnvoll, da erst dann wesentliche Schritte zur Optimierung der generierten Anweisungen unternommen werden können.

### 5.1.2   Anfragesprache

Analog zu dem breiten Spektrum an Anwendungsklassen sowie der damit einhergehenden Vielzahl an relevanten Datenmanagementsystemen, ist auch ein breites

Spektrum an Anfragesprachen zu berücksichtigen. Diese in der Klassifikation zu unterscheiden ist wichtig, da sich in Abhängigkeit von der gewählten Anfragesprache unterschiedliche Optimierungsmöglichkeiten für die generierten Datenbearbeitungsanweisungen ergeben. Die berücksichtigten Ausprägungen sind *SQL*, *XQuery* und *Suchausdrücke* für Stichwortsuchen. SQL-Anfragen [Mel03][Mel03] sind typisch für den Bereich klassischer Datenbankanwendungen und somit auch für Business-Intelligence-Anwendungen. Im Bereich datenintensiver Workflows sind sowohl SQL als auch XQuery [W3C07] als Anfragesprache von Bedeutung. Vereinfachend kann hier angenommen werden, dass SQL eher für den Zugriff auf externe Datenbestände Verwendung findet, während XQuery schwerpunktmäßig die Verarbeitung der lokalen Daten eines Workflows betrifft, Letzteres unter Umständen in der vereinfachten Form von XPath-Ausdrücken. Beide Anfragesprachen können auch in generierten Webanwendungen, wie sie in Abschnitt 4.4 vorgestellt wurden zum Einsatz kommen. Im Bereich der semantischen Suche treten Anfragen dagegen in ganz anderer Form auf. Hier hat man es typischerweise mit Suchausdrücken zu tun, die mehrere Stichworte enthalten und diese bei Bedarf mit Booleschen Operatoren verknüpfen. Mit den drei genannten Ausprägungen für das Kriterium Anfragesprache wurden solche Sprachen ausgewählt, die für die hier betrachteten Anwendungsbereiche typisch sind und darum auch in den in Kapitel 4 vorgestellten Systembeispielen auftreten. Andere Sprachen sowie Varianten der genannten Sprachen können hier nicht separat berücksichtigt werden. Die Aussagen der folgenden Kapitel sind aber in vielen Fällen übertragbar, da sich viele Sprachen hinsichtlich der grundlegenden Strukturen nur wenig unterscheiden.

### 5.1.3  Zusammenhang der Anfragen

Die Frage des Zusammenhangs zwischen den durch eine Applikation generierten Datenbearbeitungsanweisungen stellt ein weiteres wichtiges Klassifikationskriterium dar. Typischerweise wird durch anfragegenerierende Systeme eine Vielzahl von Anweisungen erstellt. In vielen Fällen werden diese Anweisungen unabhängig von einander erstellt und erfüllen Aufgaben, die keinen direkten inhaltlichen Zusammenhang aufweisen, d.h. das Ausführen einer Anweisung ist nicht die Voraussetzung für die erfolgreiche Bearbeitung einer anderen Anweisung. Die einzelnen Anweisungen sind somit voneinander unabhängig, weshalb dieses Klassifikationskriterium die Ausprägung *unabhängig* erhält, um diesen Fall zu beschreiben. In solchen Fällen ist eine Optimierung der Anweisungen in der Regel nur für die einzelnen Anweisungen getrennt sinnvoll und möglich. Für die

Generierungsalgorithmen bedeutet das Erstellen unabhängiger Anweisungen, dass jeweils nur Information zu einer einzelnen Anweisung berücksichtigt werden muss, was die Komplexität der Generierung tendenziell einschränkt.

In anderen Szenarien dagegen wird eine Reihe von Datenbearbeitungsanweisungen erstellt, deren Zusammenwirken erst das gewünschte Ergebnis liefert. Dies kann z.B. bedeuten, dass einzelne Anweisungen Zwischenergebnisse bereitstellen, die schließlich in einer abschließenden Anweisung zum gewünschten Endergebnis zusammengefasst werden. Zwischen den Anweisungen besteht somit eine Abhängigkeit, weshalb diese Ausprägung im Klassifikationsschema als *abhängig* bezeichnet wird. In diesem Fall besteht zwischen den einzelnen Anweisungen ein Zusammenhang der für Optimierungszwecke genutzt werden kann. Hierbei kann generell von einem größeren Optimierungspotenzial ausgegangen werden, als dies bei einzelnen unabhängigen Anweisungen der Fall ist. Im Gegenzug ist allerdings auch mit einer größeren Komplexität der Generierungsalgorithmen zu rechnen, da diese die Abhängigkeiten zwischen den Datenbearbeitungsanweisungen explizit berücksichtigen müssen.

### 5.1.4  Variabilität der Anfragen

Zusätzlich zur Frage der Abhängigkeit zwischen einzelnen Anweisungen hat ebenso der Grad der Variabilität und der Komplexitätgrad einzelner Anweisungen einen Einfluss auf deren Optimierungspotenzial. Mit Variabilität ist hierbei gemeint, in welchem Ausmaß für eine Applikation unterschiedliche Datenbearbeitungsanweisungen generiert werden. Das mögliche Spektrum beginnt hierbei mit Applikationen für die lediglich Anweisungen eines Typs notwendig sind, die ggf. noch weiter parametrisiert sind. Am anderen Ende des Spektrums befinden sich solche Applikationen, für die eine Vielzahl unterschiedlicher, insbesondere auch unterschiedlich komplexer Anweisungen notwendig ist. Für die Klassifikation ist die Variabilität insofern von Interesse, als eine große Variabilität auch eine Reihe komplexer Anweisungen erwarten lässt. Ebenso hat die Variabilität aber auch einen Einfluss auf die Generierungsalgorithmen. Diese werden umso komplexer, je größer die Variabilität der zu erstellenden Anweisungen ausfällt. Für die Variabilität sind im Klassifikationsschema zwei Ausprägungen vorgesehen: *hoch* und *gering*.

### 5.1.5 Komplexität der Anfragen

Die Komplexität der Anweisungen ist ein zentraler Aspekt des Klassifikationsschemas, denn komplexe Datenbearbeitungsanweisungen lassen auch umfangreiches Optimierungspotenzial erwarten. Insgesamt ist es bezüglich dieses Kriteriums wichtig, zwei Ausprägungen zu unterscheiden. Auf der einen Seite stehen die Ansätze und Applikationen, die eine geringe Komplexität der generierten Anweisungen erwarten lassen (Komplexität *gering*). Häufig geht dies mit einer ebenso geringen Variabilität der Anweisungen einher. Auf der anderen Seite müssen Ansätze betrachtet werden, die durch eine große Komplexität der Anweisungen gekennzeichnet sind (Komplexität *hoch*). Die letztere Gruppe eignet sich wie bereits erwähnt besonders zur Optimierung. Es ist klar, dass komplexe Datenbearbeitungsanweisungen auch komplexe Algorithmen zu deren Generierung voraussetzen.

### 5.1.6 Klassifikationsschema

Auf Grundlage der vorgestellten Klassifikationskriterien und der zugehörigen Ausprägungen ergibt sich das in Abbildung 18 dargestellte Klassifikations-

| Anfragesprache | | | SQL | | | | XQuery | | | | Suchausdruck | | |
|---|---|---|---|---|---|---|---|---|---|---|---|---|---|
| Generierungszeitpunkt | | | (M) | (C) | (D) | (L) | (M) | (C) | (D) | (L) | (M) | (C) | (D) | (L) |
| Zusammenhang | Variabilität | Komplexität | | | | | | | | | | | | |
| abhängig | hoch | hoch | | | | | | | | | | | | |
| | | gering | | | | | | | | | | | | |
| | gering | hoch | | | | | | | | | | | | |
| | | gering | | | | | | | | | | | | |
| unabhängig | hoch | hoch | | | | | | | | | | | | |
| | | gering | | | | | | | | | | | | |
| | gering | hoch | | | | | | | | | | | | |
| | | gering | | | | | | | | | | | | |

**Abbildung 18:** Klassifikationsschema

schema. Im folgenden Abschnitt werden die Systembeispiele jeweils hinsichtlich ihrer Zuordnung zu den Klassen dieses Schemas analysiert.

## 5.2 Einordnung der Systembeispiele

Die Einordnung der einzelnen Systembeispiele innerhalb des Klassifikationsschemas ist in Tabelle 1 dargestellt. Die jeweilige Zuordnung der Ausprägungen bezüglich der verschiedenen Klassifikationsmerkmale wird in den folgenden Abschnitten erläutert.

| Klassifikations-merkmale | Generie-rungszeit-punkt | Anfrage-sprache | Zusammen-hang der Anfragen | Variabilität der Anfra-gen | Komplexi-tät der Anfragen |
|---|---|---|---|---|---|
| mögliche Ausprägungen | (M), (C), (D), (L) | SQL, XQuery, Suchaus-druck | abhängig, unabhängig | hoch, gering | hoch, gering |
| Business Intelligence | (L) | SQL | abhängig | hoch | hoch |
| Datenintensive Workflows | (D), (L) | SQL, XQuery | abhängig | hoch | gering |
| Generierung Repository | (M), (C) | SQL, XQuery | unabhängig | gering | gering |
| Gen. v. Weban-wendungen | (M), (C) | SQL, XQuery | unabhängig | gering | gering |
| semantische Suche | (L) | Suchaus-druck | unabhängig | hoch | hoch |

**Tabelle 1:** Einordnung der Systembeispiele

### 5.2.1 Business Intelligence

Die in Abschnitt 4.1 beschriebenen Business-Intelligence-Anwendungen generieren Datenbearbeitungsanweisungen erst zur Laufzeit des Anwendungsprogramms. Nur durch diesen späten Einsatz eines Anfragegenerators kann sichergestellt werden, dass bei der Erstellung und Bearbeitung der Anweisungen sowohl die aktuellen Eingaben der Benutzer als auch der jeweils gültige Ausführungskontext berücksichtigt werden. Dies ist im Bereich Business Intelligence aber unabdingbar, da die Nutzer erst zur Laufzeit ihren Informationsbedarf spezifizieren können und erwarten können, dass die Beantwortung der Anfragen auf der Basis des aktuellen Datenbestands erfolgt. Da der Schwerpunkt von Business Intelligence auf der Analyse von Unternehmensdatenbeständen liegt, die typischerweise in relationalen Datenbanksystemen gehalten werden, ist in Tabelle 1 SQL als die relevante Anfragesprache eingetragen. Wie bereits in Abschnitt 4.1 erläutert, ist es in Business-Intelligence-Anwendungen vielfach nicht sinnvoll, Informationsanforderungen mit Hilfe einzelner Datenbearbeitungsanweisungen nachzukommen. Damit muss in diesem Bereich mit von einander abhängigen Anweisungen gerechnet werden. Diese Anweisungen müssen individuell auf die jeweilige Informationsanforderung zugeschnitten sein und können darum sowohl sehr einfach aufgebaut sein oder - sofern das darunter liegende Datenbankmanagementsystem diese verarbeiten kann - einen sehr komplexen Aufbau aufweisen. Sowohl die Variabilität als auch die Komplexität der generierten Anweisungen ist somit als hoch einzuschätzen.

### 5.2.2    Datenmanagement in datenintensiven Workflows

Für datenintensive Workflows, wie sie in Abschnitt 4.2 erläutert wurden, ist die Generierung von Datenbearbeitungsanweisungen in erster Linie bei der Verteilung und zur Laufzeit relevant. Erst dann sind die notwendigen Informationen zur Anpassung der Anweisungen an die aktuelle Ausführungsumgebung bekannt. Je nach Art des Datenbestands auf den zugegriffen werden soll, kommen sowohl SQL- als auch XQuery-Anweisungen in Frage. Die Abhängigkeiten zwischen den einzelnen Aktivitäten, aus denen ein Workflow aufgebaut ist, führen dazu, dass bei der Generierung entsprechend auch die Abhängigkeiten zwischen den zu erstellenden Anweisungen berücksichtigt werden müssen. Die Variabilität der Anweisungen ist als hoch einzuschätzen, da deren genaue Struktur von den Aufgaben abhängt, die den einzelnen Aktivitäten im Rahmen eines Workflows zukommen. Dagegen ist mit einer - insbesondere im Vergleich zum Bereich Business Intelligence - geringen Komplexität der generierten Anweisungen zu rechnen. In diesem Bereich werden Anweisungen in der Regel zumindest in weiten Teilen von den Entwicklern des Workflows bei der Erstellung des Workflow-Modells festgelegt. Da solche Anweisungen nur bis zu einer begrenzten Komplexität von Hand erstellt und deren korrekter Aufbau überprüft werden kann, ist in Tabelle 1 hier eine geringe Komplexität der Anweisungen vermerkt.

### 5.2.3   Generierung eines Repositories

Das System SERUM (siehe Abschnitt 4.3) zur Generierung eines Repositories stellt einen typischen Vertreter eines Entwicklungstools dar, das die Generierung von Datenbearbeitungsanweisungen als eine Teilaufgabe umfasst. Aufgrund dieser Einbettung in den Repository-Generator sind in diesem Systembeispiel nur die Generierungszeitpunkte (M) und (C) sinnvoll. Das bedeutet, einerseits können die Datenbearbeitungsanweisungen bereits festgelegt werden, wenn das zu erstellende Repository modelliert wird. Andererseits ist deren Generierung auch in der Phase der Code-Entwicklung denkbar, was in diesem Fall der eigentlichen Generierung des Repositories durch SERUM entspricht. Die gewählte Anfragesprache hängt in diesem Bereich lediglich von der gewählten Art der Datenhaltung ab. In SERUM werden alle für den Repository-Generator relevanten Informationen in einer objekt-relationalen Datenbank gehalten. Eine vergleichbare Vorgehensweise wäre aber auch auf der Basis von XML denkbar, weshalb in Tabelle 1 sowohl SQL als auch XQuery als mögliche Anfragesprachen eingetragen sind. Die einzelnen generierten Anweisungen für den Zugriff auf das Repository sind unabhängig von einander und weisen eine eher geringe Variabilität und Komplexität auf. Dies ergibt sich daraus, dass die zentrale Aufgabe der Anweisungen darin besteht, im Repository spezifische Elemente zu lokalisieren bzw. Einfüge- und Löschoperationen auf dem Repository auszuführen.

### 5.2.4   Generierung datenintensiver Webanwendungen

Bei der Generierung datenintensiver Webanwendungen gilt bezüglich des Generierungszeitpunkts die Argumentation aus dem vorangegangenen Abschnitt. Die Wahl der Anfragesprache hängt wiederum allein von der für die Webanwendung vorgesehenen Datenhaltung ab. Darum sind auch hier SQL und XQuery als Anfragesprachen zu berücksichtigen. In dem in Abschnitt 4.4 vorgestellten System ALGen werden Datenbearbeitungsanweisungen generiert, um auf die einzelnen Anwendungsobjekte in der Datenbank zuzugreifen. Es handelt sich hierbei um einzelne unabhängige Zugriffe von eher geringer Variabilität und Komplexität. In der Regel werden mit solchen Anfragen einzelne Elemente der Anwendungsobjekte gelesen oder modifiziert. Wird dies in SQL umgesetzt, so handelt es sich in der Regel um Anweisungen, die sich nur auf eine Tabelle beziehen und die einfach strukturierte Bedingungen aufweisen.

### 5.2.5  Semantische Suche

Bei Anwendungsprogrammen, die eine semantische Suche realisieren, handelt es sich wiederum um Beispielsysteme, für die eine Generierung von Datenbearbeitungsanweisungen nur zur Laufzeit sinnvoll ist. Hier ist die Berücksichtigung der aktuellen Benutzereingaben wieder das zentrale Argument. Die Anfragen, die die beiden in Abschnitt 4.5 vorgestellten Systeme u38 und EXPOSE erstellen, unterscheiden sich von denen aller anderen Systembeispiele, da hier ausschließlich Suchausdrücke relevant sind, d.h. keine strukturierte Anfragesprache zum Einsatz kommt. Die generierten Anweisungen sind unabhängig von einander. Für den Benutzer ist es zwar möglich, eine Fragestellung in mehreren Iterationen zu verfeinern, um so die Präzision des gelieferten Ergebnisses zu erhöhen. Allerdings ist der dabei gegebene Zusammenhang zwischen den einzelnen Anweisungen nur dem Benutzer bekannt. Für das System handelt es sich um getrennte Anweisungen, die unabhängig voneinander verarbeitet werden. Die durch den Benutzer initial erstellten Suchausdrücke sind in der Regel von geringer Komplexität. Allerdings kann die Komplexität deutlich wachsen, wenn z.B. wie in u38 der durch den Benutzer vorgegebene Suchausdruck durch das System ergänzt wird. In u38 erfolgt dies zu dem Zweck, den Ausdruck so zu erweitern, dass der aus Datenbanken bekannte Kontext verfügbarer Dokumente bei der Relevanzbewertung geeignet berücksichtigt wird. Hierdurch können sehr komplexe Suchausdrücke entstehen, die das System auf Basis des erstellten Index bearbeitet. In EXPOSE ist als Ausgangspunkt eines Suchprozesses ebenfalls mit eher einfachen Suchausdrücken zu rechnen. Bei der Präzisierung der Suche, deren Ziel es ist, kompetente Experten für ein Fachgebiet oder Thema zu identifizieren, ergeben sich typischerweise aber auch hier recht komplexe Suchausdrücke. Ein einfaches Beispiel hierfür ist die Berücksichtigung von Synonymen zu den im ursprünglichen Suchausdruck enthaltenen Begriffen. Insgesamt muss also auch bei der semantischen Suche mit Suchausdrücken von erheblicher Variabilität und Komplexität gerechnet werden.

## 5.3  Zusammenfassung

In diesem Kapitel wurden zunächst die Klassifikationskriterien zur Strukturierung des Bereichs anfragegenerierender Systeme vorgestellt. Für jedes dieser Kriterien wurde dessen Relevanz für die unterschiedlichen Ansätze der Anfragegenerierung sowie dessen Auswirkungen auf die Optimierungsmöglichkeiten diskutiert. Das in Abschnitt 5.1.6 vorgestellte Klassifikationsschema bezieht sich schließlich auf den Generierungszeitpunkt, die Anfragesprache, den Zusammenhang zwischen Anweisungen sowie auf deren Variabilität und Komplexität. In einem letzten Schritt wurden die vorgestellten Systembeispiele hinsichtlich der Klassifikationskriterien untersucht und eine entsprechende Einordnung vorgenommen.

# 6 Ansätze zur Generierung von Datenbearbeitungsanweisungen

In diesem Kapitel werden die unterschiedlichen Ansätze zur Generierung von Datenbearbeitungsanweisungen detailliert beschrieben und analysiert. Die drei hier vorgestellten Ansätze sind in Abbildung 19 schematisch dargestellt. Ein wichtiges Unterscheidungsmerkmal der Ansätze ist die Komplexität der Einzelbestandteile, aus denen bei der Generierung eine einzelne Datenbearbeitungsanweisung zusammengesetzt wird. Dementsprechend reicht das Spektrum der Ansätze von der sehr einfachen Vorgehensweise der Parametrisierung bis hin zu der algorithmen-basierten Generierung von Anweisungen. Bei der Parametrisierung werden die einzelnen Anweisungen bereits weitgehend bei der Implementierung der Anwendung vorgegeben. Lediglich einzelne Parameterwerte werden zu einem späteren Zeitpunkt ergänzt. Bei algorithmen-basierten Ansätzen werden die Zeichenketten für Datenbearbeitungsanweisungen Zeichen für Zeichen durch einen Algorithmus aufgebaut. Template-basierte Ansätze verfolgen eine Strategie, die zwischen den beiden genannten Extremen angesiedelt werden kann. Als Grundlage für eine vergleichende Bewertung wird im Folgenden der Katalog relevanter Bewertungskriterien vorgestellt. In den Abschnitten 6.2 bis 6.4 werden

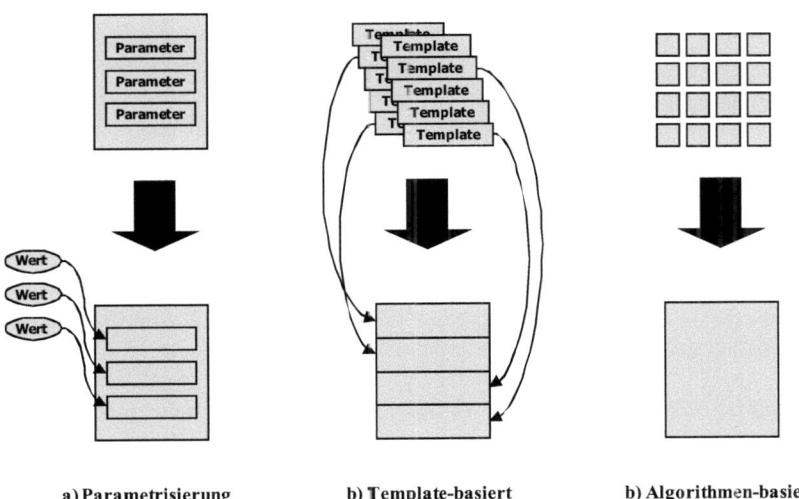

a) Parametrisierung          b) Template-basiert          b) Algorithmen-basiert

**Abbildung 19:** Übersicht der Generierungsansätze

die Ansätze schließlich detailliert beschrieben und ihre Unterschiede herausgearbeitet.

## 6.1 Bewertungskriterien

Ein wichtiger Aspekt bei der Bewertung der Generierungsansätze ist deren *Flexibilität*. Flexibilität beschreibt hierbei, inwieweit die Möglichkeit gegeben ist, im Rahmen der Generierung die zur Laufzeit der Applikation gültigen Randbedingungen zu berücksichtigen. Ein Ansatz bei dem zur Laufzeit nur noch das Selektionskriterium für einen Datenzugriff auf eine vorgegebene Tabellenspalte angepasst werden kann zeichnet sich somit durch eine geringe Flexibilität aus. Große Flexibilität ist demgegenüber gegeben, wenn die Generierung der Datenbearbeitungsanweisungen weitestgehend zur Laufzeit erfolgt und somit in Abhängigkeit von den aktuellen Randbedingungen entschieden werden kann, auf welche Tabellen bzw. welche Tabellenspalten zugegriffen werden soll, nach welchen Kriterien selektiert werden soll und wie die Verknüpfung der Daten erfolgen muss.

Mit dem Aspekt der Flexibilität steht die *Variabilität* eines Ansatzes in engem Zusammenhang. Hiermit wird beschrieben, wie einfach es ist, sehr unterschiedliche Datenbearbeitungsanweisungen bei der Generierung zu berücksichtigen. Wenn die Anweisungen bei der Generierung aus sehr kleinen Bestandteilen zusammengesetzt werden, kann von einer großen Variabilität ausgegangen werden, da sich bei dieser Form der Generierung eine Vielzahl unterschiedlicher Anweisungen einfach erstellen lässt. Eine große Variabilität bietet damit auch die Möglichkeit, die Mächtigkeit einer Anfragesprache möglichst optimal zu nutzen. Von geringer Variabilität kann demgegenüber gesprochen werden, wenn bei der Generierung wenige, vergleichsweise umfangreiche Bestandteile zu einer Datenbearbeitungsanweisung kombiniert werden. In diesem Fall ist die Bandbreite der erstellten Anweisungen geringer, d.h. sehr wahrscheinlich wird die Mächtigkeit einer Anfragesprache nur zu einem gewissen Teil genutzt.

Während bei der Betrachtung der Variabilität der Fokus auf sehr unterschiedlichen Datenbearbeitungsanweisungen liegt, werden unter dem Gesichtspunkt der *Konsistenz* insbesondere mehrfach in einer Anwendung auftretende, gleiche oder ähnliche Aufgaben zur Bearbeitung von Daten betrachtet. Für solche Aufgaben, die erhebliche Gemeinsamkeiten aufweisen, ist es wichtig, dass diese in gleiche oder ähnliche Datenbearbeitungsanweisungen umgesetzt werden. Ähnliche Aufgaben sollen also in der verwendeten Anfragesprache auf ähnliche Art und Weise gelöst werden. Dies hat eine Reihe von Vorteilen. Einmal als vorteilhaft erkannte Varianten von Anfragen werden systematisch verwendet und können bei Bedarf konsistent an allen Stellen ihres Auftretens angepasst werden. Einmal getroffene Entscheidungen für die Ausführungsumgebung, z.B. Entscheidungen im Rahmen des physischen Entwurfs der zugrunde liegenden Datenbank, wirken sich gleichermaßen auf die Verarbeitung einer Reihe von gleichartigen Datenbearbeitungsanweisungen aus. Die Auswirkungen solcher Entscheidungen werden damit weitreichender, sind aber auch einfacher zu prognostizieren. Für einen Generierungsansatz wird eine hohe Konsistenz angegeben, wenn sichergestellt ist oder zumindest einfach erreicht werden kann, dass gleiche oder ähnliche Aufgaben auf dieselben Datenbearbeitungsanweisungen abgebildet werden. Von geringer Konsistenz wird gesprochen, wenn dies nur mit erheblichem Aufwand erreicht und aufrecht erhalten werden kann.

Der Flexibilität eines Generierungsansatzes steht dessen *Komplexität* häufig diametral entgegen. Hierbei ist der Aufwand für die Algorithmen zur Erstellung der Datenbearbeitungsanweisungen zu bewerten. Bei den unten vorgestellten Ansätzen spielt in diesem Zusammenhang weniger die Komplexitätsabschätzung im Sinne asymptotischer Komplexität eine Rolle. Vielmehr fließt in die Bewertung ein, aus wievielen Einzelbestandteilen eine Datenbearbeitungsanweisung zusammengesetzt werden kann und wieviele Kombinationsmöglichkeiten gegeben sind. In der Regel geht dabei eine hohe Variabilität mit großer Komplexität einher. Bei der Komplexität ist auch der Aspekt der Fehleranfälligkeit zu berücksichtigen. Das Spektrum reicht hier von Ansätzen, bei denen sich Fehler bei der Generierung von Datenbearbeitungsanweisungen lediglich lokal auf eine oder wenige Anweisungen auswirken, während bei anderen Ansätzen bedingt durch das gewählte Prinzip der Generierung sehr schnell eine Vielzahl von Anweisungen betroffen ist. Die Fehleranfälligkeit eines Ansatzes ist dann als hoch zu bewerten, wenn sich Fehler in den Systemkomponenten, die an der Generierung von Datenbearbeitungsanweisungen beteiligt sind, potenziell auf eine Vielzahl der Anweisungen des Anwendungsprogramms auswirken. Ist dies der Fall, so ist eine hohe Komplexität des Generierungsansatzes gegeben.

Die *Wartbarkeit* der Generierungskomponente stellt einen weiteren wichtigen Gesichtspunkt der Bewertung dar. Hierunter sind die Anpassungsmöglichkeiten der Generierungskomponente an Änderungen in der zugrundeliegenden Datenhaltung und der Applikation zu bewerten. Zu den Änderungen in der Datenhal-

tung, die eine Anpassung der Generierungskomponente notwendig machen können, gehören beispielsweise der Austausch des verwendeten Datenbankmanagementsystems, eine geänderte Datenbank sowie ein geändertes Datenbankschema.
Wichtige Änderungen in der Applikation sind in diesem Zusammenhang beispielsweise der Zugriff auf zusätzliche Tabellenspalten. Dieser kann je nach
gewähltem Ansatz unterschiedlich einfach in der Generierungskomponente nachvollzogen werden. Zur Untersuchung des Aspekts Wartbarkeit wird der Aufwand
bewertet, der mit den skizzierten Änderungen einhergeht. Das Ziel eines Ansatzes sollte es sein, hierfür möglichst geringen Aufwand entstehen zu lassen. Dann
kann von einer hohen Wartbarkeit gesprochen werden. Lassen sich Änderungen
jedoch nur mit sehr großem Aufwand in der Generierungskomponente nachvollziehen, so ist eine geringe Wartbarkeit dieser Komponente gegeben.

## 6.2 Parametrisierung

### 6.2.1 Vorgehensweise

Die Parametrisierung stellt einen sehr einfachen Generierungsansatz dar. Ausgangspunkt sind hierbei bei der Implementierung einer Applikation weitgehend
vorgegebene Datenbearbeitungsanweisungen. Wie in Abbildung 20 dargestellt,
werden die Anweisungen in einer der ersten drei Phasen der Applikationsent-
wicklung, wie sie in Abschnitt 2.3 erläutert wurde, bereitgestellt. Diese Phasen
sind: die Erstellung des fachlichen Modells, die Erstellung des technischen
Modells sowie die Erstellung des Codes. Der Schwerpunkt liegt natürlich auf der
Codierung, obwohl eine Festlegung auf bestimmte Datenbearbeitungsanweisungen auch schon vorher denkbar ist. Unabhängig davon, in welcher der Phasen die
Festlegung auf Anweisungen erfolgt, besteht ein Extremfall dieses Ansatzes
darin, dass die Datenbearbeitungsanweisungen tatsächlich komplett festgelegt
werden. Dies ist in der Regel für einzelne Anweisungen eines Anwendungsprogramms sinnvoll, reicht insgesamt allerdings nicht aus. In praktisch allen
betrachteten Anwendungsklassen ist es notwendig, diese dynamisch an die Sys-
tem- und Ausführungsumgebung anzupassen. Im einfachsten Fall kann dies
durch eine Parametrisierung der spätestens bei der Codierung erstellten Anweisungen erfolgen. Wie Abbildung 20 zeigt, kann dies wahlweise bei der Verteilung des Codes oder aber bei dessen Ausführung erfolgen. Welcher dieser beiden
Zeitpunkte schließlich als der Generierungszeitpunkt zu werten ist, hängt davon

ab, ab wann eine vollständige Datenbearbeitungsanweisung vorliegt, in der sämtliche Parameter durch aktuelle Werte ersetzt sind.

Konkret kann die Parametrisierung unterschiedliches bedeuten. Einerseits können in den Anweisungen enthaltene Parameter durch aktuelle Werte ersetzt werden. Andererseits stellen auch die adressierte Datenbank sowie die Verknüpfung zu einzelnen Tabellen einen Parameter einer Anfrage dar. In diesem Fall bedeutet das Belegen dieses Parameters mit konkreten Werten, dass die Datenbearbeitungsanweisung an eine Datenbank und darin enthaltene Tabellen gebunden wird. Insgesamt wird die beschriebene Vorgehensweise, d.h. das Einfügen aktueller Werte für die Parameter einer Anweisung, in dieser Arbeit unter dem Stichwort *Parametrisierung* behandelt.

Datenintensive Workflows, wie sie in Abschnitt 4.2 erläutert wurden, sind ein Beispiel für einen Anwendungsbereich, in dem die Parametrisierung als Generierungsansatz sinnvoll eingesetzt werden kann. Die einzelnen Datenmanagementaktivitäten eines Workflows können hier im Rahmen der Erstellung des Workflow-Modells bereits weitgehend vollständig festgelegt werden. Als Parameter sind beispielsweise einzelne Werte in Selektionskriterien denkbar, die zur Laufzeit durch aktuelle Eingabewerte der Benutzer ersetzt werden. Andererseits können die Aktivitäten auch die Zieldatenbank als Parameter enthalten. Dies ermöglicht es, bei der Verteilung des Workflows in die Ausführungsumgebung festzulegen, auf welcher Datenbank die Aktivitäten tatsächlich ausgeführt werden sollen.

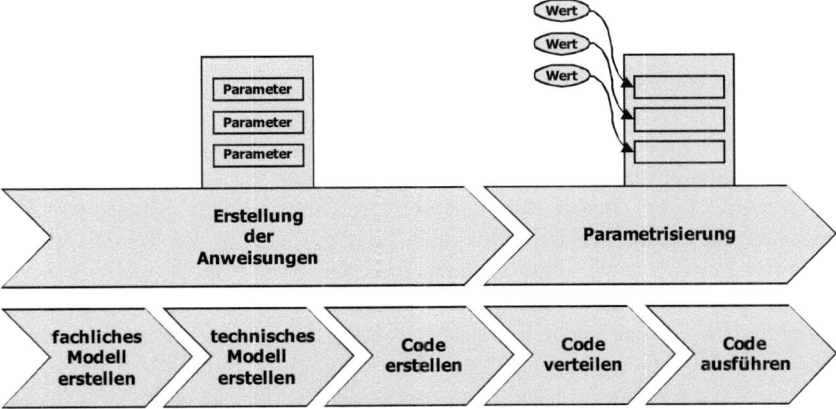

**Abbildung 20:** Generierungsansatz Parametrisierung

## 6.2.2    Bewertung

In diesem Abschnitt erfolgt eine Bewertung dieses Generierungsansatzes bezüglich der zuvor erläuterten Kriterien.

*Bewertung der Flexibilität*: Wie beschrieben werden die Datenbearbeitungsanweisungen bei diesem Ansatz weitestgehend vorgegeben, ohne dass eine Generierungskomponente eine Rolle spielt. Lediglich einzelne Parameter, die in den Anweisungen enthalten sein können, werden zum Generierungszeitpunkt durch aktuelle Werte ersetzt und die Anweisung wird insgesamt zum Generierungszeitpunkt an eine Datenbank gebunden. Beides kann sowohl bei der Verteilung als auch bei der Ausführung des Programmcodes erfolgen. Woher die aktuellen Werte stammen ist bereits mit der Implementierung der Applikation festgelegt. Der Ansatz zeichnet sich somit durch eine sehr geringe Flexibilität aus, da nur durch die beschriebene Parameterersetzung eine Anpassung der Applikation an die zur Zeit der Verteilung oder Ausführung geltenden Randbedingungen erfolgen kann.

*Bewertung der Variabilität*: Da die einzelnen Datenbearbeitungsanweisungen statisch im Programmcode vorgegeben sind, muss bei diesem Ansatz von einer eher geringen Variabilität ausgegangen werden. Dies ist insbesondere deshalb der Fall, da die Anweisungen durch einzelne Entwickler bereitgestellt werden und diese typischerweise nicht die komplette Mächtigkeit gegebener Anfragesprachen ausnutzen. Dies kann einerseits an mangelnder Kenntnis einer Anfragesprache liegen. Andererseits ist auch denkbar, dass mit dem Ziel eine möglichst robuste Applikation zu schaffen, nur wenige einfache und vielfach erprobte Grundmuster von Anfragen verwendet werden.

*Bewertung der Konsistenz*: Aus der Tatsache, dass beim Ansatz der Parametrisierung alle Datenbearbeitungsanweisungen direkt durch die Entwickler vorgegeben werden, folgt ebenso direkt, dass von eher geringer Konsistenz der Anweisungen auszugehen ist. Schließlich liegt es allein in der Verantwortung beteiligter Entwickler für eine entsprechende Konsistenz der Anweisungen zu sorgen. Beim Parametrisierungsansatz existiert in der Generierungskomponente keine Möglichkeit eine solche Konsistenz zu unterstützen oder gar zu erzwingen.

*Bewertung der Komplexität*: Die Komplexität des hier betrachteten Ansatzes ist im Vergleich zu anderen Ansätzen als gering einzuschätzen. Zu berücksichtigen ist zunächst, dass in der Regel von einer überschaubaren Anzahl unterschiedlicher Anweisungen ausgegangen werden kann. Dies wurde in der Diskussion zur Variabilität bereits erläutert. Daneben ist weiter zu beachten, dass keine Algorithmen zur Erstellung von Datenbearbeitungsanweisungen notwendig sind. Dies führt insbesondere auch zu einer reduzierten Fehleranfälligkeit, da Fehler im Wesentlichen in einzelnen Anweisungen enthalten sein können und sich somit vorwiegend lokal auswirken.

*Bewertung der Wartbarkeit*: Bezüglich dieses Kriteriums weist die Parametrisierung als Generierungsansatz deutliche Schwächen auf. Wenn Änderungen an den Datenbearbeitungsanweisungen einer Applikation notwendig werden, müssen diese einzeln an jeder betroffenen Stelle im Programmcode nachvollzogen werden. Dies betrifft sowohl die Anweisung an sich als auch die vorgenommene Parametrisierung. Bezüglich dieser kann sich z.B. ändern, welche Werte aus der Applikation in welcher Form in eine Anweisung als aktuelle Parameter übernommen werden. Damit stellt sich die Wartung eines Anwendungsprogramms, das den Parametrisierungsansatz verfolgt, als besonders aufwändig und ebenso fehleranfällig dar. Die hohe Fehleranfälligkeit rührt insbesondere daher, dass die Konsistenz von Änderungen an unterschiedlichen Anweisungen nicht automatisch überprüft und gewährleistet werden kann.

## 6.3  Template-basierte Ansätze

### 6.3.1  Vorgehensweise

Eine zweite Gruppe von Generierungsansätzen basiert auf Templates. Hier sind einzelne Teile von Datenbearbeitungsanweisungen in Form von Templates hinterlegt. Diese Templates können in unterschiedlichen Phasen des Entwicklungsprozesses erstellt werden. Dieser Zusammenhang ist in Abbildung 21 dargestellt. In jedem Fall müssen nach der Erstellung des Programmcodes sämtliche für die Applikation notwendigen Templates vorliegen. Diese können dann beispielsweise in einer Template-Bibliothek verwaltet werden. Mehrere solcher Templates werden zum Generierungszeitpunkt zusammengefasst und zu einer gültigen Anweisung kombiniert. Hierbei ist auch noch eine weitere Parametrisierung denkbar. Wie Abbildung 21 zeigt, kann die Generierung, ähnlich wie beim Parametrisierungsansatz, sowohl bei der Verteilung als auch bei der Ausführung einer Anwendung erfolgen.

Am Beispiel der Generierung von SQL-Anfragen, wie sie beispielsweise in Business-Intelligence-Anwendungen erfolgt, kann dieser Ansatz einfach verdeutlicht werden. In diesem Fall können Templates für die unterschiedlichen Klauseln einer SQL-Anweisung vorgesehen werden. Für die einzelnen Klauseln muss im allgemeinen Fall aus verschiedenen alternativen Templates ausgewählt werden. So kann es z.B. Templates für SELECT-Klauseln mit und ohne Aggregationsfunktionen sowie Templates für unterschiedlich komplexe WHERE-Klauseln geben. Erfolgt die Generierung der Anweisungen erst zur Laufzeit, dann wird in Abhängigkeit von den jeweiligen Benutzereingaben das für die WHERE-Klausel am besten geeignete Template ausgewählt, in die zu erstellende Anweisung eingefügt und die im Template eventuell vorhandenen Parameter werden durch die jeweils relevanten aktuellen Werte ersetzt. Diese Auswahl kann unter anderem davon abhängen, durch welches Datenbankmanagementsystem die erstellten Anweisungen ausgeführt werden sollen. Dies wird häufig bereits bei der Verteilung einer Anwendung festgelegt, so dass die Generierung der Datenbearbeitungsanweisungen bei der Verteilung erfolgen kann. Sobald aber zusätzlich Informationen bei der Generierung berücksichtigt werden müssen, die bei der Verteilung der Anwendung noch nicht zur Verfügung stehen, muss als Generierungszeitpunkt die Laufzeit des Anwendungsprogramms gewählt werden. Dies ist in der Regel bei Anwendungen aus dem Bereich Business Intelligence der Fall (siehe hierzu Abschnitt 4.1).

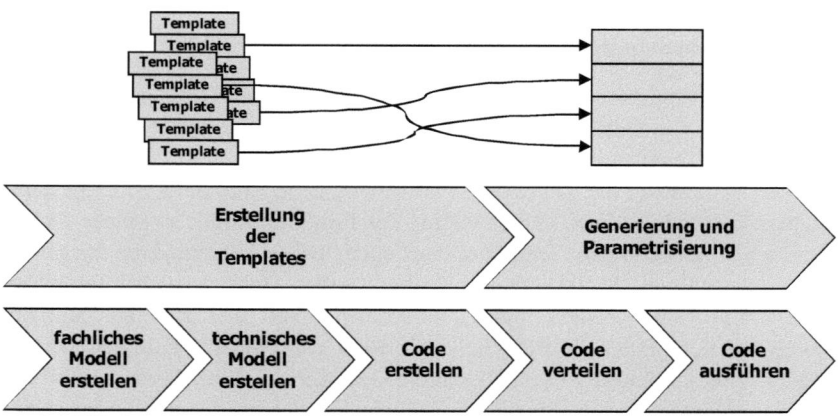

**Abbildung 21:** Generierungsansatz template-basiert

### 6.3.2    Bewertung

In diesem Abschnitt erfolgt wiederum eine Bewertung des Generierungsansatzes.

*Bewertung der Flexibilität*: Die Verwendung von Templates bietet zum Generierungszeitpunkt eine größere Flexibilität, als dies beim Parametrisierungsansatz der Fall ist. Erst zu diesem Zeitpunkt werden Details der Struktur einer Datenbearbeitungsanweisung festgelegt. Dadurch ist es möglich, den aktuellen Systemkontext - also insbesondere auch die Eingaben der Benutzer - zum Generierungszeitpunkt zu berücksichtigen.

*Bewertung der Variabilität*: Ebenso liegt bei diesem Ansatz eine größere Variabilität vor. Diese resultiert aus der Tatsache, dass für einzelne Bestandteile einer Datenbearbeitungsanweisung ganz unterschiedliche Templates zur Verfügung stehen, so dass durch deren Kombination eine Vielzahl von Varianten von Anweisungen erstellt werden kann.

*Bewertung der Konsistenz*: Dieser Generierungsansatz ist durch eine hohe Konsistenz der generierten Anweisungen gekennzeichnet. Dies resultiert aus der Tatsache, dass für vergleichbare Aufgaben dieselben Templates zum Aufbau der Datenbearbeitungsanweisungen verwendet werden.

*Bewertung der Komplexität*: Die Verwendung von Templates führt zu einer deutlich höheren Komplexität, als dies beim Parametrisierungsansatz der Fall ist. Beim Parametrisierungsansatz werden bei der Generierung lediglich Parameter ersetzt. Dies weist ein geringes Fehlerpotenzial auf, da Fehler nur auftreten können, wenn nicht berücksichtigt wird, welche Datentypen für einen bestimmten Parameter zulässig sind. Beim template-basierten Ansatz werden dagegen Datenbearbeitungsanweisungen aus Einzelbestandteilen aufgebaut. Dabei können durch nicht zulässige Kombinationen von Templates nicht ausführbare Datenbearbeitungsanweisungen entstehen. Bei der Realisierung dieses Generierungsansatzes ist also zusätzlicher Aufwand notwendig, um sicherzustellen, dass nur zueinander passende Templates kombiniert werden. Tritt hierbei doch ein Fehler auf, so kann dieser erhebliche Auswirkungen haben, da ggf. sehr viele Anweisungen auf Grundlage der falsch gewählten Kombination von Templates erstellt werden.

*Bewertung der Wartbarkeit*: Die Wartbarkeit einer Anwendung wird durch den template-basierten Ansatz wesentlich unterstützt. Dies gilt für alle wesentlichen

Änderungsbedarfe, die sich für eine Anwendung typischerweise ergeben. Zunächst ist hierbei an Änderungen in der Funktionalität zu denken. Diese lassen sich unter Umständen durch andere Kombinationen von Templates realisieren, so dass keine Änderungen an der Anfragegenerierung an sich vorzusehen sind. Ein weiterer wichtiger Änderungsbedarf ist bei Änderungen in den Systemen, die generierte Datenbearbeitungsanweisungen ausführen, gegeben. Hierzu gehören beispielsweise Änderungen im Datenbankmanagementsystem, das generierte SQL-Anfragen ausführt. Machen diese Änderungen eine Anpassung der generierten SQL-Anweisungen notwendig so kann dies einfach durch entsprechend angepasste Templates erreicht werden. Eine aufwändige Anpassung einzelner Anweisungen ist nicht notwendig.

## 6.4 Algorithmen-basierte Ansätze

### 6.4.1 Vorgehensweise

Bei dieser Gruppe von Ansätzen werden die Datenbearbeitungsanweisungen individuell zum Generierungszeitpunkt aufgebaut. Dies bedeutet insbesondere, dass sich die einzelnen Anweisungen aus noch kleineren Basisbausteinen zusammensetzen, als dies beim template-basierten Ansatz der Fall ist. Das entscheidende Merkmal der in diesem Abschnitt zusammengefassten Ansätze ist, dass die Basisbestandteile, aus denen eine Datenbearbeitungsanweisung aufgebaut wird, höchstens einzelne Bezeichner oder gar nur Bestandteile davon umfassen. Im Extremfall wird bei diesen Ansätzen die Zeichenkette, die die Anfrage repräsentiert, Zeichen für Zeichen aufgebaut. Im Gegensatz dazu umfassen die Basisbestandteile bei template-basierten Ansätzen auch größere, über einzelne Bestandteile hinausgehende Einheiten, die durch den Generierungsalgorithmus explizit als Bausteine der zu generierenden Anweisungen verwaltet werden.

Wie Abbildung 22 zeigt, kann dieser Ansatz sowohl bei der Implementierung der Anwendung als auch bei deren Verteilung und Ausführung verfolgt werden. In den meisten der genannten Fälle ist der Generierungsalgorithmus Bestandteil eines Werkzeugs, das bei der Implementierung der Anwendung zum Einsatz kommt. Soll die Generierung allerdings erst zur Laufzeit erfolgen, dann wird der Generierungsalgorithmus zum Bestandteil der Anwendung selbst und damit in derselben Programmiersprache entwickelt.

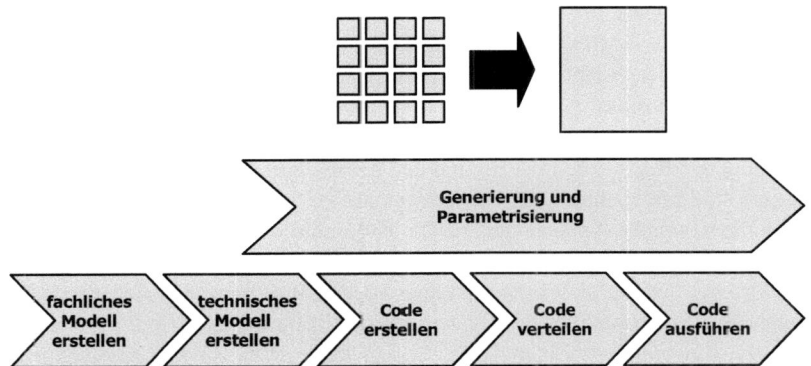

**Abbildung 22:** Generierungsansatz algorithmen-basiert

## 6.4.2 Bewertung

*Bewertung der Flexibilität*: Offensichtlich bietet dieser Generierungsansatz ein Maximum an Flexibilität, da zum Generierungszeitpunkt alle wesentlichen Randbedingungen berücksichtigt und in entsprechende Datenbearbeitungsanweisungen umgesetzt werden können. Dies ist insbesondere der Fall, wenn die Generierung der Anweisungen zur Laufzeit erfolgt.

*Bewertung der Variabilität*: Der beschriebene Ansatz ist ebenso durch die größte Variabilität gekennzeichnet. Da alle Bestandteile einer Anweisung durch den Algorithmus jeweils neu erstellt werden, kann hier die komplette Bandbreite der in der eingesetzten Anfragesprache zulässigen Anweisungen genutzt werden.

*Bewertung der Konsistenz*: Bei der algorithmen-basierten Erstellung von Datenbearbeitungsanweisungen kann von einer hohen Konsistenz der generierten Anweisungen ausgegangen werden. Typischerweise wird der Generierungsalgorithmus so strukturiert, dass vergleichbare Aufgaben in derselben Art und Weise in Anweisungen umgesetzt werden.

*Bewertung der Komplexität*: Die große Flexibilität bringt natürlich auch eine erhebliche Komplexität des Ansatzes mit sich. Da die einzelnen Anweisungen aus kleinsten Bestandteilen zusammengesetzt werden, muss der Algorithmus alle

relevanten Kombinationsmöglichkeiten berücksichtigen und sicherstellen, dass
in jedem Fall eine korrekte Anweisung erstellt wird. Unter Umständen bedeutet
dies, dass sich der eigentlichen Generierungsphase eine zusätzliche Syntaxprü-
fung anschließen muss.

*Bewertung der Wartbarkeit*: Bezüglich der Wartbarkeit des algorithmen-basierten
Ansatzes sind unterschiedliche Gesichtspunkte zu berücksichtigen. Einerseits ist
zu bedenken, welche Änderungen zusätzliche Funktionalität der Anwendung mit
sich bringt. In diesem Fall muss der Generierungsalgorithmus entsprechend
angepasst werden. Darüber hinaus ist aber auch zu beachten, wie eine Anpassung
an geänderte Funktionalität des Systems zur Ausführung generierter Datenbearbeitungsanweisungen erfolgen kann. Sollen beispielsweise Erweiterungen der
Anfragesprache ausgenutzt werden, so muss dies wiederum im Generierungsalgorithmus reflektiert werden. Solche Änderungen vollständig und korrekt vorzu-
nehmen muss als sehr aufwändig eingestuft werden. Insbesondere wird diese
Wartung im Allgemeinen aufwändiger sein, als es beim template-basierten
Ansatz der Fall ist. Hier reicht es in vielen Fällen aus, einfach die betroffenen
Templates an die geänderte Anfragesprache anzupassen.

## 6.5  Zusammenfassende Bewertung der Generierungsansätze

Die wesentlichen Vergleichskriterien sowie die jeweilige Bewertung in Kurzform
sind in Tabelle 2 dargestellt. Die Tabelle macht zunächst deutlich, dass es einen
erheblichen Zusammenhang zwischen der Variabilität und Flexibilität eines
Generierungsansatzes und dessen Komplexität und der erzielbaren Wartbarkeit
der Generierungskomponente gibt. Mit zunehmender Variabilität und Flexibilität
nimmt die Komplexität der Generierung deutlich zu, während die Wartbarkeit
eher abnimmt. Der template-basierte Ansatz stellt in gewisser Weise einen Kompromiss zwischen den anderen beiden Ansätzen dar. Welche Merkmale von
Anwendungsszenarien sprechen nun für den Einsatz des einen oder anderen
Generierungsansatzes? Diese Frage soll im Folgenden auf der Grundlage von
Tabelle 2 diskutiert werden.

Die Nutzung algorithmen-basierter Ansätze ist in erster Linie dann sinnvoll,
wenn eine große Zahl sich deutlich unterscheidender Datenbearbeitungsanweisungen für ein Anwendungsprogramm erstellt werden soll. In diesem Fall ist die

Vielzahl der Kombinationsmöglichkeiten mit Hilfe eines template-basierten Ansatzes kaum zu bewältigen und damit die zusätzliche Komplexität gerechtfertigt, durch die ein algorithmen-basierter Ansatz gekennzeichnet ist.

| Kriterium | Parametrisierung | Template-basiert | Algorithmen-basiert |
|---|---|---|---|
| Flexibilität | sehr gering | mittel | sehr hoch |
| Variabilität | gering | hoch | sehr hoch |
| Konsistenz | gering | hoch | hoch |
| Komplexität | gering | mittel | sehr hoch |
| Wartbarkeit | gering | mittel | sehr gering |

**Tabelle 2:** Bewertung der Generierungsansätze

Eine Parametrisierung der Datenbearbeitungsanweisungen ist dann als Generierungsansatz besonders geeignet, wenn eine Anwendung auf einer kleinen Menge ähnlicher und vergleichsweise einfacher Anweisungen zur Datenbearbeitung aufgebaut werden kann. In diesem Fall können die Datenbearbeitungsanweisungen bereits im Anwendungsprogramm enthalten sein und sobald die aktuellen Parameter bekannt sind zu vollständigen Anweisungen ergänzt werden. Aufgrund der geringen Anzahl von Anweisungen ergibt sich hier weder ein nennenswertes Problem bezüglich der Konsistenz der erstellten Anweisungen noch bezüglich der Wartbarkeit des Anfragegenerators.

Der template-basierte Ansatz nimmt wie erwähnt eine Mittelstellung ein. Einerseits muss die Variabilität der Anweisungen begrenzt sein, so dass sich dieser Ansatz verfolgen lässt. Andererseits lässt sich mit diesem Ansatz trotzdem eine große Zahl von Datenbearbeitungsanweisungen konsistent erzeugen, wobei die Komplexität der Generierungskomponente in Grenzen gehalten werden kann.

Ein ganz zentraler Gesichtspunkt bei der Auswahl eines Generierungsansatzes ist die Frage der Flexibilität. Ergibt sich aus dem Ausführungskontext des Anwendungsprogramms sowie aus den Benutzereingaben potenziell ein erheblicher Anpassungsbedarf für die Datenbearbeitungsanweisungen, so kann dies am ehesten in template- oder algorithmen-basierten Ansätzen berücksichtigt werden. Die reine Parametrisierung scheidet hier aufgrund der begrenzten Anpassungsmöglichkeiten in der Regel aus.

## 6.6  Abgrenzung zu anderen Ansätzen der Code-Generierung

Die Generierung von Code spielt bei der Entwicklung von Anwendungsprogrammen eine wichtige Rolle. Code-Generierung wurde bereits in unterschiedlichem Zusammenhang eingesetzt und untersucht. In diesem Abschnitt werden Gemeinsamkeiten und Unterschiede zwischen den verschiedenen Ansätzen der Code-Generierung und der hier betrachteten Klasse anfragegenerierender Systeme herausgearbeitet.

Assembler und Compiler stellen eine Form von Code-Generatoren dar. Erstere erzeugen aus Assemblercode Maschinencode. Letztere erzeugen Assembler-Code oder Maschinencode auf der Basis eines Programms in einer höheren Programmiersprache. Allgemein betrachtet handelt es sich somit in jedem Fall um die Transformation eines Anwendungsprogramms in Programmiersprache X in ein gleichwertiges Programm in Sprache Y [AH00]. In diesem Kontext spielt der Generierungsaspekt auch noch auf einer weiteren Ebene eine Rolle, da eine Vielzahl von Werkzeugen existieren, die es erlauben auf Basis einer abstrakten Spezifikation Compiler zu generieren. Diese Form von Code-Generatoren wird typischerweise als Compiler-Compiler bezeichnet.

Assembler und Compiler unterscheiden sich hinsichtlich einer Reihe von Merkmalen von anfragegenerierenden Systemen. Sie generieren nicht nur einzelne Anweisungen, die Daten bearbeiten, sondern zusätzlich auch die Anweisungen zur Steuerung des Kontrollflusses. Hierzu gehören z.B. die in höheren Programmiersprachen typischerweise verwendbaren Konstrukte zur Beschreibung von Programmschleifen. Bei anfragegenerierenden Systemen liegt der Schwerpunkt dagegen auf den einzelnen Datenbearbeitungsanweisungen. Diese können allerdings eine erhebliche Komplexität aufweisen, während die Anweisungen, die ein Compiler erstellt in der Regel sehr einfach strukturiert sind. Beispiele hierfür sind einfache Zuweisungen, Iterationen oder Sprünge. Die grundlegende Aufgabe eines Compilers ist zunächst sehr einfach, da lediglich die einzelnen Sprachkonstrukte in der Ausgangssprache in eine passende Folge von Konstrukten in der Zielsprache übersetzt werden müssen. Dies kann sehr einfach z.B. auf der Grundlage einer auf Templates basierenden Vorgehensweise erreicht werden. Der entscheidende Aufwand dieser Art der Code-Generierung entsteht erst dadurch, dass als Ergänzung zur eigentlichen Übersetzung auch eine Optimierung des erzeugten Codes erfolgen sollte. Erst dadurch wird effizient ausführbarer Code bereitgestellt. Das Ausmaß der erfolgten Optimierung entscheidet letzt-lich auch über die Qualität des einzelnen Compilers. Bei anfragegenerierenden Systemen steht dagegen das Erzeugen korrekter Datenbearbeitungsanweisungen im Vordergrund. Korrektheit umfasst hier sowohl die syntaktische Korrektheit als auch den semantischen Aspekt, d.h., dass die generierte Anweisung genau die Information liefern soll, die vom Anwendungsprogramm und/oder Benutzer tat-sächlich benötigt wird. Eine detaillierte Optimierung der Anweisungen erfolgt in den Anfragegeneratoren häufig nicht, um den damit verbundenen Aufwand zu umgehen. Darum ist eine separate Betrachtung der Optimierungsmöglichkeiten, wie sie in Kapitel 7 und Kapitel 8 erfolgt, notwendig. Die unterschiedliche Bewertung des Optimierungsaspekts in Compilern und anfragegenerierenden Systemen ist eine unmittelbare Konsequenz aus den unterschiedlichen Generie-rungszeitpunkten. Während Compiler grundsätzlich im Rahmen der Anwen-dungsentwicklung eingesetzt werden, erfolgt die Generierung von Datenbearbei-tungsanweisungen in anfragegenerierenden Systemen häufig auch noch zur Laufzeit des Anwendungsprogramms. Sowohl der Aufwand für die Generierung, wie auch der Aufwand für die Optimierung der Anweisungen ist somit relevant für das Antwortzeitverhalten des Anwendungsprogramms.

Wie bereits in Abschnitt 2.3 angerissen, spielt die Code-Generierung auch im Rahmen der modellgetriebenen Softwareentwicklung eine Rolle [Fra03]. Dort können zumeist Teile des Quellcodes auf Basis des plattformspezifischen Modells (Platform Specific Model) generiert werden. Den Ausgangspunkt für diesen Generierungsschritt stellt eine abstrakte Beschreibung der zu erstellenden Anwendung dar, d.h., es ist insbesondere eine abstraktere Beschreibung als sie ein Compiler typischerweise als Eingabe erhält. Bezüglich der Abgrenzung die-ser Art der Code-Generierung von anfragegenerierenden Systemen gelten die bereits bezüglich Compilern erwähnten Aspekte. Auch im Rahmen der modell-getriebenen Softwareentwicklung geht es um Generierung als Bestandteil der Implementierung und nicht um Generierung zur Laufzeit. Auch hier steht die vollständige Generierung des Anwendungsprogramms und nicht nur dessen datenbezogene Aktivitäten im Mittelpunkt. Eine ähnliche Abgrenzung ergibt sich auch in anderen Bereichen, in denen Teile des Anwendungsprogramms generiert werden. Die Application-Server-Technologie ist hier ein weiteres Beispiel [BM06]. Einzelne Eigenschaften von Komponenten eines Anwendungspro-gramms können hier abstrakt beschrieben werden. Der zugehörige Code, insbe-sondere die Aufrufe der passenden Dienste des Application Servers, werden dann generiert und dem Anwendungsprogramm hinzugefügt.

Zu beachten ist, dass in einzelnen Bereichen Code-Generierung sowohl in der Variante, wie sie in diesem Abschnitt erläutert wurde, als auch in der anfragegenerierenden Variante Verwendung findet. Dies ist beispielsweise in den Szenarien zur Generierung eines Repositories (Kapitel 4.3) und zur Generierung datenintensiver Webanwendungen der Fall (Kapitel 4.4). Hier wird für diese Anwendungsszenarien allerdings nur der Aspekt der Generierung von Datenbearbeitungsanweisungen betrachtet.

## 6.7  Einordnung der Systembeispiele

Auf der Grundlage der in Abschnitt 6.5 durchgeführten Bewertung der Generierungsansätze wird im Folgenden diskutiert, welcher der Generierungsansätze sich für welches der vorgestellten Systembeispiele eignet.

### 6.7.1  Business Intelligence

Ein wesentlicher Aspekt des in Abschnitt 4.1 vorgestellten Szenarios ist die Generierung von Anfragen an eine Datenbank. Hierbei werden Benutzeranfragen häufig in einem Schritt in eine Sequenz von Anfragen an das Data Warehouse übersetzt. Wie bereits bei der Vorstellung des Szenarios erläutert, hat die Generierung von Sequenzen vielfach Vorteile hinsichtlich der Flexibilität des Anfragegenerators und der einfachen Überprüfung der erstellten Anweisungen. Zur Generierung der Anweisungen können hier sowohl template-basierte als auch algorithmen-basierte Ansätze zum Einsatz kommen. Der Ansatz der Parametrisierung scheidet im Allgemeinen aus, da dieser nicht die Flexibilität und Variabilität der Anfragen bietet, die für Business-Intelligence-Anwendungen typischerweise notwendig ist.

### 6.7.2  Datenmanagement in datenintensiven Workflows

In Abschnitt 4.2 wurde eine Erweiterung von BPEL erläutert, die es erlaubt, sogenannte Datenmanagementaktivitäten als Bestandteil eines BPEL-Workflows zu verwenden. Für diese Datenmanagementaktivitäten müssen die jeweiligen Datenbearbeitungsanweisungen spezifiziert werden. Hierbei sind, wie bereits erläutert, unterschiedliche Ansätze der Spezifikation denkbar. Die einfachste Variante besteht darin, vollständige und direkt ausführbare Datenbearbeitungsanweisungen in den einzelnen Aktivitäten festzulegen. In diesem Fall weist das gesamte Szenario keinen Generierungsaspekt auf. Etwas flexibler wird das Ganze, wenn eine Anpassung an die Ausführungsumgebung erfolgen kann. Dies bedeutet z.B. das Binden der Anweisung an eine bestimmte Datenquelle, die Belegung von Parametern mit aktuellen Werten sowie eine eventuell notwendige syntaktische Anpassung der SQL-Anweisungen an den jeweiligen Ausführungskontext. Diese Art der Anpassung legt für die Generierung der Datenbearbeitungsanweisungen den Templateansatz ggf. kombiniert mit einer Parametrisierung nahe. Diese Festlegung erscheint insbesondere deshalb sinnvoll, da trotz der beschriebenen Anpassungsmöglichkeiten eine recht geringe Variabilität der Anweisungen und mäßige Anforderungen hinsichtlich der Flexibilität existieren.

Darüber hinaus ist es auch denkbar, eine abstrakte Definition von Datenmanagementaktivitäten zuzulassen, so dass die Abbildung auf ausführbare SQL-Anweisungen bei Bedarf bis zum Ausführungszeitpunkt verschoben werden kann. In diesem Fall müssen dann template- bzw. algorithmen-basierte Ansätze verfolgt werden, um das notwendige Spektrum an Datenbearbeitungsanweisungen ohne Redundanz- und Konsistenzprobleme abzudecken.

### 6.7.3 Generierung eines Repositories

Der in Abschnitt 4.3 vorgestellte SERUM-Ansatz erlaubt die Generierung eines Repositories. Der SERUM-Generator erstellt dabei nicht nur eine Anwendungsschnittstelle (Customized Tool API), sondern auch das Datenbankschema für das Repository und die Methoden für den Datenzugriff. Zentraler Bestandteil dieser Methoden sind Datenbearbeitungsanweisungen, die von einem objektrelationalen Datenbanksystem ausgeführt werden. Die Generierung von Datenbearbeitungsanweisungen stellt in SERUM somit nur einen Teilaspekt dar.

Der gesamte Generierungsansatz von SERUM basiert auf Templates, die wiederum Bestandteil von Frameworks sind. Die Generierung von Datenbearbeitungsanweisungen erfolgt somit ebenfalls template-basiert. Zusätzlich ist aber auch eine Parametrisierung möglich. Die generierten Datenbearbeitungsanweisungen sind dabei sehr homogen. Deren vorrangige Aufgabe ist es, Informationen aus unterschiedlichen Tabellen der Repository-DB auszulesen und bei Bedarf zu verknüpfen. Zusätzlich sind auch Änderungsoperationen auf der Repository-DB vorgesehen. Insgesamt ist aber von einer vergleichsweise geringen Variabilität und Komplexität der Anweisungen auszugehen. Diese Eigenschaften stützen weiter die Wahl der beiden Generierungsansätze.

### 6.7.4 Generierung datenintensiver Webanwendungen

Bei dem in Abschnitt 4.4 erläuterten Ansatz zur Generierung datenintensiver Anwendungen ist die Erstellung der Datenbearbeitungsanweisungen, mit deren Hilfe das generierte Anwendungsprogramm auf die zugrunde liegenden Daten zugreift, ein Aspekt des gesamten Generierungsprozesses. Die Datenbearbeitungsanweisungen dienen in erster Linie dazu, einzelne Elemente der Datenobjekte auszulesen oder zu modifizieren. Dies lässt sich in der Regel mit Hilfe von Datenbearbeitungsanweisungen geringer Komplexität durchführen. Die Datenbearbeitungsanweisungen weisen darüber hinaus eine eher geringe Variabilität auf, da ähnliche Verarbeitungsmuster regelmäßig auftreten. Diese Eigenschaften sprechen zunächst für die Verwendung der Parametrisierung als Generierungsansatz. Die Parametrisierung der einzelnen Anweisungen wird dabei sinnvollerweise bei der Verteilung oder Ausführung der Anwendung erfolgen, da dann eine Anpassung an den aktuellen Ausführungskontext möglich wird. Nimmt die Variabilität und/oder die Komplexität der Datenbearbeitungsanweisungen zu, so sollte ein Übergang zu einem template-basierten Ansatz erfolgen.

### 6.7.5 Semantische Suche

Das in Abschnitt 4.5 vorgestellte System EXPOSE dient der Identifikation von Experten zu einem vorgegebenen Themenfeld, wobei der Suchvorgang ausschließlich auf frei im Web verfügbaren Informationen basiert. Das Generieren von Datenbearbeitungsanweisungen in EXPOSE ist durch eine geringe Variabilität und Komplexität der Anweisungen geprägt. Darüber hinaus besteht keine Notwendigkeit für eine große Flexibilität bezüglich der Generierung von Anweisungen. Die Parametrisierung von vorgegebenen Anweisungen erscheint darum als der geeignete Ansatz für dieses Szenario. Für einzelne Aufgaben, wie z.B. das Verfolgen von Backlinks oder die Suche nach ähnlichen Dokumenten existieren jeweils vorgegebene Anfragen, die mittels Parametern an den jeweiligen Kontext angepasst werden.

## 6.8 Zusammenfassung

In diesem Kapitel wurden drei grundlegende Ansätze zur Generierung von Datenbearbeitungsanweisungen herausgearbeitet: die Parametrisierung, der template-basierte sowie der algorithmen-basierte Ansatz. Dabei zeigte sich die Tendenz, dass große Variabilität und Flexibilität des Generierungsansatzes grundsätzlich mit erheblicher Komplexität bei der Erstellung der Generierungskomponente einerseits und bei der Wartung andererseits einhergeht. So gesehen stellt der template-basierte Ansatz einen guten Kompromiss zwischen den beiden anderen Extremfällen dar. Der algorithmen-basierte Ansatz erscheint aufgrund seiner Flexibilität insbesondere dann geeignet, wenn für eine Anwendung offensichtlich eine so große Zahl unterschiedlicher Datenbearbeitungsanweisungen notwendig ist, dass diese mit Hilfe von Templates nicht sinnvoll bereitgestellt werden kann. Nur dann ist es gewinnbringend, den mit diesem Ansatz verbundenen großen Aufwand in Kauf zu nehmen. Der Ansatz der Parametrisierung ist vor allem dann vorzuziehen, wenn die Bandbreite der für eine Anwendung notwendigen Datenbearbeitungsanweisungen vergleichsweise gering ist und davon ausgegangen werden kann, dass sich dies auch bei der Wartung der Software nicht weiter ändert.

# 7 Ansätze zur Optimierung generierter Datenbearbeitungsanweisungen

Diskussionsgegenstand dieses Kapitels sind die grundlegenden Ansätze, die bei der Optimierung generierter Datenbearbeitungsanweisungen verfolgt werden können. Hierzu erfolgt zunächst eine Begriffsklärung und die Erläuterung der Bedeutung von Anfrageoptimierung im Kontext anfragegenerierender Systeme. In Abschnitt 7.3 wird erläutert, nach welchen Kriterien Optimierungsmöglichkeiten unterschieden werden. Den Hauptteil dieses Kapitels bildet dann die weitere Diskussion dieser Optimierungsansätze in den Abschnitten 7.4 bis 7.7, wobei ein Schwerpunkt auf der Diskussion des jeweiligen Optimierungspotenzials liegt.

## 7.1 Überblick

Für die Diskussion in diesem Kapitel ist zunächst eine genaue Bestimmung des Begriffs Optimierung notwendig. Als Optimierung wird hier jegliche Modifikation von Datenbearbeitungsanweisungen nach deren Generierung verstanden, die mit dem Ziel erfolgt, eine effizientere Ausführung der Anweisungen möglich zu machen. Modifikationen in diesem Sinne sind neben der Veränderung einzelner Anweisungen auch das Hinzufügen zusätzlicher Anweisungen sowie das Verschmelzen mehrerer Datenbearbeitungsanweisungen. Grundvoraussetzung für die Zulässigkeit von solchen Modifikationen ist natürlich immer die Semantikerhaltung, d.h., die modifizierten Anweisungen müssen dasselbe Ergebnis liefern, wie die ursprüngliche Variante.

Darüber hinaus werden beim Betrieb und der Administration eines Datenmanagementsystems aber auch weitere Maßnahmen zur Leistungsverbesserung ergriffen. Hierzu zählen beispielsweise alle für den physischen Datenbankentwurf typischen Maßnahmen, wie das Anlegen von Indexstrukturen und Replikaten sowie die administrationsseitige Parametrisierung des Datenbankmanagementsystems. Diese Maßnahmen beziehen sich in der Regel aber nicht auf eine spezifische Menge generierter Datenbearbeitungsanweisungen. Solche generellen, nicht auf eine konkrete Menge von Anweisungen bezogenen Maßnahmen werden darum im Folgenden nicht weiter berücksichtigt.

Ebenso wichtig für die Begriffsbestimmung der Optimierung ist der zeitliche Aspekt. Hier wird vorausgesetzt, dass zunächst die Generierung der Datenbearbeitungsanweisungen abgeschlossen wird und sich dann eine klar abgrenzbare Phase der Optimierung anschließt. Insbesondere bedeutet dies, dass hier nicht jede Verbesserung an den verwendeten Verfahren zur Generierung von Datenbearbeitungsanweisungen als Optimierung verstanden werden soll. Eine Optimierung liegt nur dann vor, wenn sich diese zeitlich und ggf. auch in der zuständigen Systemkomponente klar abgrenzen lässt.

## 7.2 Analyse des Optimierungsbedarfs

Bei der Entwicklung von Anwendungen, die Datenbearbeitungsanweisungen generieren, können zwei sich widersprechende Ziele verfolgt werden. Einerseits kann versucht werden, den Anweisungsgenerator möglichst einfach zu strukturieren. Dies bedeutet insbesondere, dass für eine möglichst große Zahl von Ausführungskontexten gleiche oder zumindest ähnliche Anweisungen erstellt werden. Andererseits kann als Ziel die möglichst effiziente Ausführung der erstellten Datenbearbeitungsanweisungen verfolgt werden. In diesem Fall sollen für jede Kombination aus Aufgabenstellung und Ausführungskontext die optimal passenden Anweisungen erstellt werden. Wird das Ziel der optimalen Anpassung an den Ausführungskontext vollständig erreicht, so ist hiermit in der Regel eine sehr große Komplexität des Anweisungsgenerators verbunden. Um die Komplexität des Generators in beherrschbaren Grenzen zu halten, ist es darum häufig notwendig, sich mit einer lediglich partiellen Anpassung der generierten Anweisungen an den Ausführungskontext zu begnügen. Werden beispielsweise SQL-Anweisungen generiert, so ist es sinnvoll, die verwendete Syntax auf einen Teil des SQL-Standards zu begrenzen. Dadurch kann vermieden werden, dass für jedes Datenbanksystem alle Spezifika der Syntax und der bereitgestellten Funktionalität im Anweisungsgenerator berücksichtigt und aktuell gehalten werden müssen. Ein weiterer wichtiger Aspekt ist, dass ein einfacher strukturierter Anweisungsgenerator einfachere Datenbearbeitungsanweisungen generiert, die den Vorteil haben, dass sie weniger fehleranfällig sind und vom menschlichen Betrachter einfacher geprüft werden können.

Die skizzierten Gründe führen dazu, dass die durch Generatoren erstellten Anweisungen eher allgemein gehalten werden und eine Anpassung an den spezifischen Ausführungskontext in einem optionalen und separaten Schritt der Optimierung erfolgen kann. Eine solche Optimierung kann z.B. bedeuten, dass spezifische Eigenschaften des ausführenden Datenbanksystems ausgenutzt werden oder dass auf mehrere Anweisungen verteilte Aufgaben zu einer einzigen Anweisung zusammengefasst werden. Zugeschnittene Optimierungsmöglichkeiten werden in den folgenden Abschnitten diskutiert und klassifiziert.

## 7.3  Klassifikation der Optimierungsansätze

Die hier vorgestellte Klassifikation der Optimierungsmöglichkeiten geht von der Frage aus: Welche Systemkomponente kann was zu welchem Zeitpunkt optimieren und welchen Einfluss hat hierbei der gewählte Generierungsansatz? Insgesamt werden somit die folgenden vier Dimensionen unterschieden:

- die Optimierungsebene, d.h. die Systemebene, auf der die Optimierung erfolgt ("wer"),

- die Optimierungsreichweite bzw. der Optimierungsgegenstand ("was"),

- der Optimierungszeitpunkt ("wann")

- sowie der Generierungsansatz.

Die Frage der Systemebene zielt hierbei auf die Einbettung der Optimierungskomponente in die Systemarchitektur ab. Für die Optimierung sind hierbei drei Ebenen relevant. Einerseits kann die Systemkomponente, die die Datenbearbeitungsanweisungen generiert, hierbei auch gleich Fragen der Optimierung berücksichtigen. Dann übernimmt die *Anwendung* bzw. der *Generator* die Optimierung. Andererseits kann die Optimierung von Anweisungen auch durch das *Datenmanagementsystem*, dessen primäre Aufgabe die Ausführung dieser Anweisungen ist, erfolgen. Darüber hinaus ist auch eine dritte Möglichkeit zu berücksichtigen. In einer *separaten Systemkomponente*, die zwischen der Anwendung und dem Datenmanagementsystem angesiedelt ist, können ebenfalls geeignete Maßnahmen zur Optimierung von Datenbearbeitungsanweisungen umgesetzt werden.

Die Frage der Optimierungsreichweite bezieht sich auf den Gegenstand der Optimierung. Darunter soll hier die Frage verstanden werden, wieviele Datenbearbeitungsanweisungen bei einer einzelnen Optimierungsmaßnahme berücksichtigt werden. Eine Option ist hierbei, jeweils nur für einzelne Datenbearbeitungsanweisungen eine Optimierung vorzusehen. Vereinfachend wird im Folgenden von *Einzeloptimierung* gesprochen. In diesem Fall bleibt der Kontext der betroffenen Anweisung, d.h. insbesondere vorangehende und nachfolgende Anweisungen unberücksichtigt. Sollen diese zusätzlich berücksichtigt werden, dann erfolgt die Optimierung jeweils bezogen auf eine Gruppe von Datenbearbeitungsanweisun-

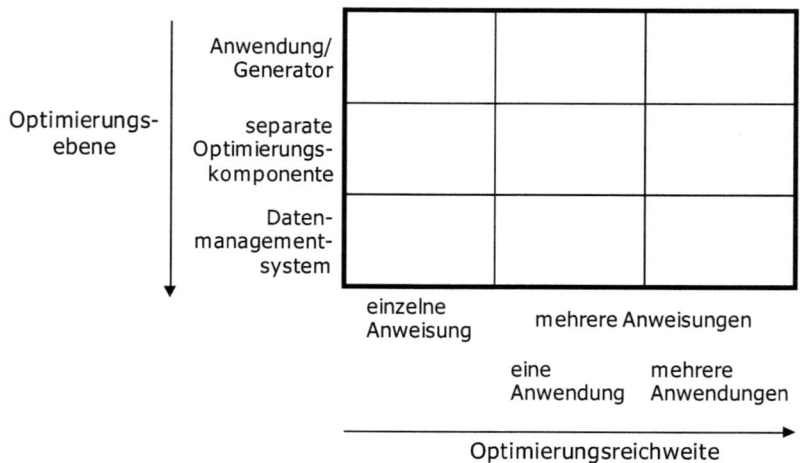

**Abbildung 23:** Matrix der Optimierungsmöglichkeiten mit den Dimensionen Optimierungsebene und Optimierungsreichweite

gen. In diesem Fall ist es noch wichtig zu unterscheiden, ob alle Anweisungen einer Gruppe derselben Anwendung entstammen (*homogene Optimierung*), oder ob innerhalb der Gruppe verschiedene Anwendungen repräsentiert sind (*heterogene Optimierung*).

Die Matrix, die sich aus den beiden Dimensionen Systemebene und Optimierungsreichweite ergibt ist in Abbildung 23 dargestellt. Dies stellt die Primärgliederung der Klassifikation dar.

Die dritte relevante Dimension ist der Optimierungszeitpunkt. Hinsichtlich der möglichen Zeitpunkte gelten dieselben Überlegungen, wie sie in Abschnitt 5.1.1 bezüglich möglicher Generierungszeitpunkte diskutiert wurden. Insbesondere ist hierbei zwischen der Optimierung zum *Entwicklungszeitpunkt*, der Optimierung zum *Verteilungszeitpunkt* und der *Laufzeitoptimierung* zu unterscheiden. Schließlich hängen die Optimierungsmöglichkeiten auch noch vom gewählten Generierungsansatz ab. Darum stellt dies die vierte berücksichtigte Dimension dar.

Der Optimierungszeitpunkt sowie der Generierungsansatz sind erst in einer zweiten Ebene der Klassifikation berücksichtigt. Diese ist in Abbildung 24 wiederum als Matrix dargestellt. Wie die detaillierte Diskussion zeigen wird, haben diese

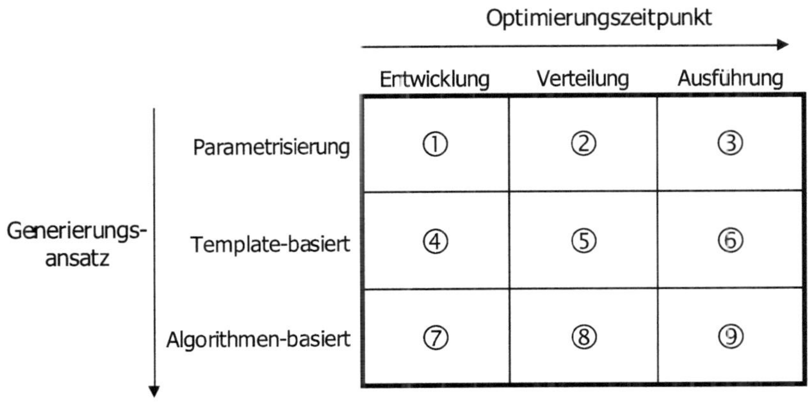

Optimierungszeitpunkt

|  | Entwicklung | Verteilung | Ausführung |
|---|---|---|---|
| Parametrisierung | ① | ② | ③ |
| Template-basiert | ④ | ⑤ | ⑥ |
| Algorithmen-basiert | ⑦ | ⑧ | ⑨ |

Generierungs-ansatz

**Abbildung 24:** Matrix zur Bewertung des Optimierungspotenzials in Abhängigkeit von Generierungsansatz und Optimierungszeitpunkt

beiden Dimensionen einen weniger bedeutenden Einfluss auf die Optimierungs-möglichkeiten.

Die Kombination aus Abbildung 23 und Abbildung 24 ergibt eine Matrix mit 81 Feldern. Für jede der dadurch repräsentierten Kombinationsmöglichkeiten der Dimensionen Optimierungsebene, Optimierungsreichweite, Optimierungszeit-punkt und Generierungsansatz werden im Folgenden die Optimierungsmöglich-keiten diskutiert. Die Gliederung dieser Diskussion erfolgt in den Abschnitten 7.4, 7.5 und 7.6 zunächst nach den in Abbildung 23 gezeigten Feldern. Innerhalb der jeweiligen Unterabschnitte wird dann gemäß der Strukturierung von Abbil-dung 24 diskutiert.

## 7.4 Optimierung bei der Anwendungsentwicklung und in der Applikation

Als erstes sollen die Optimierungspotenziale für die Ansätze diskutiert werden, bei denen die Optimierung direkt in der Applikation bzw. bei deren Erstellung erfolgt.

### 7.4.1    Einzeloptimierung

In diesem und den folgenden Abschnitten werden jeweils die Optimierungspotenziale entlang der in Abbildung 24 gezeigten Matrix herausgearbeitet. Bei dieser Diskussion werden alle Kombinationsmöglichkeiten aus Generierungsansatz und Optimierungszeitpunkt getrennt betrachtet, um im Detail zu erläutern, inwiefern Optimierungsmöglichkeiten bestehen. Da die Optimierung hier als eine von der Anfragegenerierung unabhängige Phase betrachtet wird, werden hierbei auch mögliche Optimierungszeitpunkte berücksichtigt, die vor dem im jeweiligen Ansatz zu realisierenden Generierungszeitpunkt liegen. Beispielsweise ist der Generierungsansatz der Parametrisierung nur in den Phasen der Verteilung und Ausführung einer Anwendung vorgesehen. Trotzdem muss untersucht werden, ob bereits in der Entwicklungsphase Optimierungsmöglichkeiten bestehen und welche dies im Einzelnen sind.

#### 7.4.1.1    Parametrisierung als Generierungsansatz

Für den Generierungsansatz der Parametrisierung ist in der *Entwicklungsphase* keine separate Optimierung sinnvoll. In der Entwicklungsphase können zwar verbesserte Datenbearbeitungsanweisungen berücksichtigt werden, diese werden hier jedoch nicht als Optimierung angesehen, da es keine klar abgrenzbare Phase der Optimierung gibt (siehe Begriffsklärung in Abschnitt 7.1). Da die Parametrisierung selbst nicht in der Entwicklungsphase erfolgt ist auch hierüber keine Optimierung zu erreichen.

Bei der *Verteilung* der Anwendung kann die Parametrisierung der Datenbearbeitungsanweisungen erfolgen, d.h. die formalen Parameter der Anweisungen werden durch aktuelle Werte ersetzt. Sofern hier eine Freiheit in der Wahl der Parameterwerte besteht und diese Parameterwerte die Performanz der Anweisungen beeinflussen, ist eine Optimierung denkbar, wenn auch in eher geringem Umfang. Ein Beispiel hierfür ist, wenn Datenreplikation vorliegt und über die Wahl von Parametern bestimmt wird, welches Replikat angesprochen wird. In diesem Fall ist die Parametrisierung nicht vollständig durch die Anwender und den Anwendungskontext bestimmt. In einer Optimierungsphase hat das für die Verteilung eingesetzte Werkzeug somit ausreichende Freiheitsgrade, in Abhängigkeit von Kontextinformationen zu bestimmen, welches Replikat angesprochen werden soll.

Zur *Ausführungszeit* sind dieselben Optimierungsansätze denkbar, die bereits bei der Verteilung Anwendung finden können. Auch hier kann die Festlegung der Parameterwerte in Einzelfällen zur Optimierung genutzt werden. In diesem Fall ist es die Anwendung selbst, die bei ihrer Ausführung die Parameterwerte geeignet wählt. Wiederum ist dies natürlich nur insoweit möglich, als die Werte nicht direkt durch den Anwender oder den Ausführungskontext vorgegeben sind.

Eine weitergehende Modifikation der Datenbearbeitungsanweisungen mit dem Ziel der Optimierung durch die Anwendung selbst ist hier nicht möglich, da beim Ansatz der Parametrisierung die Belegung der Parameterwerte als einzige Modifikation der Anweisungen vorgesehen ist. Insbesondere bedeutet dies, dass die Anwendung selbst keine nachträgliche Restrukturierung der erstellten Datenbearbeitungsanweisungen durchführen kann. Weitergehende Modifikationsmöglichkeiten sind lediglich beim template-basierten sowie beim algorithmen-basierten Ansatz zu berücksichtigen und werden daher weiter unten erläutert.

### 7.4.1.2  Template-basierte Anfragegenerierung

Wenn bei der Verwendung template-basierter Ansätze in der *Entwicklungsphase* Optimierungspotenziale realisiert werden sollen, so erfolgt dies naheliegenderweise dadurch, dass verbesserte Templates für die zu generierenden Anweisungen genutzt werden. Somit ergibt sich hier, ähnlich wie bei der Parametrisierung, keine klar abgrenzbare Optimierungsphase.

Bei template-basierten Ansätzen wird bei der *Verteilung* bzw. bei der *Ausführung* der Anwendung eine Auswahl unter den verfügbaren Templates getroffen und die selektierten Templates werden zu ausführbaren Datenbearbeitungsanweisungen zusammengefügt. Es besteht die Möglichkeit, die so erstellten Anweisungen nachträglich zu modifizieren und erst dann zur Ausführung an das zuständige Datenmanagementsystem zu schicken. Dieser Optimierungsschritt kann direkt in der Anwendung durchgeführt werden. In den Phasen der Verteilung und Entwicklung können hierbei Informationen über den Ausführungskontext eingesetzt werden, um Datenbearbeitungsanweisungen zu erreichen, die eine möglichst effiziente Ausführung erwarten lassen. Die Modifikation der Anweisungen schließt auch die Auswahl eines geeigneten Datenreplikats mit ein.

### 7.4.1.3    Algorithmen-basierte Anfragegenerierung

Analog zu den anderen Generierungsansätzen gilt auch hier in der *Entwicklungsphase*, dass eine separate Optimierung nicht sinnvoll ist. Einerseits können spezifische Eigenschaften des Ausführungskontexts meist nicht berücksichtigt werden, da dieser zur Entwicklungszeit noch nicht feststeht. Andererseits können durchaus Verbesserungen in den generierten Datenbearbeitungsanweisungen erzielt werden. Dies erfolgt dann aber mittels verbesserter Generierungsalgorithmen und nicht in Form einer eigenständigen Optimierungsphase.

Nach der Generierung liegen bereits bei der *Verteilung* oder spätestens bei der *Ausführung* der Anwendung komplette Datenbearbeitungsanweisungen vor. Bevor diese durch das zuständige Datenmanagementsystem ausgeführt werden ist eine zusätzliche Optimierung in der Anwendung denkbar. Es bestehen hier genau dieselben Möglichkeiten, die auch für den Fall template-basierter Ansätze gegeben sind.

### 7.4.2    Homogene Optimierung

Generell besteht in diesem Bereich dasselbe Optimierungspotenzial wie im vorangehenden Abschnitt beschrieben. Sofern Möglichkeiten zur Optimierung einzelner generierter Datenbearbeitungsanweisungen bestehen, können diese in einer Menge von Anweisungen natürlich auch auf jede einzeln angewandt werden. In der folgenden Diskussion werden nur noch die darüber hinausgehenden Möglichkeiten der Optimierung berücksichtigt.

### 7.4.2.1    Parametrisierung als Generierungsansatz

Werden durch die Anwendung Gruppen parametrisierbarer Datenbearbeitungsanweisungen bereitgestellt, so besteht die Möglichkeit, diese nachträglich zu optimieren. Dies kann durch eine eigenständige Komponente innerhalb der Anwendung erfolgen. Die in Abschnitt 4.2 erläuterte Einbindung von Datenmanagementaktivitäten in Workflows ist ein Beispiel für einen Anwendungsbereich, in dem dieser Optimierungsansatz gewählt werden kann. Die Anwendung besteht hierbei einerseits aus einem Werkzeug, das die Modellierung von Workflows erlaubt und andererseits aus der Laufzeitumgebung für die Workflows. Mit den in Abschnitt 4.2 erläuterten Erweiterungen für Datenmanagementaktivitäten können im Modellierungswerkzeug nun zunächst Gruppen von Datenbearbeitungsanweisungen bereitgestellt werden, die vor der Ausführung noch mit den zur

Laufzeit relevanten Parametern zu versehen sind. Vor der Ausführung eines Workflows und der darin enthaltenen Datenbearbeitungsanweisungen ist es nun möglich, die erstellte Gruppe von Anweisungen detaillierter zu analysieren und zu modifizieren. Dies kann beispielsweise bedeuteten, dass mehrere Anweisungen vor der Ausführung zu einer zusammengefasst werden. Hierbei ist auch zu beachten, dass eine eventuell notwendige Parametrisierung der einzelnen Anweisungen sowohl vor als auch nach der Optimierung möglich ist. Die Optimierung an sich ist sowohl zur Modellierungszeit - in diesem Beispiel entspricht dies der *Entwicklungszeit* - als auch bei der *Verteilung* oder *Ausführung* der Workflows möglich.

### 7.4.2.2   Template- und algorithmen-basierte Anfragegenerierung

In diesen beiden Bereichen ist eine Optimierung ähnlich der für die Parametrisierung beschriebenen möglich. Von der Anwendung werden zunächst Gruppen von Datenbearbeitungsanweisungen erstellt, die anschließend durch die Anwendung analysiert und bei Bedarf modifiziert werden, um eine Optimierung zu erreichen. In diesem Fall muss natürlich vorausgesetzt werden, dass die Generierung vor der Optimierung erfolgt. Im Gegensatz dazu ist, wie im vorangegangenen Abschnitt beschrieben, eine Parametrisierung auch noch nach der Optimierung der Anweisungen denkbar.

### 7.4.3   Heterogene Optimierung

In diesem Bereich sind nur die Optimierungsmöglichkeiten relevant, die bereits für einzelne Anweisungen beschrieben wurden. Eine darüber hinausgehende Optimierung von Gruppen von Datenbearbeitungsanweisungen, die unabhängig voneinander entstanden sind, ist in der Anwendung nicht möglich, da jede Anwendung zunächst nur die durch sie selbst erstellten Anweisungen kennt und optimieren kann.

## 7.5  Optimierung durch das Datenmanagementsystem

In anfragegenerierenden Systemen werden Datenbearbeitungsanweisungen mit dem Ziel erstellt, diese in einem Datenmanagementsystem auszuführen. Dass hierunter nicht nur klassische Datenbanksysteme zu verstehen sind, wurde bereits in Abschnitt 2.1 erläutert. Es ist naheliegend, diesen auch die Optimierung der generierten Anweisungen zu überlassen, da die Anfrageoptimierung ohnehin zu den elementaren Aufgaben der verschiedenen Datenmanagementsysteme gehört.

## 7.5.1   Einzeloptimierung

Unabhängig vom gewählten Generierungsansatz ist zum *Entwicklungszeitpunkt* eine Optimierung durch das Datenmanagementsystem nicht möglich. Zu diesem Zeitpunkt sind die Datenbearbeitungsanweisungen noch nicht erstellt und können somit auch nicht zur weiteren Bearbeitung bereitgestellt werden.

Bei *parametrisierten Anweisungen* ist dagegen eine Optimierung sowohl bei der Verteilung als auch bei der Ausführung möglich. Im Detail hängen die Optimierungsmöglichkeiten davon ab, in welchen Teilen der Datenbearbeitungsanweisung die Parametrisierung erfolgt. Sind in einer Anweisung lediglich einzelne Bestandteile von Prädikaten als Parameter vorgesehen, die zur Laufzeit durch konkrete Werte ersetzt werden, so kann eine Optimierung auch schon vor der Parametrisierung erfolgen. Dies ist der klassische Fall der Anfrageoptimierung in Datenbankmanagementsystemen, wobei die Optimierung der Anweisung bei deren Vorbereitung erfolgt. Je nach Anbindung an das Datenbankmanagementsystem kann dies z.B. über einen Prepare-Aufruf erreicht werden. Die eigentliche Ausführung der Anweisung unter Berücksichtigung der aktuellen Parameter erfolgt dann durch einen separaten Aufruf an das DBMS, wobei keine erneute Optimierung erfolgt. Wird hingegen erst über die Parameter der Ausführungskontext einer Anweisung festgelegt, so ist eine Optimierung durch das Datenbankmanagementsystem vor der Parametrisierung nicht denkbar. In diesem Fall beschreibt der Parameter beispielsweise die Datenbank und den Server, auf dem die Anweisung ausgeführt werden soll. Diese Information ist für eine Optimierung durch das Datenbankmanagementsystem aber unabdingbar.

Datenbearbeitungsanweisungen, die mit Hilfe von *template- oder algorithmenbasierten Ansätzen* erstellt werden, können sowohl bei der Verteilung der Anweisungen als auch bei deren Ausführung durch das Datenbankmanagementsystem optimiert werden. Voraussetzung ist jeweils, dass die zu verarbeitende Anweisung vollständig vorliegt. Hier liegt somit ebenfalls der klassische Fall der Anfrageoptimierung in Datenbankmanagementsystemen vor.

### 7.5.2 Homogene Optimierung

Auch in diesem Fall ist eine Optimierung zum *Entwicklungszeitpunkt* unabhängig vom Generierungsansatz nicht möglich, da die Datenbearbeitungsanweisungen dem Datenmanagementsystem noch nicht vorliegen.

Betrachtet man nur den Generierungsansatz der *Parametrisierung*, so zeigt sich analog zur Optimierung einzelner Anweisungen, dass sowohl bei der Verteilung als auch bei der Ausführung eine Optimierung denkbar ist. Dies umfasst, wie in Abschnitt 7.5.1 beschrieben, zunächst die Optimierung einzelner Anweisungen. Unter welchen Bedingungen eine Optimierung konkret möglich ist, wurde dort bereits skizziert. Hinzu kommt hier die Möglichkeit der Optimierung einer Gruppe von Anweisungen. Dies stellt den in der Datenbankliteratur bereits ausführlich diskutierten Fall der Multi-Query-Optimierung dar. Dieser Optimierungsansatz beruht im Wesentlichen darauf, dass in einer Gruppe von Datenbearbeitungsanweisungen gemeinsame Teilausdrücke identifiziert werden und deren Ausführung so organisiert wird, dass mehrfach notwendige Teilergebnisse nur einmal berechnet werden.

Gruppen von Datenbearbeitungsanweisungen, die mit Hilfe von *template- oder algorithmen-basierten Ansätzen* erstellt werden, können sowohl bei der Verteilung der Anweisungen als auch bei deren Ausführung durch das Datenmanagementsystem optimiert werden. Voraussetzung ist jeweils, dass die zu verarbeitenden Anweisungen vollständig vorliegen, d.h. die Generierung muss vor der Optimierung erfolgen. Ist diese Voraussetzung erfüllt, können auch Ansätze der Multi-Query-Optimierung genutzt werden.

### 7.5.3 Heterogene Optimierung

Bezüglich der Betrachtung von Optimierungsmöglichkeiten zum *Entwicklungszeitpunkt* spielt es keine Rolle, ob alle Anweisungen einer Gruppe zu derselben Anwendung gehören oder nicht. Da das Datenbankmanagementsystem zum Entwicklungszeitpunkt noch nicht auf die Anweisungen zugreifen kann, besteht auch keine Möglichkeit zu deren Optimierung.

Unhabhängig vom gewählten Generierungsansatz ist eine Multi-Query-Optimierung sowohl zum *Verteilungszeitpunkt* als auch zum *Ausführungszeitpunkt* denkbar. Diese Optimierungsoption ist in jedem Fall gegeben, wenn die Anweisungen vollständig vorliegen. Für das Identifizieren gemeinsamer Teilausdrücke in den

Anweisungen ist es unerheblich, ob die Anweisungen einer oder mehreren Anwendungen entstammen. Im Fall die Parametrisierung hängen die Optimierungsmöglichkeiten wiederum davon ab, welche Teile einer Datenbearbeitungsanweisung als Parameter gegeben sind. Dies wurde in den vorangegangenen Abschnitten bereits mehrfach angesprochen.

## 7.6  Optimierung durch eine separate Komponente

Die größte Flexibilität hinsichtlich der Optimierung erhält man, wenn eine separate Optimierungskomponente zwischen Anfragegenerator und ausführendem Datenmanagementsystem vorgesehen wird. Die möglichen Optimierungsoptionen werden im Folgenden diskutiert.

### 7.6.1   Einzeloptimierung

Für die Einzeloptimierung in einer separaten Komponente gelten vergleichbare Überlegungen wie bei der Optimierung durch das Datenmanagementsystem. Da zum *Entwicklungszeitpunkt* die Datenbearbeitungsanweisungen noch nicht erstellt sind, besteht auch keine Möglichkeit, hier optimierend einzugreifen.

Unabhängig vom gewählten Generierungsansatz stehen nach der Entwicklung die fertigen Datenbearbeitungsanweisungen zur Verfügung. Eine separate Systemkomponente hat somit sowohl bei der *Verteilung* als auch bei der *Ausführung* die Möglichkeit, diese Anweisungen zu erfassen und zu modifizieren. Allerdings besteht hier eher geringes Optimierungspotenzial, da im Wesentlichen ein einfaches Umschreiben der Datenbearbeitungsanweisungen stattfinden kann. Den entscheidenden Einfluss auf die Laufzeit der Anweisungen hat in der Regel allerdings die durch das ausführende Datenbanksystem ohnehin durchgeführte Anfrageoptimierung. Die Umformulierung der erstellten Datenbearbeitungsanweisungen kann in Einzelfällen vorteilhaft sein, um z.B. den Zugriff auf eines der verfügbaren Replikate zu steuern, sofern dies nicht automatisch durch das genutzte Datenbanksystem erfolgt. Ein anderes Ziel der Umformulierung kann es sein, die Anweisungen an den konkreten Ausführungskontext und damit insbesondere an die spezifischen Eigenschaften und Anforderungen des ausführenden Datenmanagementsystems anzupassen.

### 7.6.2 Homogene Optimierung

Auch in diesem Fall ist eine Optimierung zum *Entwicklungszeitpunkt* unabhängig vom Generierungsansatz nicht möglich, da die Datenbearbeitungsanweisungen noch nicht vorliegen.

Unabhängig davon, wie die Datenbearbeitungsanweisungen erstellt wurden, liegen sie bei der *Verteilung* zumindest weitgehend vollständig, spätestens bei der *Ausführung* aber komplett vor. Sofern eine separate Komponente mehrere Anweisungen einer Anwendung als zusammengehörend identifizieren kann, bieten sich hier Optimierungsmöglichkeiten. Insbesondere ist die Coarse-Grained-Optimierung (CGO) nutzbar. Diese setzt voraus, dass zwischen den von einer Anwendung generierten Datenbearbeitungsanweisungen ein enger Zusammenhang besteht, z.B. indem eine Anweisung das Ergebnis einer vorangehenden Anweisung nutzt. Dann ist es mit Hilfe des CGO-Ansatzes möglich, solche Anweisungen zu identifizieren und unter Berücksichtigung der vorhandenen Abhängigkeiten zusammenzufassen. Diese Art der Optimierung wird von Datenbanksystemen typischerweise nicht umgesetzt. Sie wird darum in dieser Arbeit einer separaten Komponente zugeordnet. Prinzipiell verfügt das Datenbanksystem aber über die für die Optimierung notwendigen Informationen, so dass grundsätzlich nichts gegen die Umsetzung des CGO-Ansatzes in Datenbanksystemen spricht. Der CGO-Ansatz wird in Abschnitt 8.3 ausführlich erläutert.

### 7.6.3 Heterogene Optimierung

Bezüglich der Betrachtung von Optimierungsmöglichkeiten zum *Entwicklungszeitpunkt* spielt es auch hier keine Rolle, ob alle Anweisungen einer Gruppe zu derselben Anwendung gehören oder nicht. Da zum Entwicklungszeitpunkt noch nicht auf die Anweisungen zugegriffen werden kann, besteht auch keine Möglichkeit zu deren Optimierung.

Unabhängig vom gewählten Generierungsansatz ist heterogene Optimierung sowohl zum *Verteilungszeitpunkt* als auch zum *Ausführungszeitpunkt* denkbar. Einerseits kommt hier die weiter oben bereits erwähnte Multi-Query-Optimierung durch das Datenbanksystem in Frage. Der Einsatz einer separaten Komponente zu diesem Zweck erscheint hier wenig gewinnbringend. Sie erscheint höchstens dann sinnvoll, wenn durch eine externe Komponente die im genutzten Datenbanksystem fehlende Funktionalität für Multi-Query-Optimierung bereitgestellt wird. Zusammenhänge zwischen Datenbearbeitungsanweisungen, wie sie im CGO-Ansatz ausgenutzt werden, beziehen sich immer auf eine einzelne Anwendung, so dass diese Art der Optimierung für diesen Bereich ebenfalls nicht anwendbar ist.

Zusätzliche Optimierungsmöglichkeiten ergeben sich beispielsweise, wenn dieselben verteilten Daten in den Anweisungen mehrerer Anwendungen Verwendung finden. Hier ist es denkbar, die Platzierung der Daten so anzupassen, dass eine effizientere Verarbeitung möglich wird. Ähnliche Aufgaben fallen auch in einem föderierten Datenbanksystem an. Je nach Systemumgebung, in der Datenbearbeitungsanweisungen generiert werden, kann es jedoch sinnvoll sein diese Datenplatzierung in eine separate Komponente auszulagern.

## 7.7 Zuordnung der Optimierungsansätze

Die in den vorangegangenen Abschnitten diskutierten Optimierungsmöglichkeiten sind in Abbildung 25 im Überblick zusammengefasst. Das Ziel ist es, konkrete Optimierungsansätze den durch die vorgestellte Klassifikation beschriebenen Bereichen zuzuordnen. Zunächst sind in der Abbildung alle Felder grau dargestellt, für deren zugrunde liegende Kombination aus Generierungsansatz, Optimierungsebene, Optimierungsreichweite und Optimierungszeitpunkt kein spezifisches Optimierungspotenzial identifiziert werden konnte. Hierbei ist zu beachten, dass die Optimierungsmöglichkeiten, die für einzelne Anweisungen existieren immer auch für mehrere Anweisungen gegeben sind. Dies gilt unabhängig davon, ob diese Anweisungen von einer oder von unterschiedlichen Anwendungen stammen. Sind allerdings bei der Optimierung mehrerer Anweisungen nur die Optimierungsmöglichkeiten gegeben, die auch für jede einzelne Anweisung gegeben sind, so werden in Abbildung 25 keine spezifischen Optimierungsmöglichkeiten ausgewiesen, d.h. die entsprechenden Felder werden grau dargestellt. Dies ist z.B. bei der Optimierung mehrere Anweisungen von unterschiedlichen Anwendungen für den Fall gegeben, dass eine Optimierung in der Anwendung selbst erfolgen soll.

Darüber hinaus hat die Diskussion in den vorangegangenen Abschnitten die prinzipiell unterschiedlichen Optimierungsstrategien aufgezeigt, die in den verschiedenen Fällen einsetzbar sind. Diese sind in Abbildung 25 durch Ziffern in den einzelnen Feldern markiert.

| | | Einzeloptimierung | | | Homogene Optimierung | | | Heterogene Optimierung | | |
|---|---|---|---|---|---|---|---|---|---|---|
| | | E | V | A | E | V | A | E | V | A |
| Anwendung/ Generator | P | | ① | ① | ⑥ | ⑥ | ⑥ | | | |
| | T | | ① ② | ① ② | ⑥ | ⑥ | ⑥ | | | |
| | A | | ① ② | ① ② | ⑥ | ⑥ | ⑥ | | | |
| separate Optimierungs- komponente | P | | ① ② | ① ② | | ⑤ | ⑤ | | ⑦ | ⑦ |
| | T | | ① ② | ① ② | | ⑤ | ⑤ | | ⑦ | ⑦ |
| | A | | ① ② | ① ② | | ⑤ | ⑤ | | ⑦ | ⑦ |
| Datenbank- system | P | | ③ | ③ | | ④ | ④ | | ④ | ④ |
| | T | | ③ | ③ | | ④ | ④ | | ④ | ④ |
| | A | | ③ | ③ | | ④ | ④ | | ④ | ④ |

☐ keine spezifische Optimierungsmöglichkeit gegeben

P/T/A : Generierungsansatz (Parametrisierung / Template-basiert / Algorithmen-basiert)

E/V/A : Optimierungszeitpunkt (Entwicklung / Verteilung / Ausführung)

| | | | |
|---|---|---|---|
| ① | Datenreplikation | ⑤ | Coarse-Grained-Optimierung |
| ② | Anfragemodifikation | ⑥ | PGM-Optimierung |
| ③ | Anfrageoptimierung | ⑦ | Data Placement |
| ④ | Multi-Query-Optimierung | | |

**Abbildung 25:** Übersicht der Optimierungsmöglichkeiten

Eine sehr einfache und lediglich in Einzelfällen anwendbare Optimierungsstrategie ist die Auswahl eines bestimmten Datenreplikats (in Abbildung 25 mit Ziffer 1 markiert). Wesentliche Voraussetzungen hierfür sind, dass Daten repliziert vorliegen, dass diese in einer Anfrage getrennt adressiert werden können und dass die Auswahl unter den Replikaten durch eine Modifikation der Anfrage erfolgen kann. In SQL muss es in diesem Fall also möglich sein, das gewünschte Replikat einer Tabelle direkt in der FROM-Klausel anzugeben. Je nach Datenbanksystem, kann diese Auswahl auch direkt bei der Anfrageverarbeitung vorgenommen werden. In diesem Fall erfolgt keine separate replikat-bezogene Optimierung, weshalb diese in Abbildung 25 bei der Optimierung durch das Datenbanksystem nicht als eigenständige Option angegeben ist. Diese Art der Optimierung wird immer getrennt für die einzelnen Anweisungen durchgeführt.

Eine zweite Optimierungsstrategie (Ziffer 2 in Abbildung 25) besteht darin, die generierten Datenbearbeitungsanweisungen zu modifizieren, bevor sie von einem Datenbanksystem ausgeführt werden. Für den Fall, dass SQL-Anweisungen generiert werden bedeutet dies, dass diese SQL-Anweisungen umformuliert werden und die neu erstellten Varianten an das Datenbanksystem zur Verarbeitung übergeben werden. Diese Optimierungsstrategie kann natürlich nur sinnvoll eingesetzt werden, wenn die Modifikation der Anweisungen so möglich ist, dass die ursprünglichen und die tatsächlich ausgeführten Anweisungen dasselbe Ergebnis liefern. Eine Modifikation der Datenbearbeitungsanweisungen kann sowohl direkt durch die Anwendung als auch durch eine separate Komponente vorgenommen werden. Als Optimierungsschritt innerhalb des Datenbanksystems ist sie jedoch nicht sinnvoll. Die Anfrageverarbeitung und -optimierung durch ein Datenbanksystem umfasst intern zwar ebenfalls eine Modifikation der Anweisungen, die in der Regel als Standardisierung und Restrukturierung bezeichnet wird. Diese Phase ist nach außen allerdings nicht weiter abzugrenzen und wird darum hier nicht als ein separater Optimierungsansatz verfolgt.

Die dritte zu nennende Optimierungsstrategie umfasst die Optimierung einzelner Datenbearbeitungsanweisungen durch ein Datenbanksystem. Es handelt sich hierbei um die von jedem Datenbanksystem durchgeführte, "klassische" Anfrageoptimierung einzelner Anweisungen. In Abbildung 25 ist dies mit der Ziffer 3 markiert. Es handelt sich hierbei um die einzige Optimierungsmöglichkeit, über die ein Datenbanksystem bezüglich einzelner Anweisungen verfügt. Im Fall verteilter Datenbanksysteme kann diese dann aber auch die Auswahl eines geeigneten Datenreplikats umfassen. Wie bereits oben für die Modifikation von Datenbearbeitungsanweisungen erläutert, existiert auch in diesem Fall keine klar abgrenzbare und außerhalb des Datenbanksystems erkennbare Phase der Optimierung, so dass die Auswahl von Replikaten durch das Datenbanksystem in Abbildung 25 nicht als eigenständige Optimierungsoption für das Datenbanksystem aufgeführt ist. Weiter ist zu beachten, dass die klassische Anfrageoptimierung natürlich auch in den Fällen eine Rolle spielt, die in Abbildung 25 nicht speziell mit dieser dritten Optimierungsoption markiert sind. Wenn also beispielsweise eine separate Optimierungskomponente die von einer Anwendung generierten Anweisungen modifiziert, bevor diese einem Datenbanksystem zur Ausführung übergeben werden, dann folgt in jedem Fall für jede einzelne dieser Anweisungen eine Optimierung durch das Datenbanksystem.

Eine weitere Variante der Optimierung durch das Datenbanksystem stellt die sogenannte Multi-Query-Optimierung dar. Dieser Bereich, in dem grundsätzlich die Ausführung mehrerer Anweisungen gleichzeit optimiert wird, ist in Abbildung 25 mit der Ziffer 4 markiert. Multi-Query-Optimierung stellt somit eine Standardvorgehensweise bei der Verarbeitung von Datenbankanfragen dar. Im Gegensatz zur Optimierung einzelner Anweisungen ist in diesem Bereich allerdings zu berücksichtigen, dass vergleichsweise wenige der in wissenschaftlichen Arbeiten beschriebenen Ansätze bereits in kommerziellen Produkten umgesetzt sind. Das Optimierungspotenzial, das den Datenbanksystemen bezüglich mehrerer Anweisungen generell zur Verfügung steht wird also nur zu einem sehr geringen Teil genutzt.

Einen für die Optimierung generierter Datenbearbeitungsanweisungen wesentlich spezifischeren Ansatz stellt die Optimierung von Anfragesequenzen mit Hilfe der Coarse-Grained-Optimierung dar. Hierbei sind zusammenhängende Sequenzen von Anweisungen im Fokus, wobei eine Anweisung z.B. das Ergebnis einer vorangehenden Anweisung nutzen kann. Solche Sequenzen können insbesondere dadurch optimiert werden, dass mehrere zusammengefasst werden. Hierbei handelt es sich um eine Art der Optimierung, die typischerweise durch eine separate Systemkomponente ausgeführt wird. In Abbildung 25 ist Coarse-Grained-Optimierung mit der Ziffer 5 gekennzeichnet.

Einen Schritt weiter geht die Optimierung mehrerer Anweisungen durch die Anwendung selbst. In diesem Fall können auch komplexere Kontrollflussstrukturen und eine heterogenere Mischung verschiedener Anweisungstypen berücksichtigt werden, als dies beim CGO-Ansatz der Fall ist. Um solche Strukturen zusammenhängender Anweisungen in einem Optimierer zu repräsentieren, wurde das Prozessgraphmodell entwickelt. Nach diesem wird eine darauf aufbauende Optimierung als PGM-Optimierung bezeichnet. Die Maßnahmen zur Optimierung umfassen das Zusammenfassen von Anweisungen, ähnlich wie dies auch beim CGO-Ansatz erfolgt, aber auch das Zusammenfassen von Zuweisungsoperationen, Web-Service-Aufrufen und SQL-Anweisungen sowie das Umwandeln von Kontrollflusskonstrukten in andere Konstrukte. Um diese Arten der Restrukturierung ausführen zu können, müssen die von einer einzigen Anwendung erstellten Anweisungen identifiziert werden können, weshalb es sinnvoll ist, diesen Optimierungsansatz direkt in der Anwendung oder in der Komponente zur Generierung der Anwendung einzusetzen. In Abbildung 25 ist diese Art der Optimierung mit der Ziffer 6 markiert.

Bleibt als letzte zu betrachtende Optimierungsoption, das gezielte Platzieren von Datenbeständen (Data Placement). Gemeint ist damit, einzelne in generierten Datenbearbeitungsanweisungen adressierte Datenbestände so auf Rechnern verfügbar zu machen, dass eine effiziente Verarbeitung der Anweisungen erreicht werden kann. Diese Variante ist nur relevant, wenn die Optimierung mehrerer Anweisungen aus unterschiedlichen Anwendungen betrachtet wird und kann darum auch nur durch eine separate Optimierungskomponente durchgeführt werden. In Abbildung 25 ist der entsprechende Bereich mit der Ziffer 7 gekennzeichnet.

## 7.8 Zusammenfassung

Insgesamt zeigen die in Abbildung 25 zusammengefassten Analysen, dass es spezifische Optimierungsmöglichkeiten in Abhängigkeit von der Optimierungsebene, dem Optimierungszeitpunkt und der Optimierungsreichweite gibt. Für alle drei Ausprägungen der Optimierungsreichweite (Einzeloptimierung, homogene Optimierung, heterogene Optimierung) konnten geeignete Optimierungsansätze identifiziert werden. Vergleichbares gilt bezüglich der Systemebene auf der die Optimierung generierter Datenbearbeitungsanweisungen angesiedelt werden kann.

Hinsichtlich des Optimierungszeitpunkts ist hervorzuheben, dass eine Optimierung generierter Anweisungen insbesondere bei der Verteilung der Anwendung und/oder zur Laufzeit erfolgen sollte. Wie Abbildung 25 zeigt besteht zur Entwicklungszeit nur in Ausnahmefällen eine Möglichkeit, die generierten Anweisungen im Sinne einer effizienteren Ausführung zu modifizieren. Dies ist immer dann gegeben, wenn eine Menge zusammengehörender Anweisungen durch den Anweisungsgenerator selbst auf der Basis des Prozessgraphmodells optimiert wird.

Der gewählte Generierungsansatz spielt bei der Auswahl der Optimierungsmöglichkeiten dagegen eine eher untergeordnete Rolle. Lediglich bei der Optimierung einzelner Anfragen durch die Anwendung selbst beeinflusst der gewählte Generierungsansatz die Optimierungsmöglichkeiten. Wird auf der Basis von Templates und Algorithmen generiert, so kann eine nachträgliche Modifikation der erstellten Anfragen sinnvoll sein. Beim Ansatz der Parametrisierung ist eine solche separate Optimierung dagegen weniger sinnvoll. Hier bleibt nur die Auswahl eines geeigneten Replikats als Optimierungsansatz.

Die in diesem Kapitel aufgeführten Optimierungsansätze für generierte Datenbe-arbeitungsanweisungen werden im Folgenden vertieft. Klassische Ansätze der Anfrageoptimierung und der Multi-Query-Optimierung werden in Abschnitt 8.1 bzw. Abschnitt 8.2 nur im Überblick dargestellt. Ausführlich erläutert werden dagegen neuere Ansätze, die speziell zur Optimierung generierter Datenbearbei-tungsanweisungen gewinnbringend eingesetzt werden können. In Abschnitt 8.3 wird daher ausführlich auf die Coarse-Grained-Optimierung eingegangen. Die PGM-Optimierung ist der Diskussionsgegenstand von Abschnitt 8.4.

# 8 Vertiefung und Bewertung ausgewählter Optimierungsansätze

Im vorangegangenen Kapitel wurde eine Reihe von Ansätzen zur Optimierung generierter Datenbearbeitungsanweisungen vorgestellt. Bevor diese in diesem Kapitel im Detail diskutiert werden, erfolgt zur weiteren Strukturierung hier eine Klassifizierung. Hierbei spielen, wie Abbildung 26 zeigt, zwei Dimensionen eine Rolle. Einerseits können Optimierungsansätze nach der Komplexität der Optimierung an sich unterschieden werden. Andererseits ist auch die Komplexität des berücksichtigten Kontrollflusses ein wesentlicher Gesichtspunkt. Wurde der mehrere Datenbearbeitungsanweisungen verbindende Kontrollfluss in der traditionellen Anfrageoptimierung in Datenbanksystemen weitgehend ignoriert, so spielt er gerade im Umfeld generierter Datenbearbeitungsanweisungen eine wichtige Rolle. Der Schwerpunkt der folgenden Diskussion liegt darum auf den Optimierungsansätzen, die mehrere in Sequenzen oder komplexen Kontrollflussstrukturen verbundene Datenbearbeitungsanweisungen berücksichtigen. Während bei der Optimierung von Anfragesequenzen in Abschnitt 8.3 sowohl eine heuristische als auch eine kostenbasierte Vorgehensweise diskutiert wird, liegt

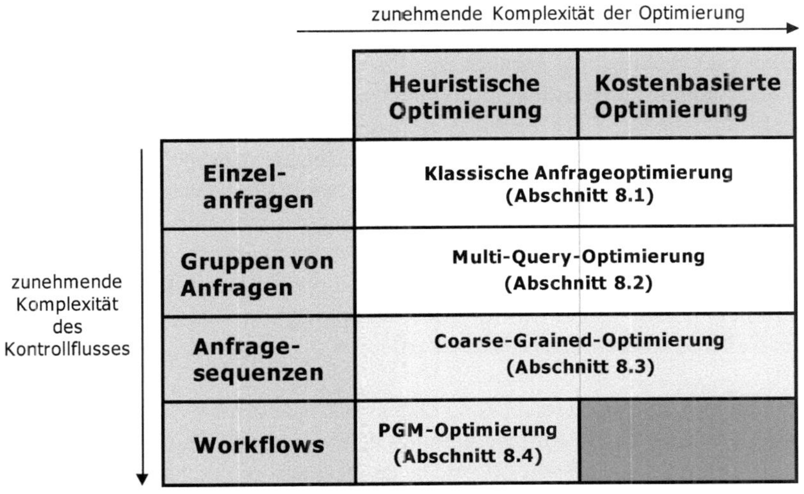

zunehmende Komplexität der Optimierung →

| | **Heuristische Optimierung** | **Kostenbasierte Optimierung** |
|---|---|---|
| **Einzel-anfragen** | **Klassische Anfrageoptimierung** (Abschnitt 8.1) | |
| **Gruppen von Anfragen** | **Multi-Query-Optimierung** (Abschnitt 8.2) | |
| **Anfrage-sequenzen** | **Coarse-Grained-Optimierung** (Abschnitt 8.3) | |
| **Workflows** | **PGM-Optimierung** (Abschnitt 8.4) | |

zunehmende Komplexität des Kontrollflusses ↓

**Abbildung 26:** Optimierungsansätze

der Schwerpunkt in Abschnitt 8.4 auf der heuristischen Optimierung datenintensiver Workflows. Die zusätzlichen Herausforderungen, die sich hier bei der Umsetzung einer kostenbasierten Vorgehensweise ergeben, werden lediglich angerissen. Diese Herausforderungen zu adressieren bleibt Gegenstand zukünftiger Forschungsarbeiten.

## 8.1 Anfrageoptimierung in Datenbanksystemen

Wie in Abschnitt 7.5 erläutert stellt die Optimierung einzelner generierter Datenbearbeitungsanweisungen durch das ausführende Datenbanksystem eine generell anwendbare Optimierungsoption dar. Diese ist immer anwendbar - und sollte auch immer angewendet werden - unabhängig davon, ob eine zusätzliche Optimierung der Anweisungen in der Anwendung oder in einer separaten Komponente erfolgt. Bei dieser Optimierung handelt es sich um die klassische Anfrageoptimierung in Datenbanksystemen. Es gibt somit nur wenige spezifische Aspekte, die bezüglich der Generierung von Datenbearbeitungsanweisungen zu berücksichtigen sind. Zu den relevanten Aspekten gehört die Komplexität der generierten Anweisungen. Diese sind im Allgemeinen komplexer als dies bei Anweisungen der Fall ist, die durch den Benutzer oder den Anwendungsentwickler direkt erstellt werden. Das zentrale Argument für diese erhöhte Komplexität besteht darin, dass komplexe Anfragen durch einen Anfragegenerator einfach zu erstellen sind, während der Mensch eher dazu tendiert, eine komplexe Fragestellung auf mehrere Anweisungen aufzuteilen, um durch diese Aufteilung eine Komplexitätsreduktion der einzelnen Anweisungen und damit einen besseren Überblick und geringere Fehleranfälligkeit zu erreichen. Für die Anfrageoptimierung durch das Datenbanksystem ergibt sich daraus die Konsequenz, dass sehr komplexe Anweisungen berücksichtigt und geeignet optimiert werden müssen. Im Folgenden werden die Konzepte und Methoden skizziert, die hierbei in der klassischen Anfrageoptimierung zum Einsatz kommen. Der Schwerpunkt dieses Buches liegt allerdings auf den fortgeschrittenen Optimierungstechnologien, die in den weiteren Abschnitten erläutert werden.

Bereits seit den Anfängen relationaler Datenbankmanagementsysteme in den frühen 1970er Jahren ist die Anfrageoptimierung ein zentrales Thema [Cha98]. Das Ziel der Optimierung besteht allgemein darin, einen möglichst guten Ausführungsplan für eine gegebene SQL-Anfrage zu finden, der der Ausführungskomponente des Datenbankmanagementsystems übergeben werden kann. Die für die Optimierung zuständige Systemkomponente wird typischerweise als Anfrageoptimierer bezeichnet. Dieser verwaltet Ausführungspläne in der Regel in Form eines Operatorbaums. Dessen Knoten repräsentieren physische Operatoren, die eine Realisierung der logischen Operatoren der relationalen Algebra darstellen. Ein durch den Optimierer erstellter Ausführungsplan wird zur Ausführungszeit interpretiert oder es wird daraus Code generiert, der zur Ausführung gebracht wird. Auf Grund der deskriptiven Natur der Anfragesprache SQL, gibt es zu einer einzigen Anfrage für gewöhnlich mehrere alternative Ausführungspläne, die sehr unterschiedliche Laufzeiten aufweisen können. Diese Pläne können sich insbesondere in der Reihenfolge der Join-Operationen und in der gewählten Join-Implementierung unterscheiden.

Grundsätzlich lassen sich Optimierer in zwei Kategorien unterteilen: heuristisch arbeitende Optimierer und kostenbasierte Optimierer. Bei den heuristischen Optimierern wird die SQL-Anfrage zunächst in einen initialen Operatorbaum übersetzt. Basierend auf heuristischen Regeln wird dieser dann restrukturiert und in einen Ausführungsplan transformiert. Hierbei werden beispielsweise Selektionen und Projektionen so weit wie möglich in Richtung der Blätter des Operatorbaums verschoben. Zentrale Komponenten eines solchen heuristischen Optimierers sind die Sammlung der Restrukturierungsregeln und eine Kontrollstrategie, die über deren Anwendungsreihenfolge entscheidet. Häufig ist der kostenbasierten Optimierung auch eine heuristische Optimierung vorgeschaltet oder beim Aufbau des Suchraums werden Heuristiken angewandt, um den Suchraum einzuschränken. Letzteres wird als Pruning bezeichnet.

Bei kostenbasierten Optimierern wird ein Suchraum möglicher Operatorbäume aufgebaut. Für jeden dieser alternativen Bäume wird ein Kostenwert berechnet und der Operatorbaum mit den geringsten Kosten ausgewählt. Die zentralen Komponenten sind in diesem Fall: (1) Der Suchraum, d.h. eine Datenstruktur, die eine Vielzahl alternativer Ausführungspläne aufnehmen kann; (2) Ein Aufzählungsalgorithmus, der es erlaubt, alle relevanten Ausführungsplanalternativen zu erstellen; (3) Eine Komponente zur Kostenbewertung für einzelne Ausführungspläne. Die kostenbasierten Optimierer werden aufgrund ihrer Vorgehensweise bei der Optimierung in zwei Gruppen unterteilt: Bottom-Up-Optimierer und Top-Down-Optimierer. Die gewählte Vorgehensweise hat unmittelbaren Einfluss auf die Implementierungsalternativen für jede der drei genannten Komponenten.

Bottom-Up-Optimierer beruhen auf dem Prinzip der Dynamischen Programmierung. Hierbei werden zunächst die günstigsten Pläne für jede Join-Kombination

aus zwei Tabellen berechnet. Diese werden dann dazu verwendet, den günstigsten Plan für alle Join-Kombinationen aus drei Tabellen zu berechnen, wobei die
suboptimalen Pläne für die Join-Kombinationen aus zwei Tabellen gar nicht
mehr berücksichtigt werden müssen. Aus den bisher berechneten Plänen werden
wiederum die günstigsten Pläne für Join-Kombinationen aus vier Tabellen ermittelt, usw. System R, das im Rahmen eines Forschungsprojekts im IBM San Jose
Research Center entwickelte relationale Datenbanksystem, dessen Nachfolgesys-
teme sowie kommerzielle Datenbankprodukte von IBM sind typische Vertreter
dieser Vorgehensweise [SA+79].

Bei den Top-Down-Optimierern wird die SQL-Anfrage in einen initialen Operatorbaum umgewandelt, mit den logischen Operatoren der relationalen Algebra
als Knoten. Mit Hilfe der Tiefensuche wird dieser initiale Operatorbaum durchlaufen und dabei werden durch Umformung alternative Pläne erzeugt. Man
unterscheidet hierbei zwischen logischer und physischer Optimierung.

In der logischen Optimierung werden auf der relationalen Algebra beruhende
Restrukturierungsregeln auf den logischen Operatorbaum angewendet, wodurch
neue alternative logische Operatorbäume entstehen. Die mit den Restrukturierungsregeln verfolgten Ziele sind vielfältig. Wichtige Beispiele sind das Modifizieren der Join-Reihenfolge, das Vertauschen von Join- und Gruppierungsopera-
tionen, das frühzeitige Ausführen von Selektionen und Projektionen sowie das
Reduzieren der Anfrageblöcke [MN+05] [RG90] [CS94] [MP94] [CS95]
[GHQ95] [YL95] [CS96]. Zu beachten ist, dass die Anwendung einer Restrukturierungsregel allein noch keine Laufzeitverbesserung für die Anfrage nach sich
ziehen muss. Das Potenzial für Laufzeitverbesserungen kann nur über eine entsprechende Kostenbewertung ermittelt werden.

In der physischen Optimierung werden die logischen Operatoren in physische
Operatoren transformiert, wobei es für einen logischen Operator meist mehrere
physische Operatoren gibt, die unterschiedliche Implementierungen des logischen Operators darstellen. Der mit physischen Operatoren versehene Operatorbaum stellt schließlich die Grundlage für die Kostenbewertung dar. In diese flie-
ßen statistische Informationen über die zugrunde liegenden Daten ein. Hierzu
gehören die Anzahl der Tupel in einer Tabelle ebenso wie die Werteverteilung für
die einzelnen Attribute [PI+96]. Die Angaben zur Werteverteilung werden dazu
verwendet, die Selektivitäten der Selektionen und Joins im Operatorbaum zu
berechnen. Die Selektivitäten wiederum werden in Kombination mit der Kardi-

nalität der Tabellen dazu verwendet, die Ausgabe-Kardinalität der einzelnen Operatoren des Operatorbaums abzuschätzen. Mit Hilfe der Eingabe-Kardinalitäten und weiterer Statistiken werden die Kosten für die physischen Operatoren berechnet und im Operatorbaum zu einem Gesamtkostenwert akkumuliert. Die Kosten lassen sich in I/O-Kosten und CPU-Kosten aufteilen; Erstere repräsentieren den Aufwand für Zugriffe auf das I/O-System, z.B. Festplattenzugriffe, letztere repräsentieren den Aufwand für Berechnungen, die in der CPU durchgeführt werden.

Die Top-Down-Optimierer unterscheiden sich insbesondere im gewählten Aufzählungsalgorithmus. In einigen wird zuerst die logische Optimierung für den kompletten Operatorbaum durchgeführt und erst wenn diese abgeschlossen ist, mit der physischen Optimierung begonnen [HF+89]. Bei anderen Top-Down-Optimierern wird während der Traversierung innerhalb des aktuellen Teilbaums zuerst die logische und anschließend die physische Optimierung durchgeführt bevor zum nächst höheren Operator aufgestiegen wird [GD87] [GK93] [Gra95].

Im Kontext anfragegenerierender Systeme stellt die Anfrageoptimierung in Datenbanksystemen eine wichtige Basistechnologie dar. Unabhängig davon, ob Datenbearbeitungsanweisungen nach der Generierung direkt ausgeführt werden, oder ob zunächst eine Optimierung außerhalb des ausführenden Datenbanksystems erfolgt, werden die Anweisungen vor der Ausführung in jedem Fall in der beschriebenen Art und Weise optimiert.

## 8.2 Multi-Query-Optimierung in Datenbanksystemen

Mit Multi-Query-Optimierung wird eine Erweiterung der Anfrageoptimierung bezeichnet, an der seit den 1980er Jahren gearbeitet wird. Das Ziel dieses Ansatzes ist eine Erweiterung des Optimierungsgegenstands, d.h. anstelle einer einzigen Anfrage soll eine Menge von Anfragen gemeinsam optimiert werden. Eine solche Anfragemenge umfasst mehrere, meist komplexe Anfragen. Das Ziel der Optimierung ist es hierbei, die Ausführungskosten für die Anfragemenge insgesamt zu optimieren. Dies kann insbesondere auch bedeuten, dass einzelne Anfragen einer Anfragemenge weniger effizient ausgeführt werden, als dies bei isolierter Anfrageoptimierung der Fall wäre. Eine der grundlegenden Arbeiten zur Architektur eines solchen Optimierers findet sich in [RC88].

Die durch Multi-Query-Optimierung erzielbaren Vorteile gegenüber der einfachen Anfrageoptimierung resultieren in erster Linie aus der Identifizierung gemeinsamer Teilausdrücke. Unter gemeinsamen Teilausdrücken versteht man in diesem Zusammenhang Teile einzelner Anfragen, die in mehreren Anfragen einer Anfragemenge in identischer Form vorkommen. Diese gemeinsamen Teile werden dann nur einmalig ausgeführt, das berechnete Ergebnis materialisiert und bei der Ausführung der einzelnen Anfragen einer Anfragemenge verwendet [Sel86] [PS88]. Werden in einer Anfragemenge solche gemeinsamen Teilausdrücke identifiziert, so profitiert die einzelne Anfrage nicht notwendigerweise davon. Für die Anfragemenge insgesamt ist allerdings eine wesentlich effizientere Ausführung zu erwarten. Bei dieser Form der Multi-Query-Optimierung stehen zwei Teilprobleme im Vordergrund. Zunächst sind die in einer Anfragemenge enthaltenen gemeinsamen Teilausdrücke zu identifizieren. Darauf aufbauend muss für jeden einzelnen dieser Teilausdrücke entschieden werden, ob seine Materialisierung und Wiederverwendung in mehreren Anfragen insgesamt zu einer effizienteren Ausführung der Anfragemenge führt. Eine der in der Literatur beschriebenen Vorgehensweisen geht hierzu von den durch einen Standardoptimierer berechneten Ausführungsplänen für die einzelnen Anfragen einer Anfragemenge aus und stellt auf dieser Grundlage einem optimierten globalen Ausführungsplan für die gesamte Anfragemenge zusammen [RS+00]. Dabei ist zu beachten, dass sich ein global optimaler Ausführungsplan für eine gesamte Anfragemenge nicht notwendigerweise aus den optimalen Ausführungsplänen der Einzelanfragen zusammensetzt bzw. sich auch nicht aus diesen gewinnen lässt. Die beschriebene simultane Optimierung einer Anfragemenge stellt allerdings nur eine Variante der Multi-Query-Optimierung dar. Im Folgenden werden weitere Optimierungsansätze, die gemeinsame Teilausdrücke ausnutzen, vorgestellt.

### 8.2.1   Einsatzgebiete und Weiterentwicklungen

Eine der bisher dargestellten Multi-Query-Optimierung vergleichbare Technik wird bei der Bereitstellung materialisierter Sichten genutzt. Hierbei ist es das Ziel, Anfrageergebnisse partiell vorauszuberechnen und in Form materialisierter Sichten bereitzustellen. Auf diese kann dann von zukünftigen Anfragen zugegriffen werden und somit ein Teil des Aufwands zu deren Verarbeitung vermieden werden. Für diese Art der Optimierung sind drei wichtige Teilaufgaben zu bearbeiten. Zunächst sind diejenigen materialisierten Sichten zu identifizieren, die für zukünftige Anfragen gewinnbringend eingesetzt werden können. Für diese Aus-

wahl wurden verschiedenste Algcrithmen vorgeschlagen, die teilweise eine
Anfragemenge als Eingabe entgegennehmen. Diese Anfragemenge charakterisiert dann die Struktur und die Häufigkeit zukünftiger Anfragen. Die Häufigkeit
einer Anfrage ist hier von Bedeutung, da sich das Anlegen materialisierter Sichten typischerweise nur für häufig verwendeten Teilausdrücken, die einen hohen
Verarbeitungsaufwand aufweisen, lohnt. Der zweite Teilaspekt, der im Zusammenhang mit materialisierten Sichten häufig diskutiert wird, ist deren Aktualisierung. Der Inhalt materialisierter Sichten muss bei jeder Änderungsoperation auf
den zugrunde liegenden Daten aktualisiert werden. Dies verursacht insbesondere
dann einen erheblichen Aufwand, wenn durch eine Änderungsoperation viele
materialisierte Sichten betroffen sind. Die Frage einer effizienten Aktualisierung
ist deshalb für den praktischen Einsatz materialisierter Sichten von zentraler
Bedeutung. Nur so können die Vorteile der Sichten genutzt werden, ohne dass der
Änderungsbetrieb in einer Datenbank durch die Notwendigkeit der Aktualisierung der Sichten zu sehr beeinträchtigt wird. Die gezielte Verwendung materialisierter Sichten bei der Anfrageoptimierung stellt schließlich den dritten wichtigen Aspekt in diesem Bereich dar. Dies stellt eine Erweiterung der Anfrageoptimierung für Einzelanfragen dar. Zusätzlich zu den sonstigen Optimierungsentscheidungen ist hierbei zu prüfen, ob zu einzelnen Teilausdrücken einer Anfrage
eine materialisierte Sicht existiert oder nicht. Sofern eine solche existiert kann für
diesen Teilausdruck im Ausführungsplan ein einfacher Zugriff auf die materialisierte Sicht vorgesehen und somit die schrittweise Berechnung des Teilausdrucks
aus den Basisdaten vermieden werden. Es existieren zahlreiche Arbeiten zur
Auswahl, Aktualisierung und Verwendung materialisierter Sichten (siehe z.B.
[LS+00] [Aal97] [GL01] [MR+01] [FG+05]). Einige der genannten Verfahren
zur Auswahl, Aktualisierung und Verwendung materialisierter Sichten sind
bereits in kommerziellen Datenbanksystemen realisiert. Neben der Materialisierung von Daten ist die intelligente Auswahl der geeigneten Zugriffspfade auf
Tabellen ein entscheidendes Mittel, um Ausführungszeiten von Anfragen zu ver-
kürzen. Es wurde gezeigt, dass man die Entscheidungen darüber, welche Ergebnisse man materialisieren sollte und welche Zugriffspfade auf den Daten angelegt
werden sollten, nicht isoliert betrachten darf [Aal97] [GL01].

Ein weiterer wichtiger Bereich, in dem Techniken der Multi-Query-Optimierung
eingesetzt werden, ist die Verarbeitung von Datenströmen. Hier werden Anfragen
an einen oder mehrere Datenströme formuliert. Diese Anfragen verbleiben typischerweise längerfristig im System, weshalb in der Regel von Continuous Queries gesprochen wird [DG+92] [AH00] [CD+00] [BW01] [MS+02]. Diese liefern

immer dann ein Anfrageergebnis, wenn einer der Datenströme Daten liefert, die sich für die Ergebnismenge der Anfrage qualifizieren. In diesem Fall soll das aktuelle Anfrageergebnis ausgegeben werden. Eine Herausforderung in diesem Bereich besteht in der effizienten Verwaltung der Anfragen, da in einem System zur Verarbeitung von Datenströmen typischerweise viele Anfragen gleichzeitig aktiv sind. Bei der Verarbeitung der Anfragen muss für alle neuen Daten eines Datenstroms überprüft werden, welchen Beitrag sie zur Ergebnismenge der einzelnen Anfragen leisten. Dieser ressourcenintensive Verarbeitungsschritt kann mit Techniken der Multi-Query-Optimierung effizienter gestaltet werden. Hierzu werden gemeinsame Teilausdrücke in den Anfragen identifiziert und durch den Optimierer dafür gesorgt, dass diese nicht mehrfach verarbeitet werden, sondern einmal gewonnene Teilergebnisse für unterschiedliche Anfragen genutzt werden.

### 8.2.2    Anwendbarkeit für anfragegenerierende Systeme

Die Ansätze der Multi-Query-Optimierung können ohne nennenswerte Einschränkung auf generierte Datenbearbeitungsanweisungen angewandt werden. Eine Optimierung zum Entwurfszeitpunkt ist allerdings nicht möglich, da das Datenbanksystem zu diesem Zeitpunkt die zu optimierenden Anweisungen noch nicht kennen kann. Wie in Abbildung 25 auf Seite 103 gezeigt, gilt diese Einschränkung für die Optimierung durch das Datenbanksystem generell. Zum Ausführungszeitpunkt ist eine Multi-Query-Optimierung dagegen möglich. Einzige Voraussetzung hierfür ist, dass der Optimierer des Datenbanksystems die Anfragemenge identifizieren kann, auf die die entsprechenden Optimierungsstrategien angewandt werden sollen. Das Datenbanksystem kann hierfür die notwendigen Schnittstellen bereitstellen. In diesem Fall werden die zu einer Anfragemenge gehörenden Anfragen bei der Generierung explizit bestimmt und dem optimierenden Datenbanksystem als eine Einheit übergeben. Bei dieser Vorgehensweise entstammen alle Anweisungen einer Anfragemenge derselben Anwendung. Alternativ können die Grenzen von Anfragemengen auch direkt durch das Datenbanksystem bestimmt werden. So ist es beispielsweise möglich, alle Datenbearbeitungsanweisungen, die dem Datenbanksystem innerhalb eines kurzen Zeitintervalls zu Verarbeitung übergeben werden, als eine Anfragemenge zu interpretieren und gemeinsam zu optimieren. In diesem Fall spielt es dann keine Rolle, von welcher Anwendung die einzelnen Anweisungen stammen. Sofern zusätzlich Reihenfolgeabhängigkeiten zwischen den einzelnen Anweisungen zu berücksichtigen sind, sind die in den folgenden Abschnitten beschriebenen Optimierungsansätze angemessen.

Zum Verteilungszeitpunkt kommt zu den beschriebenen Einsatzmöglichkeiten der Multi-Query-Optimierung noch eine weitere hinzu. Hier können die Datenbearbeitungsanweisungen einer Anwendung als eine oder mehrere Anfragemengen aufgefasst werden. Für diese können dann gemeinsame Teilausdrücke identifiziert und entsprechende materialisierte Sichten angelegt werden. Der Aufwand für diese Art der Multi-Query-Optimierung fällt dann vollständig bei der Verteilung der Anwendung an. Zur Laufzeit muss der Datenbankoptimierer lediglich über die Verwendung der definierten materialisierten Sichten entscheiden. Da die Verteilung anwendungsbezogen erfolgt ist diese Optimierungsmöglichkeit allerdings auf Anfragemengen begrenzt, die von einer Anwendung bereitgestellt werden.

## 8.3 CGO-Ansatz zur Optimierung von Anfragesequenzen

Mit der Coarse-Grained-Optimierung (im Folgenden als CGO-Ansatz oder kurz CGO bezeichnet) wird in diesem Abschnitt ein erster Optimierungsansatz vorgestellt, der eine Menge von Datenbearbeitungsanweisungen berücksichtigt, die gegenseitige Kontrollflussabhängigkeiten aufweisen. Zunächst werden im Folgenden die relevanten Einschränkungen hinsichtlich des Kontrollflusses erläutert und für die Definition sogenannter Anfragesequenzen genutzt. Anschließend wird erläutert, wie solche Sequenzen mit Hilfe von Restrukturierungsregeln optimiert werden können. Bezüglich der Kontrollstrategie, die über die Anwendung der Restrukturierungsregeln auf eine gegebene Anfragesequenz entscheidet, wird sowohl eine heuristische als auch eine kostenbasierte Vorgehensweise erläutert. Für beide Varianten wird abschließend die Effektivität und Effizienz des Optimierungsansatzes bewertet.

### 8.3.1 Voraussetzungen und Ziele

Wie in Abschnitt 4.1 erläutert, werden in Business-Intelligence-Anwendungen häufig Sequenzen von Anfragen generiert. In der Regel repräsentiert eine solche Anfragesequenz eine durch den Benutzer eines Werkzeugs spezifizierte Informationsanforderung. Unter einer Informationsanforderung wird in diesem Zusammenhang eine Interaktion des Benutzers mit dem System verstanden, die typischerweise mit Hilfe einer grafischen Benutzeroberfläche erfolgt. Der Benutzer spezifiziert hierbei die benötigten Daten, die notwendigen Verarbeitungsschritte sowie die gewünschte Ergebnisdarstellung. Das Ergebnis einer solchen Informa-

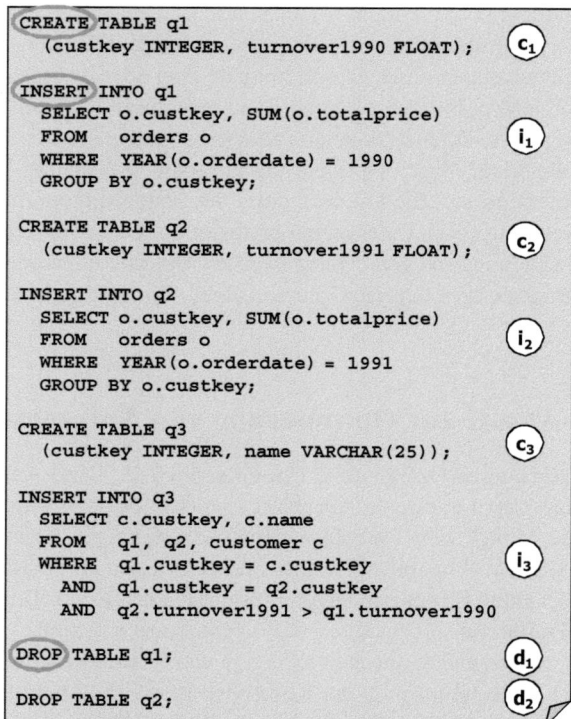

**Abbildung 27:** Beispiel einer Anfragesequenz

tionsanforderung soll in einer Tabelle des Datenbanksystems bereitgestellt werden.

In Abbildung 27 ist als Beispiel eine Anfragesequenz S bestehend aus acht SQL-Anweisungen dargestellt. Für den CGO-Ansatz sind drei unterschiedliche Typen von SQL-Anweisungen relevant.

- CREATE-TABLE-Anweisungen $c_j$, die Tabellen für temporäre Ergebnisse bzw. das Endergebnis der Informationsanforderung bereitstellen.

- INSERT-Anweisungen $i_j$, die temporäre Ergebnisse oder das Endergebnis der Informationsanforderung berechnen und in die dafür bereitgestellten Tabellen einfügen. Für jede der im Rahmen einer Anfragesequenz bereitgestellten

$$q_1 = (\ c_1,\ i_1,\ d_1\ )$$

$$q_2 = (\ c_2,\ i_2,\ d_2\ )$$

$$q_3 = (\ c_3,\ i_3,\ )$$

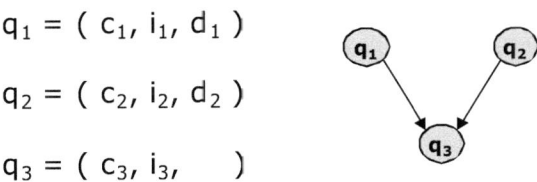

**Abbildung 28:** Anweisungstripel und Abhängigkeitsgraph

Tabellen gibt es exakt eine INSERT-Anweisung. Diese Anweisung kann sowohl auf Basistabellen als auch auf andere Tabellen zugreifen, die im Rahmen der Anfragesequenz bereitgestellt werden.

- Temporäre Tabellen, die im Rahmen einer Anfragesequenz bereitgestellt werden, werden durch DROP-TABLE-Anweisungen $d_j$ entfernt, sobald sie nicht mehr benötigt werden. Die Tabelle, die das Endergebnis der Sequenz enthält, wird nicht gelöscht. Auf sie kann der Benutzer oder die Anwendung zugreifen und damit das Ergebnis der Informationsanforderung übernehmen.

Innerhalb einer Anfragesequenz können somit jeweils Anweisungstripel $q_j = (c_j, i_j, d_j)$ identifiziert werden, zu denen jeweils eine CREATE-TABLE-, eine INSERT- und eine DROP-TABLE-Anweisung gehören. In Abbildung 28 sind diese Anweisungstripel zu der Beispielsequenz aus Abbildung 27 dargestellt. Eine Anfragesequenz, die aus $k$ Anweisungstripeln besteht umfasst somit $n = 3 \cdot k - 1$ SQL-Anweisungen. Die Zahl der SQL-Anweisungen ist geringer als $3 \cdot k$, da es für die Ergebnistabelle keine DROP-Anweisung gibt. Die Abhängigkeiten zwischen den INSERT-Anweisungen einer Anfragesequenz bilden eine partielle Ordnung auf den Anweisungstripeln. Jedes einzelne der Anweisungstripel $q_j$ lässt sich als Knoten in einem Graphen darstellen. Kanten werden zwischen Knoten $q_m$ und Knoten $q_n$ immer dann eingetragen, wenn sich die Anfrage in der INSERT-Anweisung von $i_n$ auf eine Tabelle bezieht, die durch $c_m$ erstellt und durch $i_m$ gefüllt wird. Auf diese Weise ergibt sich ein azyklischer Anfrageabhängigkeitsgraph. Dieser Graph beschreibt den Datenfluss sowie die direkten sequentiellen Abhängigkeiten innerhalb einer Anfragesequenz. Der zur Beispielsequenz gehörende Anfrageabhängigkeitsgraph ist in Abbildung 28 gezeigt. Zwischen einem solchen Graphen und den zugehörigen Anfragesequenzen besteht eine 1:n-Beziehung, d.h. zu jedem Abhängigkeitsgraphen gibt es in der Regel mehrere zugehörige und semantisch äquivalente Anfragesequenzen. Zwei Anfragesequenzen gelten dann als äquivalent, wenn sie Daten zu derselben Informationsanforderung bereitstellen und somit sowohl in ihrer Struktur als auch in ihrem Inhalt dieselbe Ergebnistabelle erstellen.

Die Ausführung einer Anfragesequenz, die von einem Werkzeug erstellt wurde, erfolgt in einzelnen Schritten. In der Reihenfolge, in der die einzelnen Anweisungen in der Sequenz definiert sind, werden sie an das zugrunde liegende Datenbanksystem zur Ausführung übergeben. Die Ausführung erfolgt hierbei vollständig sequentiell, d.h. zu jedem Zeitpunkt führt das zugrunde liegende Datenbanksystem genau eine der Anweisungen einer Sequenz aus. Für das Datenbanksystem besteht damit jeweils auch nur die Möglichkeit, diese eine Anweisung zu optimieren. Bei der Optimierung können somit weder die Abhängigkeiten zwischen den Anweisungen einer Sequenz noch mehrfach auftretende Anfrageteile berücksichtigt werden. An dieser Stelle setzt der Ansatz der Coarse-Grained-Optimierung an.

### 8.3.2    Optimierungsansatz

Coarse-Grained-Optimierung stellt einen Ansatz dar, Anfragesequenzen durch die Anwendung von Restrukturierungsregeln so zu optimieren, dass sie vom ausführenden Datenbanksystem effizienter ausgeführt werden können [KS+03]. Das Ziel der Optimierung ist dabei nicht, die gesamte Anfragesequenz in einer Anweisung zusammenzufassen. Abbildung 29 zeigt, wie eine solche Zusammenfassung für die Beispielsequenz aus Abbildung 27 aussehen könnte. Häufig sind die durch eine solche Zusammenfassung entstehenden Einzelanfragen aber so komplex, dass durch das zugrunde liegende Datenbanksystem keine hinreichend gute Optimierung erzielt werden kann. Dies wurde in [KS+03] auch durch entsprechende Experimente bestätigt. Der CGO-Ansatz zielt deshalb darauf ab, als Ergebnis der Optimierung wiederum eine Anfragesequenz bereitzustellen. Diese besteht typischerweise aber aus weniger und umstrukturierten Anweisungen, die eine effizientere Ausführung durch das zugrunde liegende Datenbanksystem erwarten lassen. Die Komplexität der umstrukturierten Anweisungen soll dabei in einem für das zugrunde liegende Datenbanksystem beherrschbaren Rahmen liegen. Im Vergleich zu der im DBMS durchgeführten Anfrageoptimierung arbeitet der CGO-Ansatz unabhängig vom konkreten Datenbanksystem auf einer abstrakteren Ebene. Wie in den folgenden Abschnitten beschrieben, hat dies sowohl Einfluss auf die interne Repräsentation für Anfragen, die in einem CGO-Optimierer genutzt wird, als auch auf die Kosteninformation, die ein CGO-Optimierer zur Steuerung der Restrukturierung nutzen kann.

```
CREATE TABLE q3
  (custkey INTEGER,
   name    VARCHAR(25));

INSERT INTO q3(custkey, name)
  WITH
    q1(custkey, turnover1990) AS
      (SELECT o.custkey, SUM(o.totalprice)
       FROM    orders o
       WHERE   YEAR(o.orderdate) = 1990
       GROUP BY o.custkey),
    q2(custkey, turnover1991) AS
      (SELECT o.custkey, SUM(o.totalprice)
       FROM    orders o
       WHERE   YEAR(o.orderdate) = 1991
       GROUP BY o.custkey)
  SELECT c.custkey, c.name
  FROM   q1, q2, customer c
  WHERE  q1.custkey = c.c_custkey
    AND  q1.custkey = q2.custkey
    AND  q2.turnover1991 > q1.turnover1990
```

**Abbildung 29:** Einzelanfrage zur Beispielsequenz

Die Anwendung einer für den CGO-Ansatz typischen Restrukturierungsregel ist in Abbildung 30 gezeigt, wobei für jedes Anweisungstripel lediglich die INSERT-Anweisung aufgeführt ist. Ausgangspunkt ist der vier Anweisungen umfassende Ausschnitt aus einer Anfragesequenz. Dabei füllt die Anweisung $q_1$ eine temporäre Tabelle, die von Anweisung $q_3$ verwendet wird. Eine entsprechende Abhängigkeit besteht zwischen $q_2$ und $q_4$. Die beiden Anweisungen $q_1$ und $q_2$ sind nahezu identisch. Dies wird durch die Restrukturierungsregel *Where-ToGroup* ausgenutzt, indem die beiden Anweisungen zu einer neuen Anweisung $q_{12}$ verschmolzen werden. Die durch diese neu erstellte Anweisung bereitgestellte Tabelle kann dann sowohl durch die Anweisung $q_3$ als auch durch die Anweisung $q_4$ genutzt werden.

Die Anwendung der Restrukturierungsregel WhereToGroup lässt eine effizientere Ausführung der Anfragesequenz erwarten, da die gemeinsamen Teile der ursprünglichen Anweisungen $q_1$ und $q_2$ in der restrukturierten Sequenz nur einmalig berechnet werden müssen, d.h. in der Anweisung $q_{12}$. Die Regel folgt somit dem allgemeinen Restrukturierungsprinzip, gemeinsame Teilausdrücke von Anfragen nur einmal zu berechnen und mehrfach zu verwenden. Das Bei-

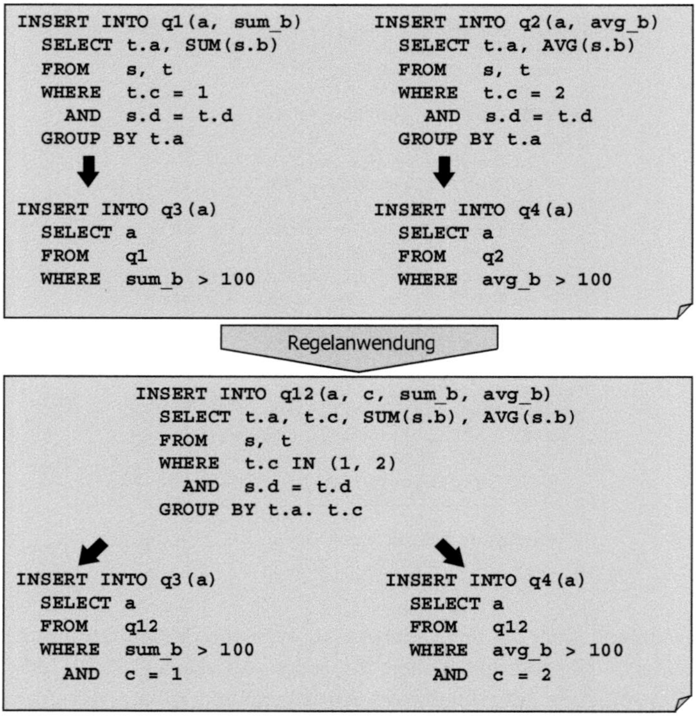

```
INSERT INTO q1(a, sum_b)          INSERT INTO q2(a, avg_b)
   SELECT t.a, SUM(s.b)              SELECT t.a, AVG(s.b)
   FROM   s, t                       FROM   s, t
   WHERE  t.c = 1                     WHERE  t.c = 2
     AND  s.d = t.d                     AND  s.d = t.d
   GROUP BY t.a                      GROUP BY t.a

        ↓                                 ↓

INSERT INTO q3(a)                 INSERT INTO q4(a)
   SELECT a                          SELECT a
   FROM   q1                         FROM   q2
   WHERE  sum_b > 100               WHERE  avg_b > 100
```

Regelanwendung

```
         INSERT INTO q12(a, c, sum_b, avg_b)
            SELECT t.a, t.c, SUM(s.b), AVG(s.b)
            FROM   s, t
            WHERE  t.c IN (1, 2)
              AND  s.d = t.d
            GROUP BY t.a. t.c

        ↙                                 ↘

INSERT INTO q3(a)                 INSERT INTO q4(a)
   SELECT a                          SELECT a
   FROM   q12                        FROM   q12
   WHERE  sum_b > 100               WHERE  avg_b > 100
     AND  c = 1                        AND  c = 2
```

**Abbildung 30:** Restrukturierung mit der WhereToGroup-Regel

spiel dieser Regel zeigt aber auch, dass diese Art der Restrukturierung nicht notwendigerweise zu einer verbesserten Ausführung einer Anfragesequenz führt. So
ist es einerseits denkbar, dass durch das Zusammenführen der beiden Anweisungen $q_1$ und $q_2$ mit $q_{12}$ eine Anweisung entsteht, die aufgrund ihrer Komplexität
deutlich weniger effizient auszuführen ist, als dies für die ursprünglichen Anweisungen der Fall ist. Andererseits ist es auch möglich, dass der Zugriff auf die
durch $q_{12}$ erstellte Tabelle so aufwändig ist, dass dies den sich aus der Zusammenfassung von $q_1$ und $q_2$ ergebenden Vorteil mehr als aufwiegt. Inwieweit
durch die Restrukturierung also tatsächlich eine Optimierung erreicht werden
kann, hängt nicht zuletzt vom Optimierer des zugrunde liegenden Datenbanksystems ab.

Wesentliche Voraussetzungen für den erfolgreichen Einsatz des CGO-Ansatzes zur Optimierung sind:

- Alle Anweisungen einer Anfragesequenz beziehen sich auf dieselbe Datenquelle. Nur dann ist sichergestellt, dass durch das Zusammenfassen einzelner Anweisungen der Sequenz wiederum eine ausführbare Anfragesequenz entsteht.

- Die vor der Anwendung einer Restrukturierungsregel zu überprüfenden Bedingungen sowie die Regelanwendung an sich, müssen so formuliert werden können, dass in jedem Fall durch die Regelanwendung eine Anfragesequenz erstellt wird, die semantisch äquivalent ist zur Ausgangssequenz, d.h. die ursprüngliche und die restrukturierte Sequenz müssen dieselben Daten als Ergebnis bereitstellen.

Darüber hinaus sind für den Ansatz Beschränkungen zu berücksichtigen. Dies betrifft insbesondere die Ausdrucksmächtigkeit der bei der Optimierung einer Anfragesequenz berücksichtigten Anweisungen. Weisen diese eine Struktur auf, die in den Restrukturierungsregeln nicht vorgesehen ist oder werden spezifische Anfrageformulierungsmöglichkeiten einzelner Datenbanksysteme ausgenutzt, so können diese Anweisungen nur dann in die Optimierung mit einbezogen werden, wenn auch spezielle Restrukturierungsregeln für diesen Fall vorgesehen sind. Andernfalls bleiben die entsprechenden Anweisungen einfach unverändert.

### 8.3.3 Klassifikation der Optimierungsregeln

Die für den CGO-Ansatz identifizierten Restrukturierungsregeln lassen sich in die im Folgenden vorgestellten drei Klassen unterteilen [SWM01]:

### 8.3.3.1 Regelklasse 1

Zu dieser Klasse gehören alle Regeln, die Ähnlichkeiten zwischen verschiedenen Anweisungen einer Anfragesequenz ausnutzen, also insbesondere die folgenden Regeln:

- MergeSelect
  Diese Regel bezieht sich auf Anweisungen, die sich nur in ihrer SELECT-Klausel unterscheiden. In diesem Fall werden die beiden Anweisungen verschmolzen. Die sich ergebende Anweisung enthält dann alle Bestandteile der SELECT-Klauseln der ursprünglichen Anweisungen.

- MergeWhere
  Unterscheiden sich Anweisungen ausschließlich in der WHERE-Klausel, so
  ist eine Verschmelzung ebenfalls möglich. In diesem Fall wird die WHERE-
  Klausel der sich ergebenden Anweisung durch eine OR-Verknüpfung der
  ursprünglichen WHERE-Klauseln gebildet. Die neue Anweisung füllt dann
  eine temporäre Tabelle, die die Ergebnismengen aller verschmolzenen Anweisungen enthält. Die Anweisungen, die auf diese temporäre Tabelle zugreifen,
  müssen ggf. so modifiziert werden, dass sie nur auf den für sie relevanten Teil
  der neu erstellten temporären Tabelle zugreifen.

- MergeHaving
  Auch diese Regel führt zu einem Verschmelzen von Anweisungen. In diesem
  Fall sind solche Anweisungen betroffen, die sich lediglich in der HAVING-
  Klausel unterscheiden. Ansonsten gelten für diese Art der Restrukturierung
  und deren Verwendung die Erläuterungen zur Regel MergeWhere.

- WhereToGroup
  Diese bereits in Abbildung 30 an einem Beispiel gezeigte Restrukturierungsregel stellt einen Spezialfall der MergeWhere-Regel dar. Unterscheiden sich
  nämlich Anweisungen lediglich in einem Prädikat auf einer Spalte, so kann
  die betroffene Spalte in der kombinierten Anweisung als zusätzliche Gruppie-
  rungsspalte genutzt werden. Dies ermöglicht es nachfolgenden Anweisungen
  besonders einfach auf den für sie relevanten Teil einer temporären Tabelle
  zuzugreifen.

Für jede der hier skizzierten Regeln muss in ihrem Bedingungteil exakt spezifiziert werden, unter welchen Bedingungen sie so angewandt werden kann, dass
sich die Semantik der restrukturierten Anfragesequenz nicht ändert. Auf eine
detaillierte Beschreibung dieser Bedingungen soll an dieser Stelle allerdings verzichtet werden. Weitere Informationen hierzu finden sich in [KS+03] und
[Kra09].

Die Regeln dieser Klasse gehen auf Restrukturierungsmaßnahmen zurück, die
auch in der Optimierung einzelner SQL-Anfragen oder bei der Multi-Query-
Optimierung zum Einsatz kommen. Sie beruhen beispielsweise auf dem Ausnutzen gemeinsamer Teilausdrücke, wie es in der Literatur unter dem Stichwort *Uni-
fication* beschrieben ist [RS+98] [RS+00]. Die Tatsache, dass das Ergebnis einer
Anfrage aus dem Ergebnis einer anderen Anfrage berechnet werden kann ist in
der Literatur ebenfalls ausführlich beschrieben und wird als *Subsumption*
bezeichnet [Rou82][Sel88][SV98][RS+00]. Die WhereToGroup-Regel wird in

ähnlicher Form in [GHQ95] verwendet, um eine spezielle Klasse verallgemeinerter Projektionen innerhalb eines Anfragebaums zu verschieben.

### 8.3.3.2 Regelklasse 2

In diese Klasse fallen alle Restrukturierungsregeln, die Abhängigkeiten zwischen Anweisungen einer Sequenz ausnutzen. Es geht also um Situationen, in denen eine Anweisung einer Anfragesequenz auf andere, innerhalb der Sequenz bereitgestellte Teilergebnisse zugreift. Diese Regelklasse umfasst die folgenden Restrukturierungsregeln:

* ConcatQueries
  Die Voraussetzung für die Anwendung dieser Regel ist, dass eine Anweisung einer Sequenz auf ein zuvor erstelltes Zwischenergebnis zugreift und dies durch zusätzliche Projektionen und Selektionen weiter einschränkt. In diesem Fall können die Anweisungen zusammengeführt werden und in einem Schritt der Sequenz gleich das selektivere Ergebnis berechnet werden.

* PredicatePushdown.
  Ziel dieser Restrukturierungsmaßnahme ist es, Prädikate von einer Anweisung in eine andere, in der Anfragesequenz zuvor auszuführende Anweisung, zu verschieben. Dadurch können kleinere Zwischenergebnisse innerhalb der Sequenz erzielt werden.

* EliminateUnusedAttributes
  Diese Regel sorgt dafür, dass die einzelnen, im Rahmen einer Anfragesequenz erstellten Zwischenergebnisse nur solche Attribute in der SELECT-Klausel verwenden, die später in der Sequenz oder im Gesamtergebnis der Sequenz tatsächlich benötigt werden. Auch mit dieser Regel wird die Heuristik verfolgt, möglichst kleine Zwischenergebnisse zu erreichen. In erster Linie wird diese Regel verwendet, wenn aufgrund anderer Restrukturierungsregeln in einzelnen Zwischenergebnissen Attribute verwendet werden, die zu den weiteren Berechnungen der Sequenz keinen relevanten Beitrag mehr leisten.

Die dieser Gruppe zugeordneten Restrukturierungsregeln haben ebenfalls ihre Vorläufer in der klassischen Optimierung. So wird eine ähnliche Vorgehensweise wie die der ConcatQueries-Regel in Datenbanksystemen bereits zur Sichtenexpansion verwendet. Darüber hinaus wird diese Vorgehensweise auch in der Selmerge-Regel von Starburst genutzt [PHH92]. Im Gegensatz zu der dort beschriebenen Regel, geht die im CGO-Ansatz genutzte ConcatQueries-Regel darüber hinaus und unterstützt ebenfalls Gruppierungen und Aggregate.

### 8.3.3.3 Regelklasse 3

Alle Regeln, die sich lediglich auf ein Anweisungstripel in einer Anfragesequenz auswirken, sind in dieser Klasse zusammengefasst. Hierzu zählen insbesondere folgende Regeln:

- EliminateRedundantReferences
  Hiermit wird das Entfernen redundanter Referenzen aus einer Anweisung beschrieben.

- EliminateRedundantAttributes
  Diese Regel bezieht sich auf die mehrfache Verwendung von Attributen in einer Anweisung. Solche Redundanzen werden entfernt, sofern sie für die weiteren Anweisungen innerhalb der Sequenz nicht von Bedeutung sind.

In den folgenden Abschnitten wird erläutert, wie diese Restrukturierungsregeln im Rahmen einer heuristischen sowie einer kostenbasierten Optimierung genutzt werden können. Zunächst soll hier aber auf einige wichtige Eigenschaften der beschriebenen Regelklassen eingegangen werden. Weitere Informationen hierzu finden sich in [KS+03].

Die Anwendbarkeit des CGO-Ansatzes hängt entscheidend davon ab, dass die ursprünglich gegebene und die restrukturierte Anfragesequenz äquivalent sind, d.h. dasselbe Ergebnis produzieren. Dies ist für die oben vorgestellten Regelklassen gegeben, wie die folgenden Überlegungen zeigen.

Die Regeln der Regelklasse 1 beziehen sich auf mehrere Anweisungen einer Sequenz, die nicht voneinander abhängen. Keine dieser Anweisungen stellt das Endergebnis der Sequenz bereit. Durch die Regelanwendung wird somit das Endergebnis der Sequenz nicht direkt beeinflusst, sondern lediglich Zwischenergebnisse, die zur Erstellung des Endergebnisses benötigt werden. Durch die Regeln ist darüber hinaus sichergestellt, dass Anweisungen, die sich auf den restrukturierten Teil der Anfragesequenz beziehen, dasselbe Ergebnis bereitstellen, wie vor der Restrukturierung. Insgesamt verändert sich das durch die Sequenz bereitgestellte Endergebnis somit nicht.

In Regelklasse 2 bezieht sich die Restrukturierung einer Sequenz auf mehrere von einander abhängige Anweisungen. Sofern lediglich Prädikate verschoben werden (PredicatePushdown), führt dies zu keinerlei Veränderungen in der Struktur des zur Sequenz gehörenden Anfrageabhängigkeitsgraphen und damit auch nicht bezüglich des durch die Sequenz erstellten Ergebnisses. Werden mehrere Anweisungen der Sequenz verschmolzen, so wird durch die Regel ConcatQueries sichergestellt, dass die neu erstellte Anweisung exakt dasselbe Ergebnis bereitstellt wie die ursprüngliche Teilsequenz. Dies ist möglich, da sowohl vor als auch nach der Restrukturierung die betroffenen Anweisungen lediglich auf die Ergebnisse anderer Anweisungen der Sequenz zugreifen. Vor der Anwendung von ConcatQueries werden diese Ergebnisse durch separate Anweisungen bereitgestellt, nach der Regelanwendung erfolgt dies direkt in der Anweisung, die sich aufgrund der Regel ConcatQueries ergibt.

Die Äquivalenz von ursprünglicher und restrukturierter Sequenz ergibt sich für Regelklasse 3 einfach aus der Tatsache, dass die Regeln dieser Klasse nur die Teile der Anweisungen einer Sequenz entfernen - Attribute und/oder Tabellenverweise - die ohnehin keinen relevanten Beitrag zum Endergebnis dieser Sequenz leisten.

Wie bei jeder Form der Optimierung ist es auch für den CGO-Ansatz wichtig, Aussagen über das Terminieren des Optimierungsprozesses machen zu können. Hier hilft folgende Überlegung: Eine Anfragesequenz besteht aus einer endlichen Anzahl einzelner Anweisungen. Alle Regeln der drei Regelklassen bewirken durch ihre Anwendung entweder ein Reduzieren der Anweisungen in einer Sequenz oder aber der Umfang der Sequenz bleibt unverändert. Damit nimmt im Verlauf des Optimierungsprozesses die Zahl der Anweisungen einer Sequenz monoton ab. Alle Regeln, die die Anzahl der Anweisungen in einer Sequenz nicht beeinflussen, entfernen einzelne Bestandteile der Anweisungen einer Sequenz, wie beispielsweise Attribute aus der SELECT-Klausel oder Tabellenverweise aus der FROM-Klausel. Da die einzelnen Anweisungen nur eine begrenzte Anzahl solcher Elemente enthalten können, ist die Anwendbarkeit solcher Restrukturierungsmaßnahmen begrenzt. Es ist somit sichergestellt, dass spätestens wenn eine Sequenz durch die Restrukturierung auf eine einzige Anweisung reduziert wurde, der Optimierungsprozess abbrechen muss, da keine weiteren Regeln mehr anwendbar sind.

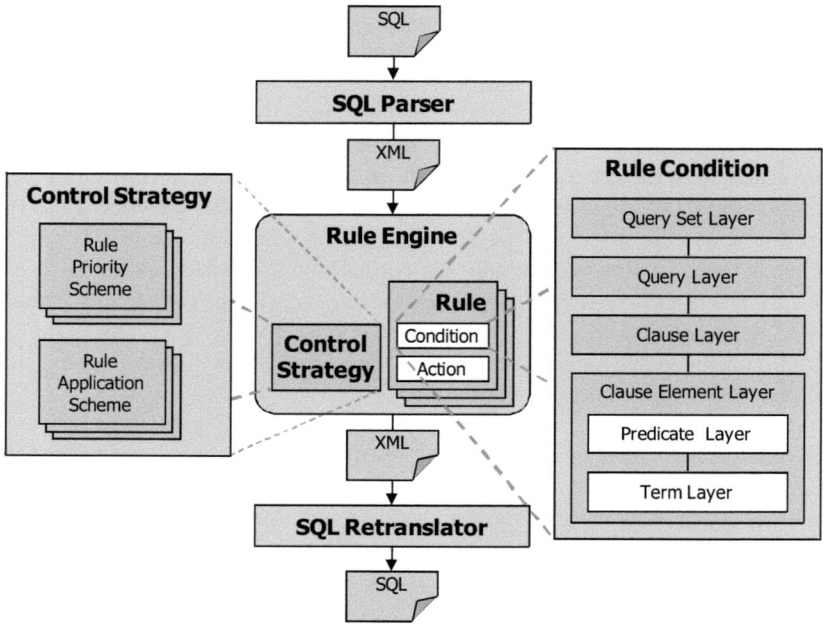

**Abbildung 31:** Architektur eines CGO-Optimierers

### 8.3.4    Heuristischer CGO-Ansatz

Die Architektur eines heuristischen Optimierers, der die im vorangegangenen Abschnitt vorgestellten Restrukturierungsregeln zur Optimierung von Anfragese-quenzen nutzt, ist in Abbildung 31 dargestellt. Die zentrale Komponente ist die *Rule Engine*, die für die Anwendung der Restrukturierungsregeln sorgt. Der Rule Engine steht hierzu eine Sammlung von Restrukturierungsregeln zur Verfügung. Jede dieser Regeln besteht aus einem Bedingungsteil (*Condition*) und der Beschreibung der zur Restrukturierung auszuführenden Aktionen (*Action*). Eine Regel kann nur dann angewandt werden, wenn alle in ihrem Bedingungsteil auf-gezählten Bedingungen von der gegebenen Anfragesequenz erfüllt werden. Die Überprüfung dieser Bedingungen erfolgt hierbei hierarchisch entsprechend der Struktur der Anweisungen einer Sequenz. Das sich ergebende Schichtenmodell ist in Abbildung 31 angedeutet. Jede der gezeigten Ebenen greift auf die darunter liegende Ebene zu. Auf der obersten Ebene (*Query Set Layer*) werden Bedingungen bezüglich einer Menge von Anweisungen überprüft. Die nächste Ebene umfasst Bedingungen bezüglich einzelner Anweisungen (*Query Layer*). Dies wird bis zur Ebene einfacher Prädikate und Terme fortgesetzt.

Ein zweiter wichtiger Aspekt für die Rule Engine ist die Frage, nach welcher Strategie die einzelnen Restrukturierungsregeln auf Anfragesequenzen angewandt werden. Zur Charakteristik eines heuristischen Optimierers gehört, dass hierzu keine Kostenbewertung vorgenommen wird. Für jede der Restrukturierungsregeln wird somit angenommen, dass ihre Anwendung zu einer effizienteren Ausführung der Anfragesequenz führt. Anwendbare Regeln werden immer auch angewandt, das bedeutet, dass der Optimierungsprozess solange weiterläuft, bis keine der Restrukturierungsregeln mehr auf eine Anfragesequenz angewandt werden kann. Im Kern bleibt für eine Kontrollstrategie (*Control Strategy*) somit festzulegen, in welcher Reihenfolge die Restrukturierungsregeln auf ihre Anwendbarkeit hin überprüft werden sollen und somit letztlich auch angewandt werden.

Der in [KS+03] vorgestellte Optimierer verwendet hierzu ein Prioritätenschema. Jeder der Restrukturierungsregeln wird eine Priorität zugeordnet, wobei den Regeln aus Regelklasse 1 die höchste und den Regeln aus Regelklasse 3 die niedrigsten Prioritäten zugeordnet werden. Diese Zuordnung erfolgte auf der Grundlage von Experimenten, in denen die isolierten Auswirkungen der einzelnen Regeln gemessen wurden. Für jeden Optimierungsschritt beginnt der Optimierer dann mit der Regel mit der höchsten Priorität und überprüft deren Bedingungen. Stellt sich diese Regel als auf die Anfragesequenz anwendbar heraus, so erfolgt die mit der Regel verbundene Restrukturierung ohne weitere Vorbedingungen. Sind die notwendigen Bedingungen nicht erfüllt, wird mit der Regel fortgefahren, der die nächst-niedrigere Priorität zugeordnet ist.

Ergänzungen zu dieser einfachen, aber effektiven Vorgehensweise werden in [KS+03] ebenfalls aufgezeigt. Zunächst besteht die Möglichkeit, die Kontrollstrategie um ein zusätzliches Anwendungsschema für die Regelanwendung zu ergänzen. In einem solchen Anwendungsschema werden für jede Regel zusätzliche Bedingungen gebündelt, die erfüllt sein müssen, damit die Regelanwendung zu einer verbesserten Performanz führt. Die Regelanwendung soll mit Hilfe eines solchen Schemas also auf die Fälle reduziert werden, in denen tatsächlich eine effizientere Ausführung der modifizierten Anfragesequenz zu erwarten ist. In einem solchen Anwendungsschema können unterschiedliche Parameter berücksichtigt werden. Hierzu gehören neben Informationen über das zugrunde liegende Datenbanksystem und Statistiken zu den Basistabellen auch wichtige Eigenschaften der Anweisungen einer Sequenz. Relevant ist in diesem Zusammenhang z.B. die Zahl der Verbundoperationen in einer Anweisung sowie die Komplexität der auszuwertenden Prädikate. Diese Parameter können ebenfalls dazu genutzt werden, das Prioritätenschema dynamisch an die jeweils gegebenen Rahmenbedingungen anzupassen.

### 8.3.5    Kostenbasierter CGO-Ansatz

Wie erläutert beruht die heuristische Optimierung darauf, dass sich die Anwendung einer Restrukturierungsregel auf eine Anfragesequenz positiv auf deren Ausführung auswirkt. Es wird also davon ausgegangen, dass in der Regel mit Hilfe der Restrukturierungsregeln eine Laufzeitverbesserung erzielt werden kann. Wie die in Abschnitt 8.3.6 erläuterten Messungen zeigen, ist diese Annahme aber nicht in jedem Fall zutreffend. So kann sowohl die isolierte Anwendung einer Restrukturierungsregel als auch die kombinierte Anwendung mehrerer Regeln zu einer erhöhten Ausführungszeit für eine Sequenz führen. Um solche nicht zielführende Anwendungen von Restrukturierungsregeln zu vermeiden und trotzdem das Potenzial der Regeln ausschöpfen zu können, ist eine kostenbasierte Strategie für die CGO notwendig.

Für die Realisierung eines kostenbasierten CGO-Ansatzes muss der Optimierer um eine Komponente erweitert werden, die Kostenabschätzungen für ganze Anfragesequenzen bereitstellen kann. Diese Kostenschätzung zerfällt in zwei Teilschritte: Zunächst sind Kostenabschätzungen für die einzelnen Anfragen der Sequenz bereitzustellen. Diese können dann zu einer Abschätzung der Ausführungskosten für die gesamte Sequenz verknüpft werden. Für den ersten Schritt, d.h. die Bereitstellung der Kostenschätzung im CGO-Optimierer, sind zwei, sich grundlegend unterscheidende Vorgehensweisen denkbar. Einerseits kann der CGO-Optimierer diese Abschätzung auf der Grundlage eines eigenen Kostenmodells selbst vornehmen. Andererseits besteht die Option, Kostenschätzungen zu verwenden, die durch das Datenmanagementsystem geliefert werden, das für die spätere Ausführung der Sequenz vorgesehen ist. Diese beiden Alternativen werden im Folgenden bewertet.

Eine eigenständige Kostenschätzung im CGO-Optimierer führt potenziell zu Inkonsistenzen zwischen den Modellen, die vom CGO-Optimierer und dem ausführenden Datenmanagementsystem verwendet werden. Liegt eine solche Inkonsistenz vor, so trifft der CGO-Optimierer falsche Annahmen hinsichtlich der zu erwartenden Ausführung der Anfragesequenz und liefert somit Kostenschätzungen mit großem Fehlerpotenzial. Darüber hinaus ist die eigenständige Kostenschätzung im CGO-Optimierer mit erheblichem Aufwand verbunden. Das hierfür notwendige Kostenmodell muss alle wesentlichen Merkmale der Anfrage, der Daten sowie des ausführenden Datenmanagementsystems berücksichtigen, um eine hinreichend genaue Kostenschätzung vornehmen zu können. Das Kostenmodell des CGO-Optimierers wird in seiner Komplexität damit weitgehend dem entsprechen, das im ausführenden Datenmanagementsystem ohnehin verwendet wird. Hinzu kommt, dass dem CGO-Optimierer ohne weitere Maßnahmen nur ein kleiner Teil der Informationen vorliegen, die zur Parametrisierung des Modells notwendig sind. Es sind dies alle Informationen zu den Anfragen der Sequenz. Die Merkmale der zu verarbeitenden Daten sowie Informationen zur Anfrageausführung im Datenmanagementsystem sind für den CGO-Optimierer nicht direkt zugänglich. Diese Informationen müssen beim Datenmanagementsystem abgefragt werden. Zusammenfassend bleibt somit festzustellen, dass der CGO-Optimierer bei einer eigenständigen Kostenschätzung Berechnungen anstellen muss, die in vergleichbarer Form durch das ausführende Datenmanagementsystem ohnehin angestellt werden, und dass er für eine genaue Kostenschätzung auf Informationen von diesem Datenmanagementsystem angewiesen ist. Insbesondere die potenziellen Inkonsistenzen zwischen den Kostenschätzungen des CGO-Optimierers und des ausführenden Datenmanagementsystems lassen aber eine vollständig eigenständige Kostenschätzung im CGO-Optimierer nicht als eine zielführende Vorgehensweise erscheinen.

Zur Reduzierung des erläuterten Fehlerpotenzials sowie zur Vermeidung des beschriebenen Aufwands erscheint es erfolgversprechender, die Kostenschätzungen des eine Anfragesequenz ausführenden Datenmanagementsystems zu verwenden. Da solche Systeme Anfragesequenzen typischerweise nicht als eine zusammenhängende Struktur erfassen können und somit keine Schnittstelle zur Abfrage der zu erwartenden Kosten für eine gesamte Sequenz bieten, ergibt sich eine zweistufige Vorgehensweise. Zunächst erfragt der CGO-Optimierer Kostenschätzungen für die einzelnen Anfragen der Sequenz beim ausführenden Datenmanagementsystem. Diese werden vom CGO-Optimierer dann zu einer Kostenschätzung für die Gesamtsequenz zusammengeführt. Bei dieser Vorgehensweise verwendet der CGO-Optimierer somit möglichst viel der im Datenmanagement-system lokal vorliegenden Information. Da Kostenschätzungen für einzelne Anfragen nur an einer Stelle im System vorgenommen werden, können die zuvor beschriebenen Inkonsistenzen und die damit verbundenen fehlerhaften Kosten-schätzungen nicht auftreten.

Nichtdestotrotz ergibt sich bei der Kostenschätzung für Anfragesequenzen auf der Basis der vom Datenmanagementsystem gelieferten Kostenschätzungen für einzelne Anfragen eine zusätzliche Schwierigkeit. Hier muss insbesondere die Struktur der Anfragesequenzen genau berücksichtigt werden. Diese bestehen aus einzelnen Anfragen, die vielfach auf die Ergebnisse anderer Anfragen in der Sequenz zurückgreifen. Damit das Datenmanagementsystem eine genaue Kos-tenschätzung für eine einzelne Anfrage der Sequenz liefern kann, ist es auf Infor-mationen zum Mengengerüst und zu den Werteverteilungen der in der Anfrage berücksichtigten Daten angewiesen. Wenn diese Informationen aber erst bei der Ausführung der Anfragesequenz zur Verfügung stehen, dann können sie vor der Ausführung der Sequenz noch nicht im Kostenmodell des Datenmanagementsys-tems berücksichtigt werden. Solange diese Informationen im Datenmanagement-system nicht vorliegen, muss darum bei dessen Kostenschätzungen mit erhebli-chen Abweichungen von den tatsächlichen Ausführungskosten gerechnet wer-den. Dies macht die Kostenschätzungen in vielen Fällen für die Verwendung im CGO-Optimierer unbrauchbar. Um dieses Problem umgehen zu können, ist es notwendig, bereits vor der Ausführung der Anfragesequenz Informationen zum Mengengerüst und den Werteverteilungen der einzelnen Anfragen zu bestimmen und dem Datenmanagementsystem für eine Verbesserung seiner Kostenschät-zung zur Verfügung zu stellen. In [KSM07] wird hierzu der im Folgenden beschriebene, auf Histogrammpropagation beruhende Ansatz vorgestellt.

### 8.3.5.1    Kostenberechnung im CGO-Ansatz

Der in diesem Abschnitt erläuterte Ansatz erweitert den in Abbildung 31 darge-stellten CGO-Optimierer um Funktionalität zur Kostenbestimmung für Anfrage-sequenzen. Die entwickelte Architektur ist in Abbildung 32 dargestellt. Für wel-che Anfragesequenzen die Kostenkomponente die Ausführungskosten abschät-zen soll, wird durch die Kontrollstrategie bestimmt. Bei der Aufzählung der einzelnen Alternativen für eine Anfragesequenz wird dieselbe Regelmenge ver-wendet, wie beim heuristischen Ansatz. Die Kostenbestimmung für jede einzelne dieser Alternativen nimmt die in Abbildung 32 gezeigte Kostenkomponente dann in den folgenden Schritten vor:

- Zunächst werden die einzelnen CREATE-Anweisungen der gegebenen Sequenz ausgeführt. Dies führt dazu, dass die damit erstellten Tabellen dem ausführenden Datenmanagementsystem bekannt sind. Zwei wichtige Punkte sind hierbei zu beachten: Durch die Ausführung der CREATE-Anweisungen einer Sequenz sind diese temporären Tabellen noch nicht mit Daten gefüllt, d.h. das Datenmanagementsystem hat hierfür noch keine Statistiken zur Verfügung. Das reine Anlegen der temporären Tabellen ist mit geringen Kosten verbunden, so dass dies im Rahmen der Kostenbestimmung für eine Anfragesequenz gerechtfertigt erscheint.

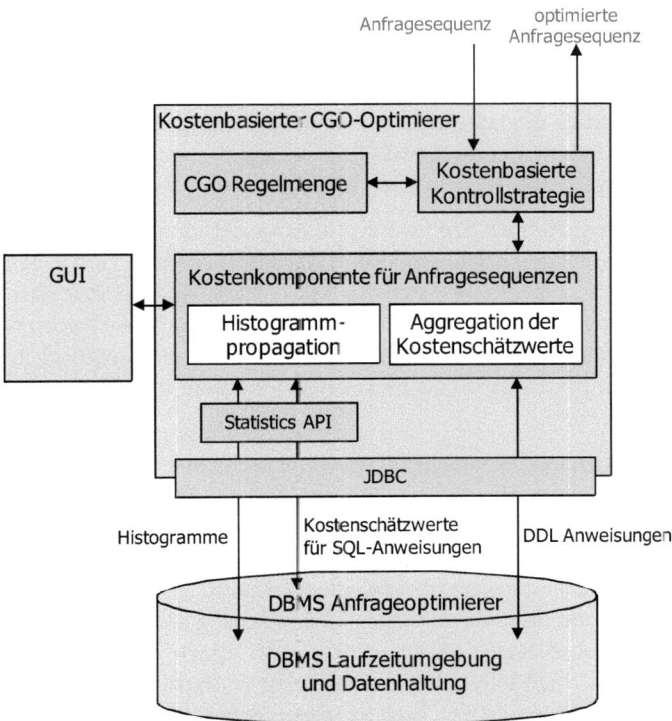

**Abbildung 32:** Architektur eines kostenbasierten CGO-Optimierers

- Im zweiten Schritt werden die einzelnen Anfragen der Sequenz in der durch
  die Sequenz vorgegebenen Reihenfolge durchlaufen. Folgende Teilaufgaben
  sind hierbei für jede Anfrage der Sequenz zu erledigen:

  - Die Kostenkomponente erfragt beim darunter liegenden Datenmanage-
    mentsystem die Kostenschätzung für die aktuell betrachtete Anfrage. Die
    so gewonnene Kostenschätzung wird den Gesamtkosten für die Sequenz
    hinzugefügt. Um diese Kosteninformation flexibel abfragen zu können,
    wird in [KM07] eine Schnittstelle (*Statistics API*) vorgestellt, die insbeson-
    dere den Zugriff auf Kosteninformation unabhängig vom darunter liegen-
    den Datenbanksystem ermöglicht.

  - Die für die Histogrammpropagation zuständige Komponente überführt die
    aktuell betrachtete Anfrage in eine interne Repräsentation. Darüber hinaus
    identifiziert sie die in der Anfrage verwendeten Basistabellen und ermittelt
    über die Statistics API die hierfür relevanten Statistiken.

  - Anschließend kann die eigentliche Histogrammpropagation erfolgen.
    Hierzu werden die Statistiken zu den in der Anfrage verwendeten Tabellen
    durch die interne Repräsentation der Anfrage propagiert. Damit lassen sich
    Statistiken für das zu erwartende Anfrageergebnis bestimmen.

  - Die bestimmten Statistiken werden in das ausführende Datenmanagement-
    system zurückgeschrieben und dort als Informationen zu der angelegten
    temporären Tabelle gespeichert. Das Datenmanagementsystem erhält
    damit Statistiken zu einer Tabelle, die zwar angelegt, jedoch noch nicht mit
    Inhalt gefüllt ist. Diese Statistiken können dann in die Kostenschätzung für
    weitere Anfragen der Sequenz einfließen und diese Abschätzung signifi-
    kant verbessern.

- Sobald die Kostenschätzungen für alle Anfragen einer Sequenz erstellt wurden, können die im ersten Schritt durch die Kostenkomponente erstellten temporären Tabellen wieder gelöscht werden.

In der beschriebenen Form erfolgt die Kostenbestimmung für alle Varianten einer
Anfragesequenz, die über die Kontrollstrategie bereitgestellt werden. Mit Hilfe
der bereitgestellten Kostenschätzungen kann der CGO-Optimierer schließlich
diejenige Variante auswählen, die die insgesamt geringsten Ausführungskosten
erwarten lässt. Im Zentrum der beschriebenen Vorgehensweise steht die sogenannte Histogrammpropagation, d.h. das Berechnen von Statistiken zu einem
Anfrageergebnis dadurch, dass Histogramme zu den in der Anfrage verwendeten

Daten durch den zur Anfrage gehörenden Anfragebaum propagiert werden. Auf diese Weise lässt sich das Anfrageergebnis charakterisieren, ohne dass die Anfrage ausgeführt werden muss. Im Kontext der Optimierung von Anfragesequenzen sind insbesondere die so ermittelten Werteverteilungen - beschrieben durch Histogramme - zu den einzelnen Attributen des Anfrageergebnisses von Interesse.

### 8.3.5.2    Histogrammpropagation

Die Wertverteilung von Attributen wird in Datenbanksystemen mit Hilfe von Histogrammen beschrieben. Ein Histogramm ist aus einer Reihe von Buckets aufgebaut, die jeweils disjunkte Wertebereiche des Attributs repräsentieren und die für ihren jeweiligen Wertebereich Informationen, wie die Anzahl der in diesen Wertebereich fallenden Tupel und die Anzahl unterschiedlicher im Wertebereich auftretender Werte festhalten. Die traditionelle Verwendung von Histogrammen erfolgt in Datenbanksystemen durch den Anfrageoptimierer, der mit deren Hilfe die für die Kostenabschätzung wichtigen Selektivitäten bestimmt [Cha98] [PI+96]. In dieser Art werden Histogramme auch in kommerziellen Datenbanksystemen eingesetzt. Ein Schwerpunkt wissenschaftlicher Arbeiten in diesem Bereich ist die Weiterentwicklung der Histogramme mit dem Ziel, die Qualität der Selektivitätsabschätzungen zu verbessern [IC93] [IP95] [PI97].

Eine weitere Nutzungsmöglichkeit von Histogrammen stellt das sogenannte *Approximate Query Answering* dar [IP99] [PGI99]. Hierbei geht es darum, Eigenschaften des Ergebnisses einer Datenbankanfrage vorab möglichst genau zu beschreiben, ohne die Anfrage tatsächlich auszuführen [GG01]. Dies ist immer dann sinnvoll, wenn das exakte Anfrageergebnis für eine Anwendung nicht von Belang ist und/oder wenn bei einer Anfrage ein möglichst schnelles Feedback für den Anwender im Vordergrund steht. Auch in diesem Kontext sind wieder die Kardinalität der Ergebnismenge sowie die Werteverteilung der einzelnen Attribute die wichtigsten zu bestimmenden Größen.

Für die näherungsweise Berechnung der Eigenschaften von Anfrageergebnissen ist eine modifizierte Betrachtung der Anfrage notwendig. Im Rahmen der Anfrageverarbeitung wird typischerweise eine Graphstruktur aufgebaut, deren Knoten jeweils Operatoren repräsentieren, die auf Tabellenstrukturen operieren. Bei den Operanden, d.h. den von den Operatoren verarbeiteten Tabellen, kann es sich sowohl um Basistabellen als auch um während der Anfrageverarbeitung entste-

hende Zwischenergebnisse handeln. Für die näherungsweise Berechnung der
Eigenschaften von Anfrageergebnissen reicht es nun aus, anstelle der Tabellen
Histogramme zu den einzelnen Tabellen als Operanden zu verwenden. Die auf
Basistabellen und temporären Tabellen arbeitenden Anfragen sind also in solche
zu transformieren, die auf den zu den Tabellen gehörenden Histogrammen ope-
rieren. Diese Histogramme werden somit schrittweise durch die die Anfrage bil-
denden Operatoren bearbeitet, weshalb dies im Allgemeinen als *Histogrammpro-
pagation* bezeichnet wird. In [IP99] [PGI99] wird Histogrammpropagation im
Kontext des Approximate Query Answering vorgestellt. Allerdings ist in diesen
Arbeiten die Mächtigkeit der Anfragen erheblich eingeschränkt. Die Einschränkungen werden beispielsweise in [KSM07] im Kontext von Arbeiten zur Coarse-
Grained-Optimierung gelockert. Damit können nun auch komplexere arithmeti-
sche Terme und Gruppierungen sowie alle typischen Vergleichsprädikate bei der
Propagation berücksichtigt werden. Histogrammpropagation kann dann in der so
erweiterten Form, wie im vorangegangenen Abschnitt beschrieben, genutzt werden. Über die Propagation der Histogramme können die einzelnen Zwischenergebnisse einer Anfragesequenz charakterisiert werden, ohne dass die zugehörigen Anfragen ausgeführt werden müssen. In [KSM07] wird die erweiterte
Histogrammpropagation ausführlich erläutert.

### 8.3.6  Effektivität und Effizienz der Optimierung

Der heuristische CGO-Ansatz wird in [KS+03] mit Hilfe einer Reihe von Experimenten bewertet. Die Untersuchungen erfolgten in zwei unterschiedlichen Syste-
mumgebungen, die sich sowohl in der Rechnerarchitektur als auch in den verwendeten Betriebs- und Datenbanksystemen unterschieden. Verwendet wurden
Daten des Benchmarks TPC-H, für die Anfragesequenzen mit Hilfe der DSS-
Tools von MicroStrategy erstellt wurden. Die Abbildungen 33 und 34 zeigen die
wichtigsten Ergebnisse der Messungen.

Zunächst zeigt Abbildung 33a), dass das systematische Zusammenfassen einer
Anfragesequenz zu einer einzigen Anfrage in vielen Fällen nicht sinnvoll ist.
Gezeigt werden die Messungen für 13 unterschiedliche Anfragesequenzen. Die
Laufzeit der generierten Sequenzen wird jeweils mit 100% angenommen. Zu
jeder generierten Anfragesequenz wurde zusätzlich die zugehörige Einzelanfra-
gen erstellt. Abbildung 33a) zeigt die Ausführungszeit für diese Einzelanfragen
in Prozent der Ausführungszeit der zugehörigen generierten Anfragesequenz.
Die zur Anfragesequenz 1  gehörende Einzelanfrage läuft beispielsweise einein-

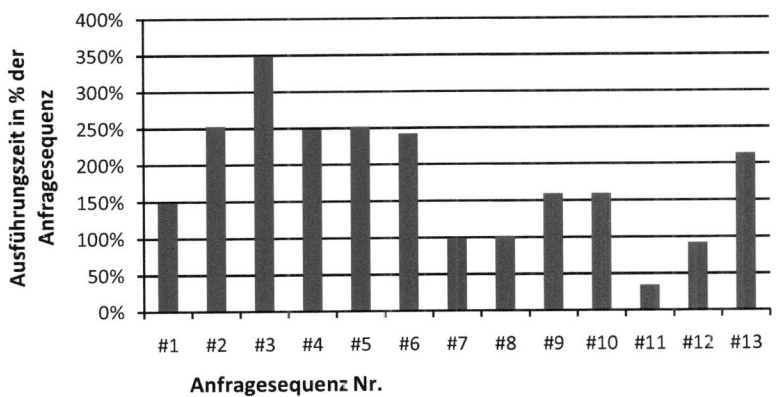

a) Anfragesequenz versus Einzelanfrage

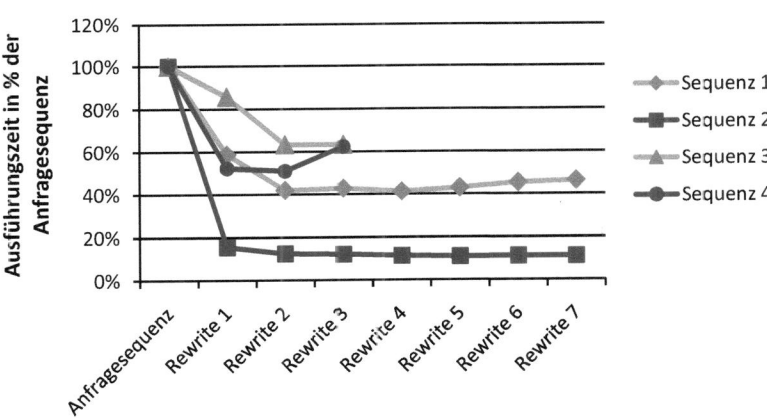

b) Effektivität der Regelanwendung

**Abbildung 33:** Effektivität des heuristischen CGO-Ansatzes

halbmal so lang wie die ursprünglich generierte Sequenz. Lediglich bei einer der gezeigten Sequenzen (11) ergibt sich ein deutlicher Vorteil für die Einzelanfrage. In allen anderen Fällen weist die Einzelanfrage eine teilweise geringfügig, teilweise deutlich längere Laufzeit auf als die zugehörige Anfragesequenz. Als Ursache für diese Laufzeitverlängerung kann die Komplexität der gebildeten

Einzelanfragen vermutet werden. Diese vereinen teilweise mehr als 200 Operatoren, darunter mehr als 30 Verbundoperationen und 40 Sortieroperationen, in einer Anfrage. Allerdings wird in [KS+03] darauf hingewiesen, dass die Ergebnisse der durchgeführten Messungen keine eindeutige Korrelation zwischen Anfragekomplexität und Ausführungszeit für die Anfragen ergaben.

Die Effektivität der Restrukturierungsregeln wird in Abbildung 33b) exemplarisch an vier unterschiedlichen Anfragesequenzen untersucht. Dargestellt ist jeweils die Laufzeit der durch das DSS-Tool erstellten Anfragesequenzen sowie die Laufzeiten, die sich nach den einzelnen Restrukturierungsschritten ergeben. Zu beachten ist, dass in der Abbildung nicht dargestellt ist, welche Restrukturierungsregeln in den einzelnen Schritten angewandt wurden. Das Spektrum der Laufzeitverbesserungen reicht von einer Halbierung der Laufzeit bis hin zu einer Reduktion um mehrere Größenordnungen. Die Schlussfolgerung aus Abbildung 33 ist somit insgesamt, dass die Restukturierung von Anfragesequenzen ein erhebliches Potenzial für Laufzeitverbesserungen aufweist, während die Zusammenfassung der Sequenz zu einer Einzelanfrage in vielen Fällen zu einer deutlichen Laufzeitverlängerung führt. Anhand der in Abbildung 33b) dargestellten Ergebnisse kann aber zusätzlich noch ein anderer Aspekt beleuchtet werden. In der Regel ergeben sich die deutlichsten Laufzeitverbesserungen mit den ersten Restrukturierungsschritten. Nachfolgende Restukturierungsschritte haben häufig keinen positiven Einfluss auf die Laufzeit, in Einzelfällen ergibt sich sogar eine deutliche Verschlechterung, wie dies bei Sequenz 4 beispielsweise im letzten Restukturierungsschritt der Fall ist. Diese Ergebnisse legen die Verwendung einer kostenbasierten Strategie nahe, mit deren Hilfe es möglich sein sollte, vorab zu überprüfen, ob ein Restukturierungsschritt überhaupt gewinnbringend ist.

Angaben zur Effizienz des CGO-Ansatzes sind in Abbildung 34 dargestellt. Hierzu wurde das Verhalten des CGO-Optimierers bei der Bearbeitung verschiedener Anfragesequenzen, die sich in der Anzahl der enthaltenen Anfragen unterscheiden genauer untersucht. Abbildung 34a) zeigt, dass die Optimierungszeit nicht stärker als linear mit der Länge der Anfragesequenz wächst. Das Wachstum resultiert dabei in erster Linie aus dem zusätzlichen Aufwand für die Anwendung der Restrukturierungregeln. Der Aufwand für die Transformation der Anfragesequenz in die interne Repräsentation des Optimierers sowie die zugehörige Rückübersetzung in ausführbare SQL-Anweisungen bleibt dagegen nahezu konstant. Da bei der Implementierung des CGO-Prototyps kein besonderes Augenmerk auf die Effizienz dieser Transformationsschritte gelegt wurde, dominieren diese den

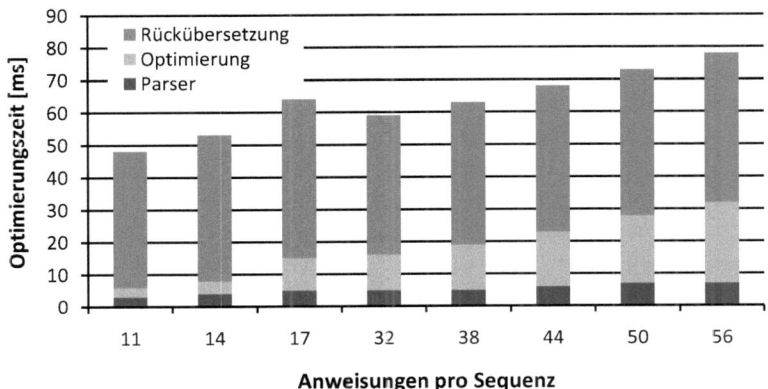

a) Optimierungszeit aufgeteilt nach Optimierungsphasen

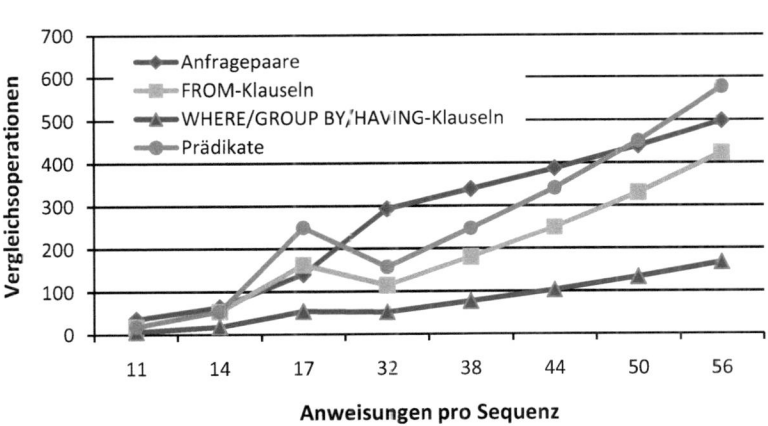

b) Anzahl notwendiger Vergleichsoperationen

**Abbildung 34:** Effizienz des CGO-Ansatzes

insgesamt notwendigen Optimierungsaufwand. Trotzdem bleibt der Optimierungsaufwand im Bereich von Millisekunden und fällt damit im Vergleich zu den
um mehrere Größenordnungen höheren Laufzeiten der Anfragesequenzen nicht
ins Gewicht. Dass die CGO mit wachsender Sequenzlänge skaliert lässt sich
ebenso an Abbildung 34b) zeigen. Hier sind, wiederum in Abhängigkeit von der

Anzahl der Anfragen pro Sequenz, die im Rahmen der Optimierung notwendigen Vergleichsoperationen dargestellt. Unterschieden wird hierbei zwischen Vergleichen, die Anfragepaare betreffen, solchen die sich auf der Ebene der einzelnen Klauseln der SQL-Anfragen bewegen und solchen, die sich auf Paare von Prädikaten beziehen. Diese Vergleiche sind notwendig, um die Anwendbarkeit von Restrukturierungsregeln zu überprüfen. Sie stellen die Hauptaufwand im Rahmen der heuristischen CGO dar. Wie die Abbildung zeigt verläuft auch das Wachstum dieser Anzahlen von Vergleichen proportional zu der Länge der Anfragesequenzen.

Der kostenbasierte CGO-Ansatz wird in [KSM07] bewertet. Für die durchgeführten Messungen wurde ein in JAVA geschriebener Prototyp zur kostenbasierten CGO [Kra07] genutzt, der die in [KM07] vorgestellte Schnittstelle zum Auslesen und Manipulieren von Statistiken unterschiedlicher Datenbankmanagementsysteme nutzt. Die zehn für die Messungen genutzten Anfragesequenzen basieren wiederum auf den Daten des TPC-H-Benchmarks, sind allerdings nicht identisch mit den Sequenzen, die in den vorangegangenen Abbildungen gezeigt sind. In diesem Fall handelt es sich bei den Sequenzen um Varianten einer einzigen Anfragesequenz, die durch die Anwendung von Restrukturierungsregeln aus dieser hervorgegangen sind. Im Rahmen der kostenbasierten Optimierung stellt sich also die Frage, welche dieser Varianten für die Ausführung ausgewählt werden sollte.

In Abbildung 35a) sind zu den Anfragesequenzen jeweils die zugehörigen Kostenschätzungen angegeben. Diese sind so entstanden, wie dies in der Architektur in Abbildung 32 gezeigt ist. Die Kostenschätzungen für die einzelnen Anweisungen der Sequenz werden beim darunterliegenden Datenbanksystem abgefragt und aufsummiert. Damit diese Kostenschätzungen auf einer sinnvollen Informationsgrundlage aufbauen, wird bei jedem Teilschritt der Sequenz Histogrammpropagation genutzt. Statistiken zu den Tabellen werden dabei durch die aktuell betrachtete Anfrage der Sequenz propagiert und die so erhaltenen Histogramme werden im darunterliegenden Datenbanksystem eingetragen und können im Rahmen der weiteren Kostenschätzungen berücksichtigt werden. Auf diese Weise kann eine Kostenschätzung für die gesamte Anfragesequenz bereitgestellt werden. Der Frage, inwieweit die so erstellte Kostenschätzung die Ausführungszeit der einzelnen Anfragesequenzen auch genau widerspiegeln, wird in Abbildung 35b) nachgegangen. Hier sind die jeweiligen Laufzeiten der Sequenzen eingetragen, wobei zwischen der Ausführung mit und ohne Histogrammpropagation

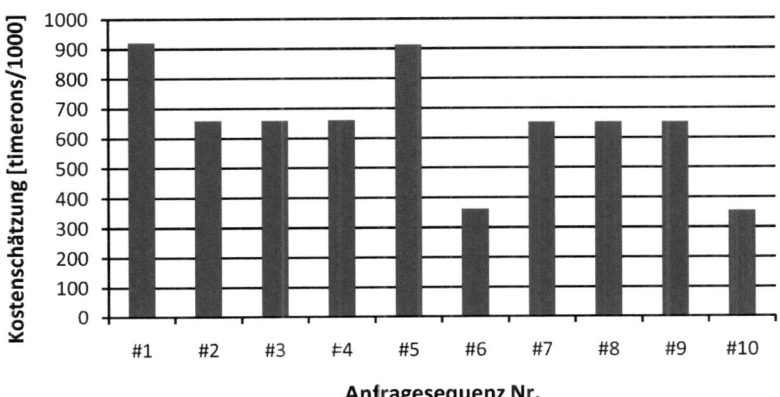

a) Kostenschätzungen für die Anfragesequenzen

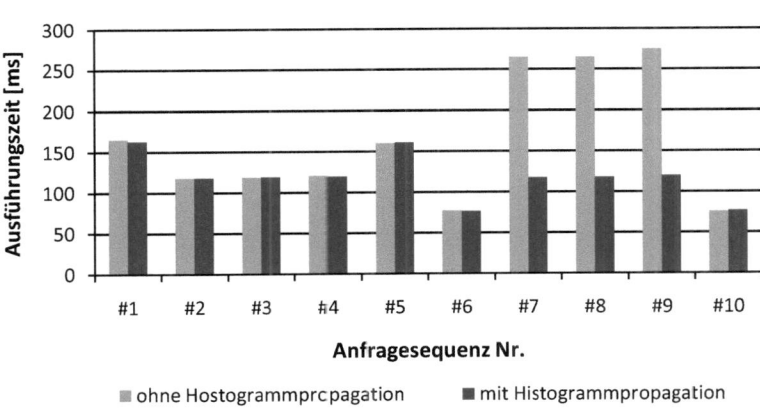

■ ohne Hostogrammprcpagation    ■ mit Histogrammpropagation

b) Ausführungszeit mit und ohne Histogrammpropagation

**Abbildung 35:** Effektivität des kostenbasierten CGO-Ansatzes

unterschieden wird. Der teilweise erhebliche Unterschied zwischen diesen beiden Ausführungsvarianten zeigt, welch großen Einfluss das Vorhandensein aktueller Statistiken auf die Kostenbewertung von Ausführungsplänen und damit auf die Auswahl eines Ausführungsplans hat. Die Verwendung von Histogrammpropagation verkürzt die Ausführungszeit in einigen Fällen erheblich, während sich eine nennenswerte Laufzeitverlängerung in den Experimenten nicht zeigt. Im Bezug auf die Kostenschätzung von Anfragesequenzen ist es nun interessant, die Kostenschätzung für die Sequenzen (Abbildung 35a)) mit den tatsächlichen Laufzeiten unter Berücksichtigung der Propagation zu vergleichen (Abbildung 35b)). Es zeigt sich ein sehr ähnlicher Verlauf. Dies verdeutlicht, dass die unter Berücksichtigung der Historgrammpropagation durchgeführten Kostenschätzungen eine hinreichend genaue Abschätzung des Aufwands für die Anfrageausführung erlauben, so dass diese Schätzungen als Grundlage für eine kostenbasierte Optimierungsstrategie genutzt werden können. Vergleichbare Ergebnisse werden in [KSM07] dargestellt, wenn einzelne Parameter in den Anfragen der Anfragesequenz variiert werden.

### 8.3.7    Zusammenfassung der Coarse-Grained-Optimierung

Die Coarse-Grained-Optimierung stellt einen wichtigen Ansatz der homogenen Optimierung von generierten Anfragesequenzen durch eine separate Systemkomponente dar. Um eine homogene Optimierungsvariante handelt es sich, da die einzelnen Anfragesequenzen, die den Optimierungsgegenstand darstellen, jeweils von einer Anwendung für ein Zielsystem generiert werden. Coarse-Grained-Optimierung ist unabhängig vom gewählten Generierungsansatz anwendbar.

## 8.4  PGM-Optimierung des Datenmanagements in Workflows

Workflowmanagement ist heute ein integraler Bestandteil einer Vielzahl von Informationssystemen. Solche Informationssysteme verknüpfen unterschiedliche Anwendungssysteme mit meist heterogenen Datenbeständen. Die Abläufe werden dabei in Form von Workflows beschrieben und mit Hilfe eines Workflowmanagementsystems koordiniert. Das Ziel der PGM-Optimierung ist dabei die Optimierung des Datenmanagements in solchen Workflows. Im Folgenden werden zunächst die Voraussetzungen für diese Art der Optimierung diskutiert und der Optimierungsansatz vorgestellt. Hierzu gehört insbesondere die Menge der Restrukturierungsregeln sowie eine speziell zugeschnittene interne Repräsentation für datenintensive Workflows. Schließlich erfolgt eine Bewertung des Optimierungspotenzials auf der Grundlage von Messungen sowie die Einordnung in die in Kapitel 7 vorgestellte Klassifikation möglicher Optimierungsansätze.

### 8.4.1 Voraussetzungen und Ziele

Zur Beschreibung von Workflows hat sich die Business Process Execution Language (BPEL) als verbreiteter Standard durchgesetzt [OAS05]. Wie viele andere Workflowbeschreibungssprachen erlaubt BPEL eine Beschreibung auf zwei Ebenen. Die eine Ebene wird dabei von den einzelnen Aktivitäten, aus denen ein Workflow aufgebaut ist gebildet. Hierzu gehören beispielsweise Aktivitäten zum Aufruf von Web Services (Invoke) und Zuweisungen (Assign). Darauf aufbauend wird dann das Zusammenspiel dieser Aktivitäten bei der Workflow-Ausführung beschrieben. Hierzu ist eine Vielzahl von Kontrollflusskonstrukten verfügbar. Unter anderem können sequentielle Abläufe (Sequence) und parallele Abläufe (Flow) beschrieben werden. Darüber hinaus ist aber auch die Iteration über Datenmengen (ForEach) vorgesehen und es besteht die Möglichkeit, Bedingungen für den Übergang von einer Aktivität auf die andere zu spezifizieren.

Das wesentliche Ziel dieser standardisierten Workflowbeschreibungssprache ist es, das Zusammenspiel verschiedener Web Services zu koordinieren. Aufgaben des Datenmanagements müssen dabei häufig als Web Services gekapselt werden. Dies führt gerade bei daten-intensiven Workflows zu einer inhaltlich nicht sinnvollen Trennung der Beschreibung des Datenmanagements. Einzelne Aktivitäten zur Bearbeitung der Daten werden in Form von Web Services definiert. Diese Aktivitätsbeschreibung ist somit nicht Bestandteil der Workflowbeschreibung. Das Zusammenspiel der Aktivitäten und ggf. auch der Datenfluss von einer Aktivität zur nächsten, werden dagegen direkt mit Hilfe von BPEL beschrieben. Um für die Modellierer von Workflows eine Alternative zu dieser Trennung bereitzustellen, bieten viele Hersteller von Workflowmanagementsystemen Erweiterungen zu BPEL an, die unter anderem auf ein integriertes Datenmanagement abzielen. In [VS+08] werden solche Ansätze vorgestellt. Die hier verwendeten Beispiele basieren auf der entsprechenden Erweiterung, die IBM im Rahmen seiner Business Integration Suite anbietet. Den Kern dieser Erweiterung bilden zusätzliche Datenmanagementaktivitäten (teilweise auch als Information-Service-Aktivitäten bezeichnet), die bei der Modellierung eines Workflows mit Hilfe des WebSphere Integration Developer genutzt werden können. Diese erlauben es beispielsweise SQL-Anweisungen (SQL-Aktivitäten) direkt in der Workflowbeschreibung zu spezifizieren, womit diese dann die vollständige Beschreibung des für den Workflow relevanten Datenmanagements umfasst. Im Folgenden wird davon ausgegangen, dass eine solche Erweiterung von BPEL vorliegt und in diesem Zusammenhang von BPEL/SQL gesprochen. Auf Basis einer solchen Erweiterung gibt es für den Modellierer eines Workflows dann unterschiedliche

Möglichkeiten das Datenmanagement des Workflows zu beschreiben. Dies sind im Einzelnen:

- Aufgaben des Datenmanagements werden durch Web Services bearbeitet. In der Workflowbeschreibung ist dann nur der Aufruf des entsprechenden Web Service enthalten. Dessen Definition ist zunächst nur in dem System verfügbar, das für die Ausführung des Web Service verantwortlich ist.

- SQL-Aktivitäten können zur direkten Beschreibung des Datenmanagements verwendet werden. In diesem Fall gehört die auszuführende SQL-Anweisung direkt zur Beschreibung der Aktivität.

- SQL-Aktivitäten können auch genutzt werden, um benutzerdefinierte Funktionen (Stored Procedures) in einem durch den Workflow genutzten Datenbanksystem aufzurufen. In der Workflowbeschreibung ist in diesem Fall lediglich der Funktionsaufruf enthalten, während die Definition der Funktion im Datenbanksystem verfügbar ist.

Das Ziel der PGM-Optimierung ist es, das Datenmanagement in Workflows zu optimieren. Der Ansatz soll hierbei die unterschiedlichen Optionen zur Definition des Datenmanagements berücksichtigen. Im Kontext dieser Arbeit ist darüber hinaus zu berücksichtigen, dass die in einen Workflow eingebetteten Aufgaben des Datenmanagements zur Modellierungszeit unter Umständen unvollständig definiert sind. Aspekte, wie die Datenbank, auf der die definierten SQL-Anweisungen ausgeführt werden sollen und einzelne Parameter dieser Anweisungen können in vielen Fällen erst bei der Verteilung oder Ausführung des Workflows festgelegt werden.

### 8.4.2  Optimierungsansatz

Im Rahmen der PGM-Optimierung werden Restrukturierungsregeln auf eine Workflowbeschreibung angewandt. Diese Regeln modifizieren das Datenmanagement des Workflows derart, dass eine effizientere Ausführung zu erwarten ist. Die zugrunde liegende Architektur ist in Abbildung 36 dargestellt. Die *Optimizer Engine* stellt dabei die Kernkomponente dar, die für die Anwendung der Restrukturierungsregeln verantwortlich ist. Diese Komponente verwendet den Satz verfügbarer Restrukturierungsregeln (*Rewrite Rules*) sowie eine Kontrollstrategie (*Control Strategy*), mit deren Hilfe die Anwendung der Restrukturierungsregeln gesteuert wird. Die Restrukturierungsregeln werden auf einer internen Repräsentation der Workflowbeschreibung angewandt. Diese interne Reprä-

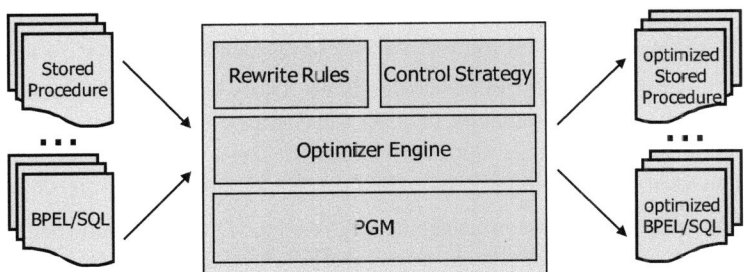

**Abbildung 36:** Architektur der PGM-Optimierung

sentation, das sogenannte *Prozessgraphmodell* (PGM), wird in Abschnitt 8.4.4 genauer erläutert. Der Optimierungsablauf sieht in dieser Architektur wie folgt aus: Die Workflowbeschreibung, z.B. gegeben in BPEL/SQL wird zunächst in die interne Repräsentation PGM transformiert. Auf dieser Grundlage wendet die Optimizer Engine dann die Restrukturierungsregeln gemäß der gewählten Kontrollstrategie an. Der sich ergebende Workflow wird wiederum zurücktransformiert, d.h. es wird eine optimierte Workflowbeschreibung in BPEL/SQL erstellt.

Wie die Architekturdarstellung in Abbildung 36 zeigt, können auch andere Workflowbeschreibungen die Eingabe für den Optimierer darstellen. Die Definition einer benutzerdefinierten Funktion (Stored Procedure) beschreibt im Endeffekt nichts anderes als eine Reihe von Datenmanagementaktivitäten, die mittels Kontrollfluss verbunden sind. Unter der Voraussetzung, dass die interne Repräsentation hinreichend generisch gehalten wird, ist es damit auch möglich, den beschriebenen Optimierungsansatz auf die Definition von benutzerdefinierten Funktionen und anderen Datenmanagementaktivitäten anzuwenden. Darüber hinaus ergibt sich damit auch noch eine weitere Option. Diese soll am Beispiel eines Workflows beschrieben werden, der eine oder mehrere SQL-Aktivitäten enthält, die jeweils benutzerdefinierte Funktionen im Datenbanksystem aufrufen. In diesem Fall existiert die Workflowbeschreibung, z.B. in BPEL/SQL, und kann einfach in die interne Repräsentation PGM übertragen werden. Wenn zusätzlich auch die Definitionen der benutzerdefinierten Funktionen vorliegen, so können diese ebenfalls nach PGM transformiert werden. Dies ermöglicht es dem Optimierer schließlich, diese unterschiedlichen Bestandteile integriert und übergreifend zu optimieren, indem eine PGM-Repräsentation erstellt wird, die sowohl die Workflowbeschreibung als auch die Definition der einzelnen Datenmanagementaktivitäten enthält, in diesem Beispiel die der benutzerdefinierten Funktionen. Für die PGM-Optimierung ergeben sich damit drei unterschiedliche Varianten:

- Optimierung einer Workflowbeschreibung: Die Workflowbeschreibung wird in die interne Repräsentation überführt und mit Hilfe von Restrukturierungs-regeln optimiert. Diese Optimierung betrifft dann auch alle Datenmanage-mentaktivitäten, die direkt Bestandteil der Workflowbeschreibung sind.

- Optimierung von Datenmanagementaktivitäten: Diese Variante betrifft alle Datenmanagementaktivitäten, deren Definition nicht direkt Bestandteil der Workflowbeschreibung ist. Deren Definition kann jedoch ebenso nach PGM transformiert werden, so dass eine Optimierung mit Hilfe von Restrukturie-rungsregeln möglich wird.

- Kombinierte Optimierung: In diesem Fall wird eine integrierte interne Reprä-sentation erstellt, die sowohl die Workflowbeschreibung als auch die Defini-tion der einzelnen Datenmanagementaktivitäten umfasst. Aufgrund der integrierten Repräsentation ergibt sich ein erweitertes Optimierungspotenzial.

Im Folgenden werden die genannten Varianten der PGM-Optimierung an Bei-spielen erläutert.

Das in Abbildung 37 gezeigte Beispiel stellt einen Ausschnitt aus einem Bestell-prozess dar, in dem bestätigte Bestellungen automatisch verarbeitet werden. Die gesamte Verarbeitung wird in BPEL mit Hilfe von fünf Aktivitäten beschrieben. *PrepareApprovedOrders* ist eine SQL-Aktivität, die dazu dient, die vorliegenden Informationen zu bestätigten Bestellungen aus einer Datenbank auszulesen. Mit einer nachfolgenden Retrieve-Aktivität werden diese Daten für den Workflow in einer Variable *SV_ApprovedOrders* bereitgestellt. Variablennamen sind in diesem und den folgenden Beispielen mit # gekennzeichnet. Mit Hilfe der ForEach-Akti-vität wird die Menge der bestätigten Bestellungen durchlaufen. Innerhalb der Schleife wird zunächst mit Hilfe der Aktivität *OrderFromSupplier* ein Web Ser-vice aufgerufen, der die Bestellung dem jeweils passenden Zulieferer übergibt. Die zurückkommende Bestätigung wird schließlich mit Hilfe einer SQL-Aktivi-tät in die Tabelle *Order_Confirmation* geschrieben. In Abbildung 37 sind neben dem in der Workflowbeschreibung festgehaltenen Zusammenhang zwischen den einzelnen Aktivitäten auch weitere Details zu diesen Aktivitäten, wie z.B. die von SQL-Aktivitäten ausgeführten SQL-Anweisungen, sowie die Definition der aufgerufenen benutzerdefinierten Funktion *PrepareApprovedOrders* angegeben.

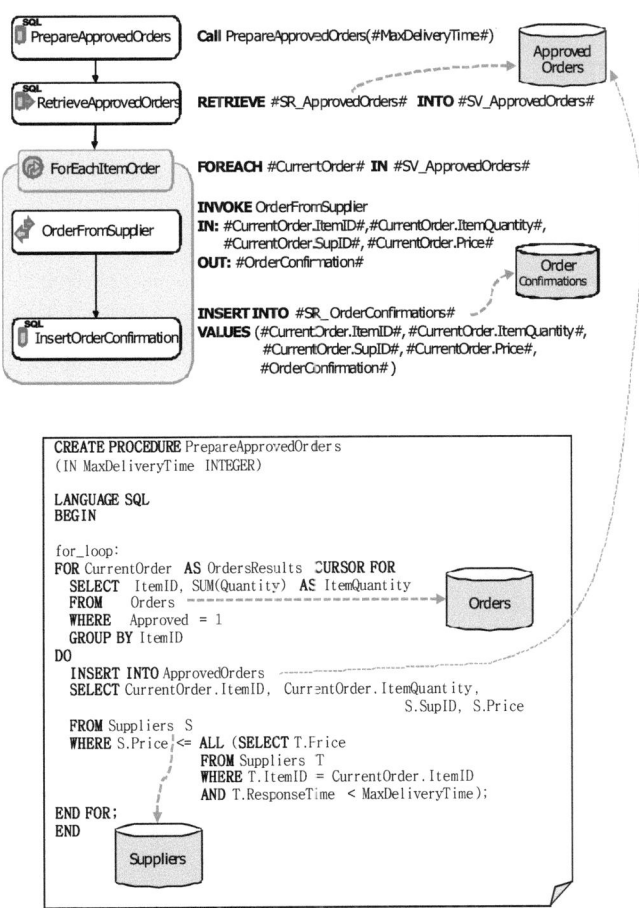

**Abbildung 37:** Beispiel-Workflow

Ausgehend von dieser Ausgangssituation sollen zunächst die beiden ersten Optimierungsvarianten verdeutlicht werden. Bei der Optimierung der Workflowbeschreibung kann zunächst eine Restrukturierungsregel angewandt werden, die die Aktivität *OrderFromSupplier* mit der nachfolgenden SQL-Aktivität verschmilzt. Der Web-Service-Aufruf wird hierzu in Form einer benutzerdefinierten Funktion *OrderFromSupplier* bereitgestellt. Im nächsten Schritt kann die

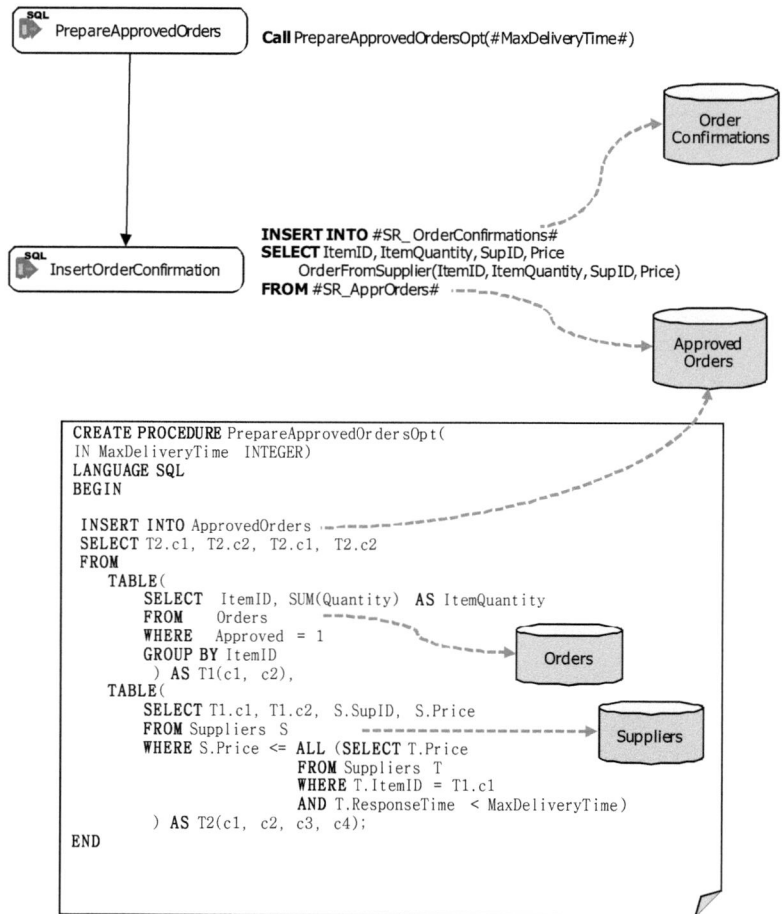

**Abbildung 38:** Optimierter Beispiel-Workflow

gesamte ForEach-Schleife aufgelöst und durch eine einzige SQL-Aktivität *InsertOrderConfirmation* ersetzt werden. Die hierbei angewandte Restrukturierungsregel sorgt dafür, dass die zunächst über eine Schleifeniteration ausgedrückte mengenorientierte Verarbeitung direkt in SQL ausgedrückt wird. Die sich mit den zwei Restrukturierungsschritten ergebende neue Workflowbeschreibung ist in Abbildung 38 dargestellt. Zusätzlich können hier vergleichbare

Restrukturierungsregeln auch auf die Definition der benutzerdefinierten Funktion *PrepareApprovedOrders* angewandt werden. Auch hier kann die in der ursprünglichen Realisierung vorgesehene For-Schleife durch eine einzelne SQL-Anweisung ersetzt werden, die die relevanten Informationen der Tabellen *Orders* und *Suppliers* verknüpft und das Ergebnis in die Tabelle *ApprovedOrders* schreibt. Das in Abbildung 38 gezeigte Ergebnis dieser Optimierungsschritte umfasst somit die ersten beiden der oben genannten Optimierungsvarianten. Restrukturierungsregeln werden isoliert jeweils auf die Workflowbeschreibung und auf die Definition einzelner Datenmanagementaktivitäten angewandt.

Die dritte Optimierungsvariante setzt zusätzlich voraus, dass die interne Repräsentationen des Workflows und der benutzerdefinierten Funktion zusammengefasst werden. In dem hier betrachteten Beispiel führt dies zu einer weiteren Optimierungsmöglichkeit. Die in Abbildung 38 gezeigte SQL-Aktivität, die sich wie oben erläutert durch Restrukturierung aus der ursprünglichen Workflowbeschreibung ergibt, sowie die eine SQL-Anweisung, die nach der Optimierung noch zur Realisierung der benutzerdefinierten Funktion notwendig ist, können ebenfalls zusammengefasst werden. Damit ergibt sich die in Abbildung 39 gezeigte Workflowbeschreibung. Der so beschriebene Workflow liefert dasselbe Ergebnis wie die in Abbildung 37 gezeigte Variante. In dieser optimierten Form werden allerdings sowohl die ursprünglich in einer Funktion durchgeführten Datenmanagementaktionen als auch der Aufruf eines Web Service alle im Rahmen einer einzigen SQL-Anweisung durchgeführt. Damit kann insbesondere der Overhead für

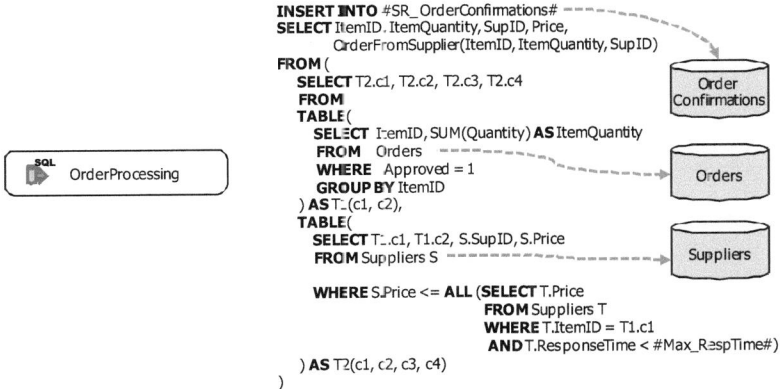

**Abbildung 39:** Beispiel-Workflow nach der kombinierten Optimierung

die Ausführung einzelner Aktivitäten und SQL-Anweisungen reduziert werden und für das die verbleibende SQL-Anweisung ausführende Datenbanksystem bieten sich zusätzliche Optionen der Optimierung.

### 8.4.3 Klassifikation der Optimierungsregeln

Abbildung 40 zeigt eine Klassifikation der für die PGM-Optimierung relevanten Restrukturierungsregeln [VS+07]. Zunächst werden die Regeln in zwei Klassen unterteilt: *Activity Merging Rules* und *Tuple-to-Set Rules*. Das Ziel der Regeln der ersten Gruppe besteht darin, mehrere Aktivitäten zu verschmelzen. Alle Regeln beziehen sich dabei auf eine SQL-Aktivität, die Daten nutzt, die von einer anderen Aktivität bereitgestellt werden. Je nach Typ dieser anderen Aktivität ergeben sich hierbei unterschiedliche Regeln. Bei der Anwendung der Regel *Web Service Pushdown* wird beispielsweise ein zunächst eigenständiger Web-Service-Aufruf in eine SQL-Aktivität integriert. Dies kann dadurch erfolgen, dass mit Hilfe einer entsprechenden benutzerdefinierten Funktion der Web-Service-Aufruf umgesetzt wird und damit als Bestandteil einer SQL-Anweisung auftreten kann. Durch die Regel *Assign Pushdown* erfolgt eine vergleichbare Verschmelzung einer Assign-Aktivität mit einer SQL-Aktivität. Voraussetzung ist hierbei, dass die Assign-Aktivität eine Variable verändert, die in der SQL-Aktivi-

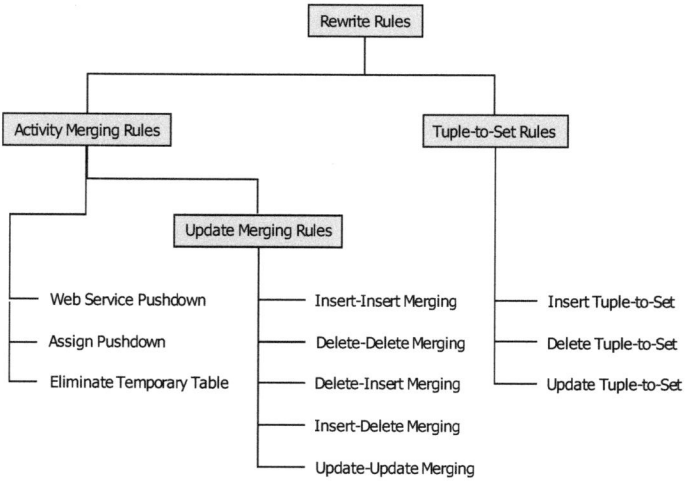

**Abbildung 40:** Klassifikation der Restrukturierungsregeln

tät als Parameter genutzt wird. In diesem Fall kann die durch die Assign-Aktivität definierte Wertzuweisung auch direkt in der SQL-Aktivität erfolgen. Die Gruppe der *Update Merging Rules* führt zwei SQL-Aktivitäten zusammen, die Änderungen auf derselben Tabelle durchführen. Je nach Kombination der betrachteten Änderungsoperation ist hierzu jeweils eine eigenständige Regel notwendig.

Die zweite große Klasse von Restrukturierungsregeln, die sogenannten *Tuple-to-Set*-Regeln, beziehen sich auf Iterationen über einer Menge von Daten. Realisiert sind solche Schleifen in der Workflowbeschreibung typischerweise mit Hilfe einer ForEach-Aktivität, die iterativ einen Zugriff auf die einzelnen Elemente einer Datenmenge, z.B. einer Tabelle, zulässt. Der Schleifenrumpf enthält dann beispielsweise eine SQL-Aktivität, die eine Änderungsoperation definiert. Die Semantik der Schleife ist somit die Ausführung dieser Änderungsoperation für jedes einzelne Element der gegebenen Datenmenge. In vielen Fällen kann dieselbe Semantik erzielt werden, indem sowohl das Iterieren über der Datenmenge als auch die notwendige Änderungsoperation direkt in SQL ausgedrückt wird. Mit der Anwendung einer der Regeln aus der Klasse Tuple-to-Set wird somit die gesamte Schleife in einer SQL-Anweisung zusammengefasst. Das kann erhebliche Laufzeitvorteile mit sich bringen, unter anderem da der Aufwand für das wiederholte Ausführen der SQL-Aktivität im Schleifenrumpf wegfällt. In Abschnitt 8.4.6 wird eine solche Regel ausführlicher erläutert und gezeigt, wie diese auf der Basis des Prozessgraphmodells definiert werden kann.

### 8.4.4 Anforderungen an eine interne Repräsentation

Für die PGM-Optimierung wird wie in Abschnitt 8.4.2 erläutert eine generische interne Repräsentation der Workflowbeschreibung genutzt. In diesem Abschnitt wird zunächst erläutert, weshalb hierfür eine speziell zugeschnittene interne Repräsentation notwendig ist und welches deren zentrale Merkmale sind. Daran schließt sich eine Übersicht über das entwickelte Prozessgraphmodell (PGM) an.

Die Anforderungen an eine interne Repräsentation beziehen sich einerseits auf die Anfrageoptimierung im Allgemeinen [PHH92][Cha98][SH05], andererseits aber auch auf verschiedene Arbeiten zur Optimierung des Datenmanagements in Workflows [VS+07] [VS+08b]. Die wesentlichen Anforderungen sind:

• Heterogenität bezüglich Aktivitätstypen: Die interne Repräsentation sollte so generisch aufgebaut sein, dass eine Vielzahl unterschiedlicher Aktivitätstypen unterstützt werden können. Hierzu gehören einerseits Aktivitätstypen, wie sie typischerweise von Workflowbeschreibungssprachen wie BPEL bereitgestellt werden. Auf der anderen Seite sollen unterschiedliche Datenmanagementaktivitäten, z.b. zur Ausführung von SQL- und XQuery-Anweisungen, ebenfalls repräsentiert werden können. Weiter soll die interne Repräsentation so flexibel sein, dass auch die Aktivitätstypen, die in Beschreibungen von Datenmanagementaktivitäten verwendet werden, berücksichtigt werden können. Damit wird es beispielsweise möglich, die Definition benutzerdefinierter Funktionen direkt auf PGM abzubilden.

- Kontrollflussmuster: In Workflowbeschreibungen und Definitionen von Datenmanagementaktivitäten werden sehr unterschiedliche Kontrollflussmuster unterstützt [RH+06]. PGM soll hinsichtlich der Abbildung des Kontrollflusses so flexibel gehalten sein, dass sich alle relevanten Muster abbilden lassen.

- Explizite Abhängigkeiten: Zur korrekten Anwendung der erläuterten Restrukturierungsregeln müssen Daten- und Kontrollflussabhängigkeiten sowie die Kommunikationsbeziehungen zwischen Aktivitäten analysiert werden. Um hierbei eine effiziente Verarbeitung sicherstellen zu können, sollte die interne Repräsentation alle relevanten Abhängigkeiten explizit darstellen.

- Kompakte Repräsentation: Die interne Repräsentation der Workflowbeschreibungen sollte möglichst kompakt erfolgen. Insbesondere sollten alle Aspekte, die für die Anwendung von Restrukturierungsregeln nicht von Bedeutung sind in PGM nicht berücksichtigt werden. Detailinformationen zu Aktivitätstypen, zu denen keine Restrukturierungsregeln verfügbar sind, können in vielen Fällen in der internen Repräsentation entfallen. Dies unterstützt eine effiziente Optimierung auf Basis der internen Repräsentation.

- Erweiterbarkeit: Die interne Repräsentation sollte so generisch aufgebaut sein, dass eine Erweiterung einfach erfolgen kann. Eine solche Erweiterung wird beispielsweise notwendig, wenn zusätzlich Aktivitätstypen bei der Optimierung berücksichtigt werden sollen.

Da in den Bereichen Workflowmanagement und Datenbanken bereits eine Vielzahl interner Repräsentation verwendet werden, soll hier vor den weiteren Erläuterungen zu PGM zunächst verdeutlicht werden, warum diese nicht als Grundlage für die PGM-Optimierung geeignet sind.

Im Datenbankbereich werden vor allem graph-basierte, interne Repräsentationen wie das Query Graph Model (QGM) verwendet [PHH92]. Repräsentiert wird damit die Struktur von SQL-Anfragen. Eine solche Repräsentation kann sowohl zur Optimierung einzelner SQL-Anfragen aber auch im Rahmen der Multi-Query-Optimierung genutzt werden [Sel88]. Für die PGM-Optimierung fehlt derartigen Modellen allerdings die explizite Repräsentation des Kontrollflusses und der Verknüpfungen mit anderen Systemen. Darüber hinaus gibt es aber auch Arbeiten, die eine gewisse Berücksichtigung von Kontrollflussinformation vorsehen [SS91][SK+05]. Diese können als erste Arbeiten zur Optimierung benutzerdefinierter Funktionen gesehen werden. In [SS91] wird hierzu die Optimierung von Sequenzen von Datenmanagementanweisungen sowie deren wiederholte Ausführung betrachtet. Die in Abschnitt 8.3 vorgestellte CGO-Ansatz stellt einen weiteren Möglichkeit vor, Sequenzen als eine einfache Form des Kontrollflusses bei der Optimierung zu berücksichtigen. Diese Ansätze sind allerdings in verschiedener Hinsicht zu eingeschränkt, als dass sich eine der zugehörigen internen Repräsentationen in den Bereich der PGM-Optimierung übertragen ließe. Einerseits gibt es erhebliche Einschränkungen hinsichtlich der unterstützten Kontrollflusskonstrukte. Andererseits liegen ebenso Einschränkungen im Bezug auf die berücksichtigten Aktivitätstypen vor. Während in den genannten Ansätzen aus dem Datenbankbereich lediglich Datenbearbeitungsanweisungen in einer spezifischen Anfragesprache berücksichtigt werden, sind für die PGM-Optimierung solche Anweisungen in unterschiedlichen Sprachen und daneben auch Aktivitätstypen wie Web-Service-Aufrufe von Bedeutung. Darüber hinaus deckt die hier betrachtete Optimierung einen viel größeren Bereich ab, da neben der Ebene der einzelnen Datenmanagementaktivitäten auch deren Zusammenspiel in einem Workflow zu berücksichtigen ist.

Bei der Repräsentation und Optimierung von Geschäftsprozessen ist zwischen drei Abstraktionsebenen zu unterscheiden. Die Repräsentationen in diesem Bereich können danach unterteilt werden, ob sie sich auf eine grafische, eine technische oder eine theoretische Ebene beziehen.

Grafische Modelle werden zur Beschreibung von Geschäftsprozessen verwendet, um Unterstützung beim Entwurf der Prozesse zu bieten. Im Mittelpunkt steht also der Überblick über die einzelnen Prozesse und nicht die Details zu den einzelnen Aktivitäten, die den Prozess ausmachen. Repräsentationen in diesem Bereich adressieren also eher die Anwender von Prozessmodellierungswerkzeugen und weniger Systemkomponenten wie einen Optimierer, die eine rein rechnerbasierte Verarbeitung der internen Repräsentation vornehmen. Wichtige Beispiele im Bereich der grafischen Repräsentationen sind die Business Process Modeling Notation [OMG06], die Event-driven Process Chains [MN+05] sowie die Aktivitätsdiagramme von UML [DH01].

Auf der technischen Ebene werden die Beschreibungen von Geschäftsprozessen in eine Workflowbeschreibung umgesetzt. Hierzu hat sich BPEL heute als Standard durchgesetzt [OAS05]. Diese technischen Beschreibungen stellen jedoch ebenfalls keine geeignete Grundlage für die PGM-Optimierung dar. Einerseits umfassen sie sämtliche Detailinformationen, mit deren Hilfe ein Workflow vollständig beschrieben werden kann. Nur ein Teil dieser Information ist jedoch für die Optimierung auch tatsächlich relevant. Andererseits werden z.B. Datenabhängigkeiten und Kommunikationsbeziehungen typischerweise nur teilweise oder gar nicht explizit repräsentiert. Dies würde die PGM-Optimierung erheblich erschweren, da die entsprechenden Informationen durch eine umfassende Analyse der Workflowbeschreibung zur Optimierungszeit gewonnen werden müssten. Die technischen Repräsentationen für Workflows bieten somit nicht den geeigneten Abstraktionsgrad für den hier betrachteten Optimierungsansatz.

Darüber hinaus existieren auch theoretische Modelle zur Beschreibung von Prozessen. Hierzu zählen beispielsweise die Petrinetze [Mur89] sowie das Pi-Kalkül [Mil93]. Solche Modelle erlauben eine exakte Definition des Verhaltens von Prozessen und stellen damit eine Grundlage dafür dar, Eigenschaften wie die Terminierung oder die Existenz von Verklemmungen für einen gegebenen Prozess zu beweisen [Aal97] [Aal99]. Gegen ihre Verwendung im Rahmen der PGM-Optimierung spricht deren Komplexität sowie wiederum das Fehlen explizit modellierter Datenabhängigkeiten.

Diese Gegenüberstellung möglicher Repräsentationen auf unterschiedlichen Abstraktionsebenen zeigt, dass jede dieser Repräsentationen für die Verwendung im Rahmen der PGM-Optimierung erhebliche Schwächen aufweist. Deshalb wurde das Prozessgraphmodell als interne Repräsentation entwickelt, die speziell auf die Anforderungen der PGM-Optimierung zugeschnitten ist. Dieses Modell bietet in Anlehnung an QGM eine graph-basierte Repräsentation, wobei sich die verfügbaren Modellierungskonstrukte an den Anforderungen zur Repräsentation von Workflowbeschreibungen orientieren. Insofern existieren auch Bezüge zu Modellen, die der Beschreibung von Geschäftsprozessen auf technischer Ebene dienen. Im Gegensatz zu diesen ist es allerdings nicht das Ziel des Prozessgraph-

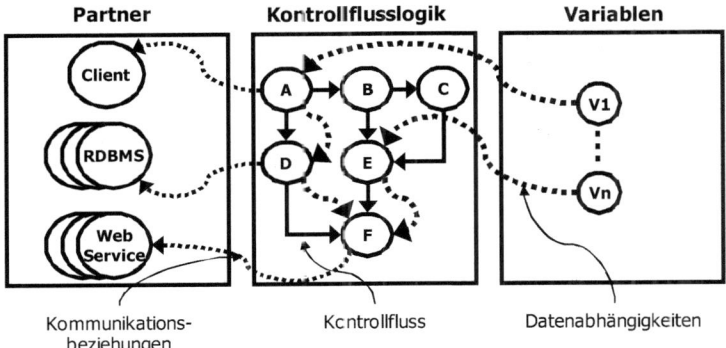

**Abbildung 41:** Basiskonzepte des Prozessgraphmodells

modells, eine vollständige und damit ausführbare Repräsentation von Prozessen zu ermöglichen. Explizit repräsentiert werden lediglich die für die Optimierung notwendigen Details der Workflowbeschreibung. Darüber hinaus weist das Prozessgraphmodell auch Gemeinsamkeiten mit grafischen Modellen für Geschäftsprozesse auf. Ergänzend zur formalen Definition existiert auch eine anschauliche grafische Repräsentation für die mit Hilfe des Prozessgraphmodells repräsentierten Workflowbeschreibungen.

### 8.4.5 Das Prozessgraphmodell

Die grundlegenden Konzepte des Prozessgraphmodells sind in Abbildung 41 dargestellt. Im Folgenden werden diese erläutert und insbesondere die Struktur der verschiedenen für PGM definierten Aktivitätstypen diskutiert. Dabei wird eine grafische Darstellung gewählt. Auf die formale Definition des Prozessgraphmodells wird hier zugunsten der Übersichtlichkeit verzichtet. Alle wesentlichen Entwurfsentscheidungen, die zu dieser Form der internen Repräsentation geführt haben, lassen sich auch mit Hilfe der grafischen Darstellung erläutern.

In Abbildung 41 wird zunächst die Dreiteilung des Modells in Partner, Variablen und Kontrollflusslogik deutlich. Unter *Partnern* werden hierbei externe Systeme verstanden, die in den Ablauf eines Workflows eingebunden sind. Hierzu zählen beispielsweise relationale Datenbanksysteme. *Variablen* repräsentieren die Daten, die innerhalb eines Workflows verarbeitet werden. Es ist hierbei insbesondere wichtig, zwischen Datenmengen und einzelnen Datenelementen zu unter-

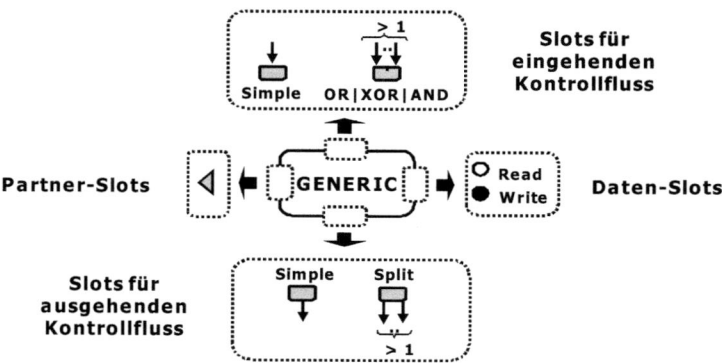

**Abbildung 42:** Aufbau des generischen Aktivitätstyps

scheiden. PGM berücksichtigt diese Unterscheidung in seinem Typsystem. Sowohl bei Partnern als auch bei Variablen ist jeweils ein generischer Typ vorgesehen. Dies ermöglicht es in beiden Bereichen auch solche Partner und Variablen eines Workflows zu berücksichtigen, für die PGM keinen spezifischen Typ bereithält. Der Bereich der *Kontrollflusslogik* umfasst sowohl die einzelnen Aktivitäten als auch den Kontrollfluss, der diese verbindet. Bereichsübergreifend werden in PGM die Kommunikationsbeziehungen zwischen Aktivitäten und Partnern sowie die Datenabhängigkeiten explizit festgehalten. Datenabhängigkeiten beschreiben dabei sowohl auf welche Variablen eine Aktivität zugreift als auch, wie Daten zwischen Aktivitäten weitergegeben werden.

Alle Aktivitätstypen weisen eine gemeinsame Basisstruktur auf. Dieser generische Aktivitätstyp ist in Abbildung 42 gezeigt. Jeder Aktivitätstyp weist verschiedene Slots mit unterschiedlicher Funktion auf. Partner Slots werden jeweils auf der linken Seite dargestellt. Sie erlauben es, die einzelnen Aktivitäten mit den Partnern zu verknüpfen, mit denen sie kommunizieren. Die auf der rechten Seite eines Aktivitätstyps dargestellten Daten-Slots bilden die Grundlage für die explizite Beschreibung der Datenabhängigkeiten. Hierbei wird zwischen Slots für lesende und schreibende Zugriffe unterschieden. Eine Datenflusskante startet also jeweils bei einer Aktivität, die eine Variable schreibt und endet bei einer Aktivität, die die entsprechende Variable liest. Alle weiteren Slots eines Aktivitätstyps sind für die Modellierung des Kontrollflusses vorgesehen. Bei diesen Slots wird jeweils zwischen einer einfachen und komplexen Varianten unterschieden. Ein einfacher Slot für den eingehenden bzw. ausgehenden Kontroll-

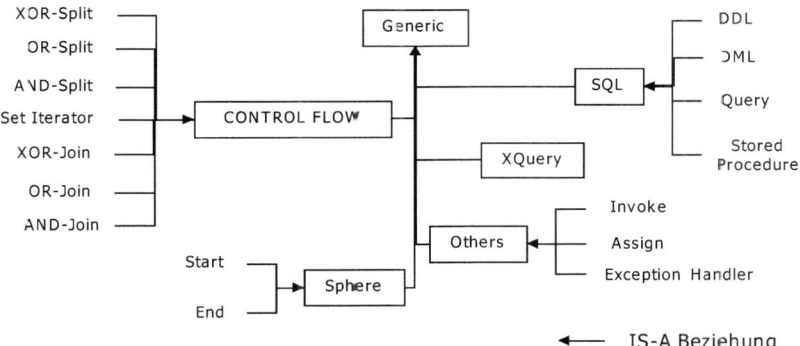

**Abbildung 43:** Hierarchische Beziehung der Aktivitätstypen

fluss beschreibt, dass der Kontrollfluss von jeweils genau einer Aktivität übernommen bzw. an genau eine Aktivität weitergegeben wird. Über die komplexeren Varianten der Slots für den eingehenden Kontrollfluss kann der Kontrollfluss aus mehreren parallel oder alternativ ausgeführten Aktivitäten zusammengeführt werden. Entsprechend erlaubt die komplexe Variante des Slots für den ausgehenden Kontrollfluss eine parallele Fortsetzung der Verarbeitung in mehreren Aktivitäten.

Aufbauend auf dem beschriebenen generischen Aktivitätstyp lassen sich nun verschiedene spezifische Aktivitätstypen beschreiben. Die Hierarchie der für PGM vordefinierten Aktivitätstypen ist in Abbildung 43 dargestellt. Unterschieden wird hierbei in die große Gruppe der für den Kontrollfluss vorgesehenen Aktivitätstypen, den Bereich der Aktivitätstypen für das Datenmanagement auf der Grundlage von SQL- und XQuery-Anweisungen, Aktivitätstypen, die den Start und das Ende eines Ablaufs markieren sowie weiterer spezifischen Aktivitätstypen. Die einzelnen Aktivitätstypen unterscheiden sich in der Art und Anzahl verfügbarer Slots sowie in den zusätzlichen Informationen, die zu den einzelnen Typen festgehalten werden. Für ausgewählte Aktivitätstypen ist die Zuordnung der Slots in Abbildung 44 gezeigt.

Start und Ende eines Ablaufs werden mit Hilfe von Start- und End-Aktivitäten markiert. Diese erlauben es beispielsweise, die in BPEL verfügbaren Scopes nachzubilden. Für den Aufruf von Web Services sind Invoke-Aktivitäten vorgesehen, während Wertzuweisungen mit Hilfe von Assign-Aktivitäten dargestellt

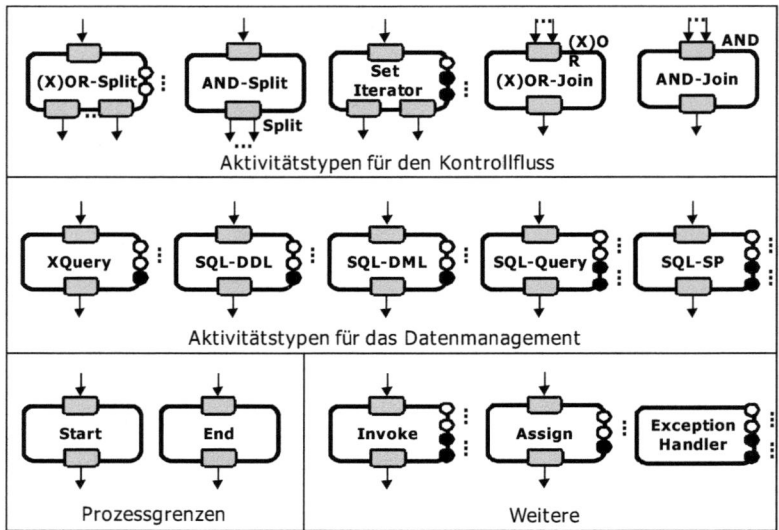

**Abbildung 44:** Aufbau einzelner Aktivitätstypen

werden. Auch diese Aktivitätstypen stellen eine direkte Übertragung der entspre-
chenden BPEL-Aktivitäten dar. Sofern in einer Workflowbeschreibung Exceptions festgelegt werden können, werden diese in PGM mit Hilfe entsprechender
Aktivitätstypen modelliert. Welche Details in Aktivitäten vom Typ Exception
Handler festgehalten werden hängt davon ab, inwieweit sich die Optimierung
auch auf diese Exceptions erstreckt. Sofern die Definition von Exceptions bei der
Optimierung nicht berücksichtigt werden soll oder kann, ist es ausreichend in der
Aktivitäten lediglich die Datenabhängigkeiten zu beschreiben, die die Ausnahmebehandlung zum restlichen Datenmanagement des Workflows aufweist. Im
anderen Extremfall wird die Ausnahmebehandlung vollständig in die Optimierung mit einbezogen. Dann ist es notwendig, sämtliche Details zur Ausnahmebehandlung in PGM zu repräsentieren, d.h. diese wird dann wie der reguläre Workflow auch auf eine Reihe von Aktivitäten und den diese verbindenden
Kontrollfluss abgebildet.

Im umfangreichen Bereich der Datenmanagementaktivitäten wird zunächst
unterschieden in Aktivitätstypen für unterschiedliche Anfragesprachen und darüber hinaus im Fall von SQL auch noch in die verschiedenen verfügbaren Anwei-

sungstypen. Gemeinsam ist diesen Aktivitätstypen, dass der Kontrollfluss jeweils über einen einfachen Slot als Eingang und einen einfachen Slot als Ausgang dargestellt wird. Sämtliche Datenmanagementaktivitäten können mehrere Variablen lesen und in Abhängigkeit vom Anweisungstyp auch mehrere Variablen schreiben. Zusätzlich zu der mit Hilfe der Slots und der über diese erreichten expliziten Beschreibung von Abhängigkeiten werden in den Datenmanagementaktivitäten auch jeweils die zugehörigen Datenbearbeitungsanweisungen vollständig festgehalten..

Damit bleiben noch die Kontrollflussaktivitäten zu betrachten. Sie weisen keinerlei Verbindungen zu Partnern auf. Vielmehr sind sie im Wesentlichen durch die verschiedenen Slots am Eingang und am Ausgang charakterisiert. Unterschieden wird hierbei in solche Aktivitätstypen, die den Kontrollfluss an eine oder mehrere Folgeaktivitäten weitergeben (Split) und solche, die den Kontrollfluss unterschiedlicher Pfade wieder zusammenführen (Join). Durch Kombination dieser Aktivitätstypen lässt sich eine Vielzahl von Kontrollflussmuster beschreiben. Der Aktivitätstyp des Set Iterators betrifft sowohl den Kontroll- als auch den Datenfluss. Er beschreibt eine Iteration auf einer Datenmenge. Diese Datenmenge wird

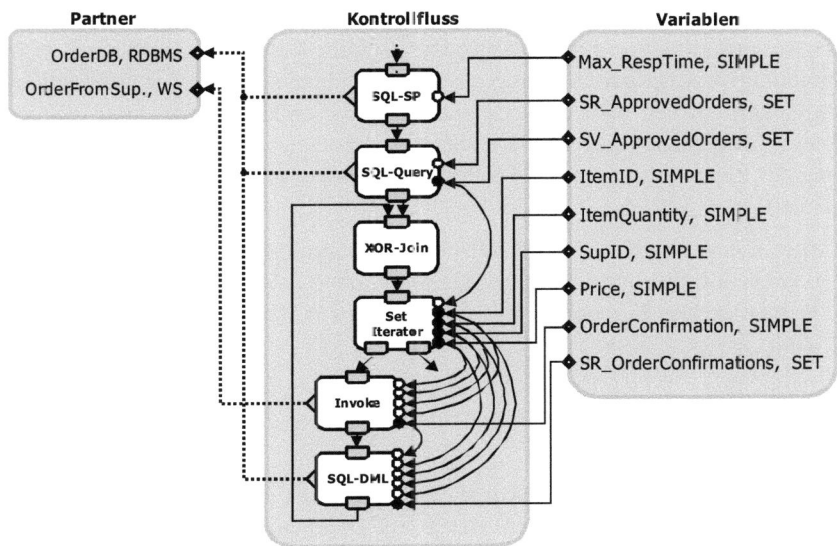

**Abbildung 45:** PGM-Repräsentation des Beispielworkflows

über ein Daten-Slot für den lesenden Zugriff auf eine Variable beschrieben. Für die einzelnen Datenelemente, die damit innerhalb des Iterators zur Verfügung stehen, sind ebenso Daten-Slots vorgesehen. Der Iterator weist genau zwei Ausgangsslots auf. Eines davon verknüpft den Iterator mit der ersten Aktivität, die bei Iteration über der Datenmenge ausgeführt werden soll. Das andere beschreibt den Kontrollfluss für den Fall, dass die Iteration beendet werden soll.

Mit Hilfe der erläuterten Aktivitätstypen kann der Beispielworkflow von Abbildung 37 wie in Abbildung 45 gezeigt repräsentiert werden. Die SQL-Aktivitäten sind dabei in die entsprechenden Datenmanagementaktivitäten von PGM überführt worden. Die Iteration, die in BPEL mit Hilfe der ForEach-Aktivität beschrieben wird, ist durch den Set Iterator von PGM dargestellt

### 8.4.6    Optimierungsregeln auf Basis von PGM

Die Repräsentation von Restrukturierungsregeln wird in diesem Abschnitt exemplarisch an einer solchen Regel demonstriert. Hierfür wurde eine der Tuple-to-Set-Regeln ausgewählt, da diese auch in den in Abschnitt 8.4.2 erläuterten Beispielen Anwendung findet.

Die Ausgangssituation für die Anwendung dieser Restrukturierungsregel ist in Abbildung 46 schematisch gezeigt. In der Abbildung sind die vier notwendigen Aktivitäten mit den relevanten Details und insbesondere mit den notwendigen Datenabhängigkeiten gezeigt. Die zentralen Bedingungen, die für die Anwendung der Restrukturierungsregel erfüllt sein müssen, werden im Folgenden kurz erläutert:

- Bedingung A1: Der Ablauf, auf den die Restrukturierungsregel angewandt werden soll, beginnt mit einer SQL-Aktivität $a_i$, die eine SELECT-Anfrage beinhaltet. Das Ergebnis dieser Anfrage wird in der Variable $v_{set}$ bereitgestellt.

- Bedingung A2: Es folgt eine Aktivität $a_j$ vom Typ XOR-Join. Diese führt den Kontrollfluss der vorangehenden Aktivität und den der nachfolgenden Schleifeniteration zusammen.

- Bedingung A3: Ein Set Iterator $a_k$ ermöglicht die iterative Verarbeitung der in $v_{set}$ bereitgestellten Daten. Bei jedem Durchlaufen dieser Aktivität wird das nächste Tupel aus $v_{set}$ in $v_{row}$ bereitgestellt. Der Set Iterator ermöglicht eine Verzweigung des Kontrollflusses. Sofern weitere Tupel aus $v_{set}$ gelesen

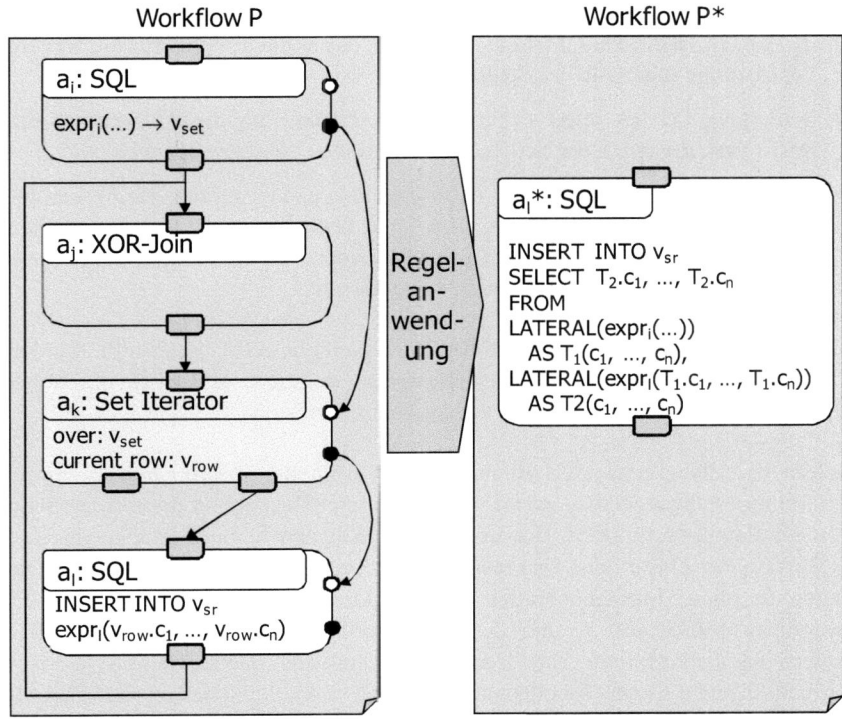

**Abbildung 46:** Restrukturierungsregel Tuple-to-Set

werden können, geht der Kontrollfluss zur nachfolgenden Aktivität innerhalb der Schleife über. Wurde $v_{set}$ vollständig verarbeitet, so wird mit der nächsten Aktivität außerhalb der Schleife fortgesetzt.

- Bedingung A4: Innerhalb der Schleife, die durch die Set-Iterator-Aktivität gestartet wird, folgt eine SQL-Aktivität $a_l$. Diese verarbeitet das jeweils aktuelle Tupel, das durch $v_{row}$ bereitgestellt wird. Auf Grundlage dieser Daten findet ein INSERT in die mit $v_{sr}$ bezeichnete Zieltabelle statt.

- Bedingung D1: Es besteht eine Datenabhängigkeit zwischen den Aktivitäten $a_i$ und $a_j$, d.h. die erste dieser Aktivitäten schreibt eine mengenorientierte Variable, die die zweite liest.

- Bedingung D2: Es besteht eine Datenabhängigkeit zwischen den Aktivitäten $a_k$ und $a_l$. In diesem Fall stellt $a_k$ jeweils das aktuelle Tupel für die weitere Verarbeitung innerhalb der Schleife bereit.

- Bedingung D3: Es muss sichergestellt sein, dass nur die Aktivität $a_l$ die Daten liest, die durch die Set-Iterator-Aktivität $a_k$ geschrieben werden.

- Bedingung C1: Die beiden SQL-Aktivitäten $a_i$ und $a_l$ führen ihre Anweisungen auf demselben Partner aus. Dies kann über die in PGM repräsentierten Verknüpfungen zu den Partnern geprüft werden. In Abbildung 46 sind diese Abhängigkeiten zur Vereinfachung weggelassen.

In der vollständigen Notation, die das Prozessgraphmodell bereitstellt, werden diese Bedingungen natürlich vollständig formal definiert, so dass sie durch den Optimierer einfach zu verarbeiten und zu überprüfen sind.

Sofern die oben genannten Bedingungen vollständig erfüllt sind, kann die Restrukturierungsregel angewandt werden. Deren Effekt ist auf der rechten Seite von Abbildung 46 skizziert. Das Ergebnis der Regelanwendung ist eine einzelne SQL-Aktivität. Diese führt eine mengenorientierte INSERT-Anweisung aus. Die Daten für diese Einfügeoperation werden durch die Verbindung der beiden Anfrageausdrücke aus $a_i$ und $a_l$ bereitgestellt. Diese sind in der INSERT-Anweisung als korrelierte Tabellenausdrücke enthalten. Gemäß dem SQL-Standard wird jeder dieser Tabellenausdrücke mit dem Schlüsselwort LATERAL gekennzeichnet. Der erste dieser Tabellenausdrücke liefert hierbei das Anfrageergebnis aus $a_i$, das im zweiten Tabellenausdruck, der der ursprünglichen Aktivität $a_l$ entstammt, weiterverwendet wird. Dieser zweite Ausdruck stellt schließlich die Daten bereit, die in die Zieltabelle $v_{sr}$ eingefügt werden.

In Abbildung 46 ist nicht gezeigt, wie die sich als Ergebnis der Restrukturierung ergebende Aktivität in den Workflow eingebettet wird. Hierzu werden sämtliche Kontrollflusskanten, die im Prozess P in der Aktivität $a_i$ endeten, mit der neuen Aktivität verknüpft. Die von dieser neuen Aktivität ausgehende Kontrollflusskante wird von der ursprünglichen Aktivität $a_k$ übernommen. Diese verweist auf die direkt auf die Schleife folgende Aktivität.

### 8.4.7 Eigenschaften des Prozessgraphmodells

Nach der Vorstellung der wesentlichen Konstrukte von PGM und der exemplarischen Erläuterung einer Restrukturierungsregel, sollen in diesem Abschnitt die wesentlichen Eigenschaften des Prozessgraphmodells hervorgehoben werden. Die Diskussion zeigt, dass PGM die in Abschnitt 8.4.4 beschriebenen Anforderungen an eine interne Repräsentation erfüllt.

Die in Abschnitt 8.4.5 vorgestellten Aktivitätstypen sind so allgemein definiert, dass damit Workflows repräsentiert werden können, deren Workflowbeschreibung in ganz unterschiedlichen Sprachen erstellt wurde. Im Bereich des Datenmanagements decken SQL-Aktivitäten verschiedenste SQL-Anweisungen und den Aufruf benutzerdefinierter Funktionen ab. Darüber hinaus sind Web-Service-Aufrufe und einfache Zuweisungen ebenso vorgesehen. Die Kontrollfluss-Aktivitäten sind so gewählt, dass damit alle relevanten Kontrollflussmuster repräsentiert werden können. Für jeden der Aktivitätstypen wird nur die für die Optimierung tatsächlich relevante Information erfasst. Damit ergibt sich eine kompakte Repräsentation des Workflows.

Die explizite Repräsentation aller für die Optimierung relevanter Abhängigkeiten ist möglich. Im Prozessgraphmodell sind hierfür unterschiedliche Slot-Typen vorgesehen, die mit den einzelnen Aktivitätstypen assoziiert sind. Es existieren separate Slot-Typen für Daten, Partner und den Kontrollfluss. Die jeweiligen Abhängigkeiten können in PGM dann durch Kanten zwischen den zugehörigen Slots dargestellt werden. Diese explizit gemachten Abhängigkeiten sind eine wesentliche Voraussetzung für die einfache Formulierung der mit den einzelnen Restrukturierungsregeln verbundenen Bedingungen und Aktionen.

Der generische Aktivitätstyp stellt ein zentrales Konzept des Prozessgraphmodells dar. Er ist einerseits für die kompakte Repräsentation des Workflows und andererseits für die Erweiterbarkeit von PGM von Bedeutung. Mit Hilfe generischer Aktivitäten ist es möglich, bei der Repräsentation von Workflows in PGM diejenige Teile der Workflowbeschreibung auszublenden, die für die Optimierung nicht relevant sind. In die generische Aktivität werden dabei keinerlei Detailinformationen der zugehörigen Aktivität aus der gegebenen Workflowbeschreibung übernommen. In PGM wird lediglich der Kontrollfluss im Bezug auf die anderen Aktivitäten des Workflows sowie die Menge der Datenabhängigkeiten, die zu den anderen Aktivitäten bestehen, explizit beschrieben. Dies führt zu einer erheblichen Vereinfachung des Prozessgraphmodells.

Der generische Aktivitätstyp ist ebenfalls für die Erweiterbarkeit von PGM von
Bedeutung. Alle Detailinformationen der Workflowbeschreibung, die für die
Optimierung nicht von Bedeutung sind, werden zunächst mit Hilfe dieses Aktivitätstyps repräsentiert. Wenn zu einem späteren Zeitpunkt zusätzliche Restrukturierungsregeln unterstützt werden sollen, die diese Detailinformation teilweise
benötigen, dann kann dies einfach durch die Erweiterung von PGM um einen
neuen, speziellen Aktivitätstyp erfolgen. Bei der Definition dieses neuen Aktivitätstyps muss darauf geachtet werden, dass alle für die zusätzliche Restrukturierungsregel relevanten Informationen repräsentiert werden können. Ist dies gegeben, so kann die Menge der Restrukturierungsregeln für den Optimierer einfach
erweitert werden. Zusätzlich sind lediglich noch die Komponenten des Optimierers anzupassen, die für die Abbildung einer Workflowbeschreibung in PGM und
umgekehrt zuständig sind. Auf diese Art und Weise kann beispielsweise die
Optimierung erweitert werden, um neben in SQL formulierte Anfragen auch
XQuery-Ausdrücke zu berücksichtigen.

Das Prozessgraphmodell ist so aufgebaut, dass die zentralen Operationen, die ein
PGM-Optimierer darauf ausführt, gut unterstützt werden. Die Graphstruktur
kombiniert mit der expliziten Repräsentation wichtiger Abhängigkeiten erlaubt
ein effizientes Überprüfen der Bedingungen, die für die Anwendung der einzelnen Restrukturierungsregeln gelten müssen. Die Abbildung einer Workflowbeschreibung in das Prozessgraphmodell ist ebenfalls einfach möglich. Die Aktivitäten, die einzelne Verarbeitungsschritte des Workflows ausführen, werden direkt
in die passende PGM-Aktivität überführt, sofern deren Details für die Optimierung notwendig sind. Andernfalls erfolgt eine Abbildung auf eine generische
Aktivität. Zur Abbildung des Kontrollflusses werden in der Kontrollflussbe-
schreibung typische Kontrollflussmuster identifiziert und in das passende Muster
in PGM übersetzt. Diese auf der Erkennung von Mustern basierende Vorgehensweise unterstützt die Erstellung vollständiger und konsistenter Strukturen im Prozessgraphmodell.

Bleibt zuletzt die Frage, wie aus einer Workflowbeschreibung im Prozessgraphmodell wieder eine ausführbare Workflowbeschreibung in einer Workflowbeschreibungssprache erstellt werden kann. Da das Prozessgraphmodell lediglich
eine Sicht auf die ursprüngliche Beschreibung des Workflows bietet und wie
erläutert für die Optimierung nicht relevante Teile ausblendet, bedarf es hier
zusätzlicher Schritte. Im Prozessgraphmodell wird dies dadurch gelöst, dass jede
PGM-Aktivität zusätzlich die Beschreibung der zugehörigen Aktivität aus der

ursprünglichen Workflowbeschreibung kapselt. Wenn BPEL als Workflowbeschreibungssprache verwendet wird, dann enthält also jede PGM-Aktivität auch
die BPEL-Beschreibung, die ihr zugrunde liegt. Auf diesem Weg ist es dann
möglich, Aktivitäten, die keiner Optimierung unterzogen wurden und darum im
Prozessgraphmodell beispielsweise als generische Aktivitäten repräsentiert sind,
bei der Rücktransformation in eine Workflowbeschreibungssprache korrekt zu
behandeln, d.h. es wird einfach wieder die ursprüngliche Beschreibung der Aktivität verwendet.

### 8.4.8    Kontrollstrategie

Im Rahmen der PGM-Optimierung können die einzelnen Restrukturierungsregeln nicht unabhängig von einander betrachtet werden. Vielmehr sollten Abhängigkeiten, die zwischen diesen Regeln bestehen, berücksichtigt und sofern möglich für eine effizientere Optimierung genutzt werden. Beispielsweise kann die
Anwendung einer der Restukturierungsregeln aus dem Bereich Aktivity Merging
Rules dazu führen, dass mehrere Aktivitäten innerhalb einer Schleife zu einer
einzigen Aktivität zusammengefasst werden. Wenn als Ergebnis dieser Restruk-

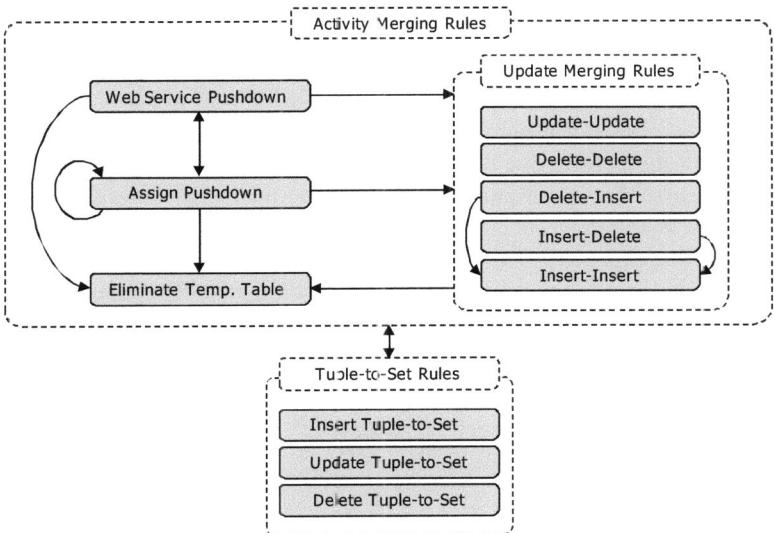

**Abbildung 47:** Abhängigkeiten zwischen Restrukturierungsregeln

turierung innerhalb der Schleife nur noch eine einzelne Aktivität erhalten bleibt, dann kann unter Umständen im nächsten Schritt mit Hilfe einer der Regeln aus dem Bereich Tuple-to-Set die komplette Schleife aufgelöst werden. In diesem Fall ist es somit sinnvoll, direkt nach dem Verschmelzen der Aktivitäten in der Schleife zu prüfen, ob eine Tuple-to-Set-Regel im nächsten Schritt angewandt werden kann. Das aufwändige Überprüfen der Bedingungen für andere Restrukturierungsregeln sollte an dieser Stelle unterbleiben. Im Folgenden wird erläutert, wie die in Abbildung 47 gezeigten Abhängigkeiten im Rahmen einer Kontrollstrategie genutzt werden können.

Als Grundlage für die Kontrollstrategie muss zunächst die Einteilung in Optimierungssphären berücksichtigt werden. Solche Sphären bezeichnen Bereiche in einer mit Hilfe des Prozessgraphmodells erstellten Workflowbeschreibung, für die folgendes gilt: Restrukturierungsregeln dürfen nur innerhalb solcher Optimierungssphären angewandt werden, d.h. alle Aktivitäten, die von einer Restrukturierungsregel betroffen sind, müssen vollständig innerhalb einer solchen Optimierungssphäre liegen. Optimierungssphären werden in PGM mit Hilfe der Start- und der End-Aktivität markiert.

Der Zweck der Optimierungssphären lässt sich beispielsweise an der in BPEL definierten SCOPE-Aktivität festmachen. Scopes, die auch geschachtelt werden können, umfassen neben einer Reihe von Aktivitäten auch sogenannte Fault-Handler und Compensation-Handler. Diese erlauben es zu beschreiben, wie ein Workflow im Fehlerfall fortgesetzt werden soll und welche Aktivitäten notwendig sind, um die Effekte des Workflows zumindest teilweise wieder zurückzunehmen. Werden Restrukturierungsregeln so angewandt, dass sowohl Aktivitäten innerhalb als auch solche außerhalb eines Scopes betroffen sind, so wird auch die Anpassung der zugehörigen Fault- und Compensation-Handler notwendig. Die entsprechende Identifizierung des Anpassungsbedarfs und die Durchführung der Anpassungen erhöht die Komplexität der PGM-Optimierung erheblich, unter anderem da daraus wesentlich komplexere Beschreibungen des Bedingungs- und Aktionsteils der Regeln resultieren. Darum ist es sinnvoll, die Anwendung von Restrukturierungsregeln auf Teilbereiche der Workflowbeschreibung zu begrenzen. In [VS+07] werden deshalb zwei Arten von Optimierungssphären definiert. Die als Scope Optimization Spheres (SOS) bezeichneten Bereiche sind direkt an die Scopes von BPEL bzw. an gleichwertige Konstrukte anderer Workflowbeschreibungssprachen angelehnt. Darüber hinaus sind auch noch Loop Optimization Spheres (LOS) zu berücksichtigen. Diese umfassen jeweils einen

Abschnitt eines Workflows, der wiederholt ausgeführt wird (mit BPEL beispielsweise modelliert durch eine ForEach-Aktivität) sowie zusätzlich alle Aktivitäten,
die Daten für diese wiederholte Ausführung bereitstellen.

Die auf den erläuterten Abhängigkeiten zwischen Restrukturierungsregeln und
den beiden Typen von Optimierungssphären basierende Kontrollstrategie muss
zunächst die Schachtelung dieser Sphären berücksichtigen. Aufgrund dieser
Schachtelung ergibt sich eine Baumstruktur von Optimierungssphären, die per
Tiefensuche durchlaufen wird. Auf diese Weise wird sichergestellt, dass jede
Sphäre zunächst für sich allein optimiert wird, bevor die umschließenden Sphären ebenfalls optimiert werden. Wenn eine solche umschließende Sphäre optimiert wird, ist die Optimierung der eingeschlossenen Optimierungssphären zwar
bereits abgeschlossen, die Sphären bleiben allerdings im Regelfall erhalten.
Diese eingeschlossenen Sphären müssen dann bei der Optimierung der umschließenden Sphäre als eine Art Black Box betrachtet werden. Das bedeutet, dass der
Inhalt der eingeschlossenen Sphäre nicht weiter bei der Optimierung berücksich-

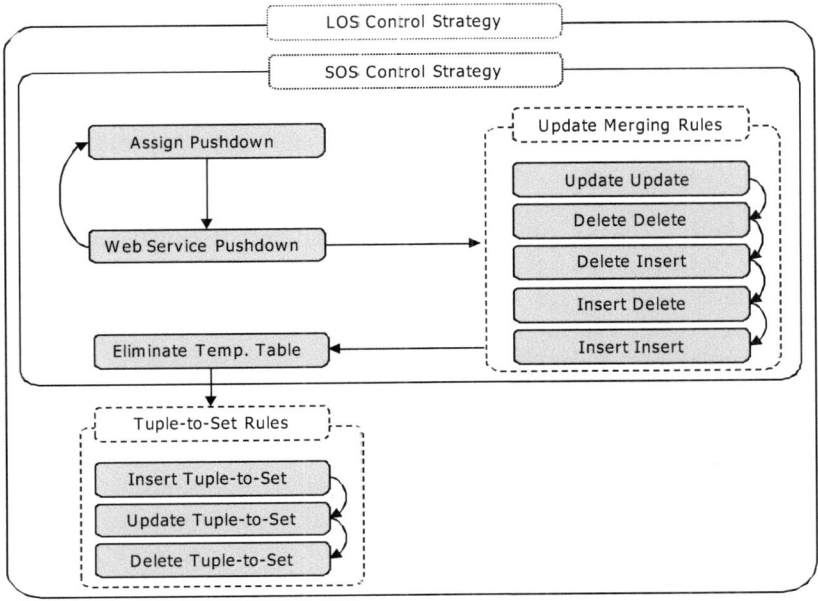

**Abbildung 48:** Kontrollstrategie für die PGM-Optimierung

tigt wird (aufgrund der Tiefensuche muss die Optimierung für die eingeschlossene Sphäre ja bereits abgeschlossen sein). Allerdings werden die Datenabhängigkeiten, die zu dieser eingeschlossenen Sphäre bestehen auch berücksichtigt, wenn die umschließende Sphäre restrukturiert wird.

Sobald die nächste zu bearbeitende Optimierungssphäre identifiziert ist, können die Restrukturierungsregeln innerhalb dieser Sphäre angewandt werden. Hierbei sind einerseits die Abhängigkeiten zwischen den einzelnen Regeln zu berücksichtigen und andererseits hängt die Menge anwendbarer Restrukturierungsregeln von Typ der Optimierungssphäre ab. In Abbildung 48 sind die beiden daraus resultierenden sphärenspezifischen Kontrollstrategien dargestellt. Im Rahmen der LOS ist es zunächst erfolgversprechend, solche Regeln anzuwenden, die einzelne Aktivitäten verschmelzen. Dies ermöglicht es aufbauend darauf, mit Hilfe einer der Regeln aus dem Bereich Tuple-to-Set ein komplettes Schleifenkonstrukt zu beseitigen. Der letztere Schritt ist im Rahmen der SOS nicht notwendig, weshalb für diese Art der Optimierungssphären eine eingeschränkte Menge von Restrukturierungsregeln zur Anwendung kommt.

### 8.4.9  Effektivität der Optimierung

Die Effektivität der PGM-Optimierung wird insbesondere in [VS+07] untersucht. Die durchgeführten Messungen erfolgten auf einem Zwei-Prozessorsystem unter Windows Server 2003. Die Auswirkungen der einzelnen Restrukturierungsregeln sind in Abbildung 49 gezeigt. Hierzu wurden einzelne Beispielworkflows erstellt, die jeweils die Anwendung genau einer Restrukturierungsregel zuließen. Das Volumen der durch die jeweiligen Beispielworkflows bearbeiteten Daten wurde variiert. In der kleinsten Variante griffen die Workflows auf eine Tabelle mit 10000 Tupeln zu, in der umfangreichsten Variante umfasste die Tabelle eine Million Zeilen. Die Abbildung zeigt eine Aufteilung der Restrukturierungsregeln in zwei Gruppen. Die Regeln einer Gruppe (hierzu gehören die Pushdown- und die Update-Merging-Regeln) haben keine nennenswerten Auswirkungen auf die Laufzeit des Workflows. Die Regel Eliminate-Temporary-Table und insbesondere die Regeln der Gruppe Tupel-to-Set haben dagegen einen erheblichen Einfluss auf das Laufzeitverhalten des Workflows. Nach der Anwendung der Tuple-to-Set-Regel beträgt die Laufzeit des Workflows unter einem Prozent der ursprünglichen Laufzeit, weshalb die zugehörigen Balken in Abbildung 49 kaum sichtbar sind.

Der Gewinn durch das Eliminieren einer temporären Tabelle resultiert sowohl aus dem geringeren Overhead für das Verwalten der temporären Tabelle als auch aus der Tatsache, dass als Ergebnis der Regelanwendung zunächst unabhängige SQL-Anweisungen zusammengeführt werden. Dies ermöglicht es dem Optimierer des ausführenden Datenbanksystems, einen effizienteren Ausführungsplan zu identifizieren. Die Anwendung einer der Tuple-to-Set-Regeln führt zu einer Laufzeitreduktion um mehrere Größenordnungen. Auch hier spielen zwei Aspekte eine Rolle. Einerseits wird die tupelweise Verarbeitung innerhalb einer Schleife durch eine mengenorientierte SQL-Anweisung ersetzt. Andererseits erlaubt diese durch die Restrukturierung erstellte SQL-Anweisung weitergehende Optimierungsschritte durch das ausführende Datenbanksystem. Diese sind für die einzelnen, im ursprünglichen Workflow iterativ ausgeführten SQL-Anweisungen nicht möglich.

Abbildung 50 zeigt die Auswirkungen der Anwendung mehrerer Restrukturierungsschritte auf ein komplexeres Szenario. Der hier zugrunde liegende Beispielworkflow entspricht weitgehend dem Beispiel aus Abbildung 37. Gezeigt ist jeweils die Laufzeit des unoptimierten Workflows als 100% und die entsprechende Angabe für den optimierten Workflow nach der Anwendung der folgen-

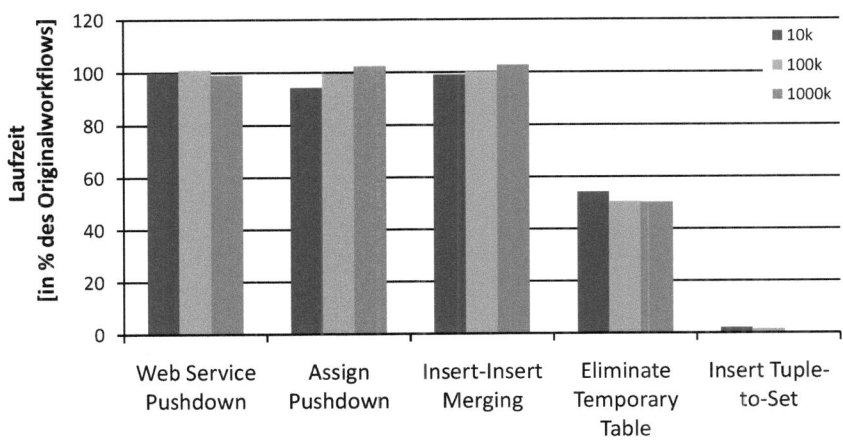

**Abbildung 49:** Effektivität einzelner Restrukturierungsregeln

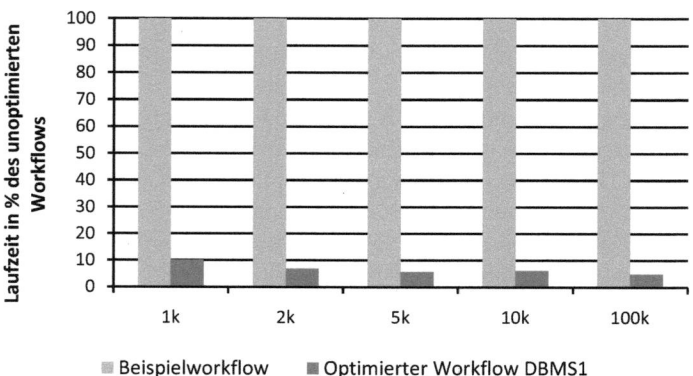

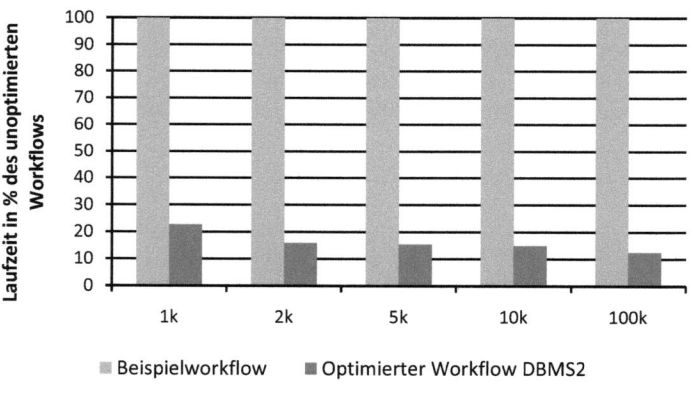

**Abbildung 50:** Optimierung des Beispielworkflows

den Regeln: Web Service Pushdown, Tuple-to-Set und Eliminate-Temporary-Table. Die Abbildung zeigt darüber hinaus, dass sich Laufzeitverbesserungen unabhängig vom ausführenden Datenbanksystem und unabhängig vom verarbeiteten Datenvolumen erzielen lassen.

In Abschnitt 8.4.2 sind weitere Optionen der PGM-Optimierung aufgezeigt. Hierzu gehört insbesondere das Anwenden der Restrukturierungsregeln auf die Beschreibung von Datenmanagementaktivitäten, z.B. auf benutzerdefinierte

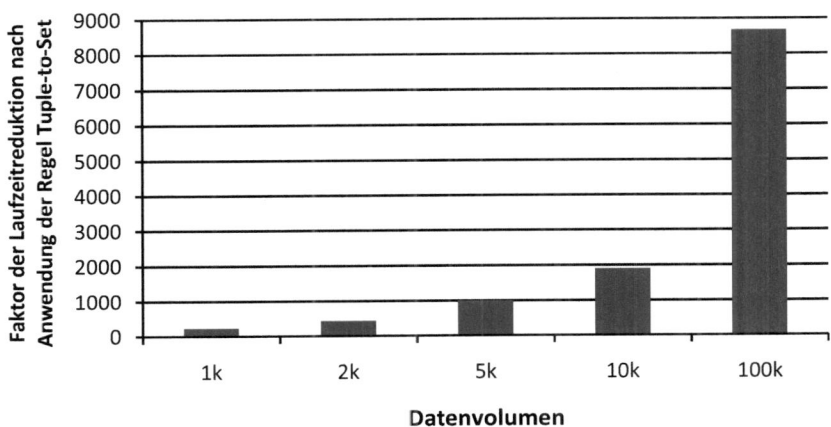

**Abbildung 51:** Optimierung einer benutzerdefinierten Funktion

Funktionen. In Abbildung 51 wird der Laufzeitgewinn gezeigt, der sich bei Anwendung von Restrukturierungsregeln auf die Funktion PrepareApprovedOrders (siehe Abbildung 37) erreichen lässt. Insbesondere mit zunehmender Datenmenge lässt sich die Laufzeit der Funktion um mehrere Größenordnungen reduzieren. Diese Verbesserung wird in erster Linie durch das Auflösen der in der ursprünglichen Variante der Funktion vorhandenen Schleife erzielt.

Die Optimierung der benutzerdefinierten Funktion kann nun in das Gesamtszenario aus Abbildung 37 eingebunden werden. Dazu wird das PGM-Modell zur Workflowbeschreibung sowie das PGM-Modell zur benutzerdefinierten Funktion erstellt. Beide Bereiche werden dann separat optimiert, was den Beispielworkflow aus Abbildung 38 zum Ergebnis hat. In Abbildung 52 wird dies als isolierte Optimierung bezeichnet. Die Messungen zeigen, dass auch hier eine erhebliche Laufzeitverbesserung erzielt werden kann.

Eine weitere in Abschnitt 8.4.2 beschriebene Optimierungsmöglichkeit besteht darin, die Workflowbeschreibung und die Beschreibung der enthaltenen Datenmanagementaktivitäten in eine gemeinsame interne Repräsentation in PGM zu überführen und diese mit Hilfe der erläuterten Restrukturierungsregeln zu optimieren. Das Ergebnis dieser Vorgehensweise ist in Abbildung 39 gezeigt. Zu dieser kombinierten Optimierung gehörende Messungen zeigt ebenfalls Abbildung 52. Hier wird deutlich, dass die integrierte Betrachtung der Workflowbeschrei-

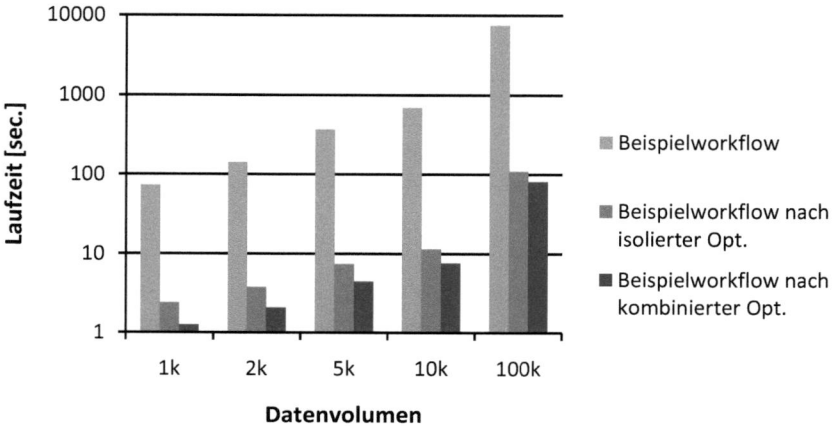

**Abbildung 52:** Optimierung von benutzerdefinierter Funktion
und Workflowbeschreibung

bung und der enthaltenen Datenmanagementaktivitäten zusätzliches Optimierungspotenzial in sich birgt. Im Vergleich zur isolierten Optimierung ist der
zusätzliche Performanzgewinn zwar geringer, allerdings konnte in den Messungen gezeigt werden, dass eine Verbesserung um den Faktor zwei realistisch ist. In
Abbildung 52 erscheint der Gewinn aufgrund der logarithmischen Skala weit
weniger bedeutend. Mit der kombinierten Optimierung wird es beispielsweise
möglich, Aktivitäten zu verschmelzen, die zuvor über die Workflowbeschreibung
und die enthaltenen Datenmanagementaktivitäten verteilt waren und somit bei
der isolierten Betrachtung dieser Bereiche nicht erfasst werden konnten.

### 8.4.10  Zusammenfassung der PGM-Optimierung

Im Zentrum der PGM-Optimierung steht die Optimierung des Datenmanagements in komplexen, durch Workflows beschriebenen Abläufen. Hierzu werden
die zu einer Anwendung gehörenden Datenmanagementaktivitäten mit Hilfe von
Restrukturierungsregeln so modifiziert, dass deren effizientere Verarbeitung
ermöglicht wird. Diese Restrukturierung bezieht sich immer auf eine Menge von
Datenbearbeitungsanweisungen, die zu einer einzelnen Anwendung gehören.
Darum wird dieser Ansatz in der im Abschnitt 7.3 vorgestellten Klassifikation
dem Bereich der homogenen Optimierung zugeordnet. Der Optimierungsansatz

ist unabhängig davon einsetzbar, welche Vorgehensweise für die Generierung der Datenbearbeitungsanweisungen gewählt wurde. Wesentliche Voraussetzungen für die Optimierung sind einerseits die Verfügbarkeit einer auf die Aktivitätstypen zugeschnittenen Menge an Restrukturierungsregeln und einer passenden Kontrollstrategie. Andererseits muss der Optimierer die Zugehörigkeit der zu optimierenden Datenbearbeitungsanweisungen zu einer Anwendung und deren Ersetzung durch die optimierten Versionen der entsprechenden Anweisungen kontrollieren können. Hierzu ist es sinnvoll, den Optimierer direkt in der Anwendung bzw. im Anwendungsgenerator zu positionieren. In den vorgestellten Arbeiten zur PGM-Optimierung steht die Optimierung als Option des Werkzeugs zur Workflow-Modellierung im Vordergrund. In der in Abschnitt 7.3 erläuterten Klassifikation entspricht dies der Optimierung zum Entwicklungszeitpunkt. In gleicher Weise kann die Optimierung allerdings auch bei der Verteilung der Anwendung - in diesem Fall bei der Verteilung eines Workflows - oder auch durch die Laufzeitumgebung erfolgen. PGM-Optimierung ist somit auch flexibel, was den Optimierungszeitpunkt angeht.

## 8.5 Bewertung der Optimierungsansätze

In diesem Abschnitt werden die vorgestellten Optimierungsansätze bewertet. Im Blickpunkt steht hierbei weniger eine vergleichende Bewertung - die unterschiedlichen Anwendungsgebiete der Optimierungsansätze ergeben sich weitgehend aus deren jeweiliger Zielsetzung - vielmehr wird hier die Gesamtheit der beschriebenen Ansätze bewertet. Einerseits wird hierbei auf deren zentrale Eigenschaften als allgemeine Optimierungsansätze abgehoben. Andererseits werden die Ansätze im Kontext der anfragegenerierenden Systeme und der im Rahmen dieser Arbeit vorgestellten Systembeispiele diskutiert.

### 8.5.1 Bewertung hinsichtlich Effektivität und Ausgereiftheit

Die Darstellung wichtiger Optimierungsansätze für Datenbearbeitungsanweisungen in den vorangegangenen Abschnitten zeigt, dass bezüglich der in Abbildung 26 gezeigten Strukturierung für ein breites Feld von Anwendungsfällen leistungsfähige Optimierungsansätze zur Verfügung stehen. Für das komplette Spektrum von der Optimierung einzelner Anweisungen bis hin zur Kombination vieler Anweisungen und deren Verknüpfung mittels eines komplexen Kontrollflusses sind erprobte Ansätze verfügbar. Mit der Zusammenstellung wichtiger Ergebnisse verschiedener Arbeiten zu diesen Optimierungsansätzen konnte insbesondere das große Optimierungspotenzial aufgezeigt werden. Zu beachten ist, dass sich die erläuterten Optimierungsansätze gegenseitig nicht ausschließen, sondern als sich gegenseitig ergänzende Optionen zu betrachten sind. Welcher Optimierungsansatz primär für einen Anwendungskontext geeignet ist, ergibt sich aus der Analyse der Komplexität des Kontrollflusses, der die einzelnen Datenbearbeitungsanweisungen verknüpft. Ohne Kontrollfluss kommt die Optimierung einzelner Anfragen sowie die Multi-Query-Optimierung in Frage. Sofern als Kontrollflusskonstrukt nur einfache Sequenzen zu berücksichtigen sind, bietet sich der CGO-Ansatz an, während die volle Komplexität bezüglich Kontrollfluss und Heterogenität bezüglich unterstützter Aktivitätstypen nur in der Optimierung auf Grundlage des Prozessgraphmodells berücksichtigt wird. Allerdings sind die letzten beiden Optimierungsansätze ergänzend zur einfachen Anfrageoptimierung und der Multi-Query-Optimierung anzuwenden. Im Rahmen der CGO und der PGM-Optimierung werden Datenbearbeitungsanweisungen zusammengefasst und modifiziert. Für die sich ergebenden, optimierten Datenbearbeitungsanweisungen ist eine weitere Optimierung durch das Datenmanagementsystem allerdings unverzichtbar, wenn eine effiziente Ausführung erreicht werden soll. Ebenso können weitere Maßnahmen der Multi-Query-Optimierung greifen. Der CGO-Ansatz und die PGM-Optimierung nutzen durch ihre Restrukturierungsmaßnahmen einen Teil des Optimierungspotenzials. Darüber hinaus eröffnen sie weiteres Optimierungspotenzial auf der Ebene der einzelnen Anfragen, das so vor der Restrukturierung noch nicht gegeben ist.

Die Ausgereiftheit der Ansätze zeigt sich unter anderem daran, dass in den meisten Fällen sowohl eine heuristische als auch eine kostenbasierte Vorgehensweise zur Verfügung steht. Lediglich im Bereich der PGM-Optimierung stehen Arbeiten zur kostenbasierten Optimierung noch aus. Bei der Berücksichtigung von Kosteninformation im Rahmen der PGM-Optimierung stellt sich ein zusätzliches Problem, das eine einfache Übertragung der für die anderen Optimierungsansätze erzielten Erkenntnisse unmöglich macht. Kostenbasierte Anfrageoptimierung setzt voraus, dass zu den einzelnen Operatoren des Datenmanagements Kostenschätzungen erstellt werden können. Dies wird für diejenigen Bereiche hinreichend gut beherrscht, in denen sehr ähnliche Operationen zur Datenbearbeitung berücksichtigt werden müssen, also z.B. die auf der relationalen Algebra basierenden Operatoren mit deren Hilfe SQL-Anfragen repräsentiert werden können. Im Rahmen der PGM-Optimierung ist eine große Heterogenität der Aktivitätstypen und Datenbearbeitungsanweisungen zu berücksichtigen. So müssen vergleichbare Kostenschätzungen für so unterschiedliche Aktivitätstypen, wie SQL-Aktivitäten sowie Web-Service-Aufrufen erstellt werden. Im Bereich der relevanten Datenbearbeitungsanweisungen reicht das Spektrum von einfachen Zuweisungen über SQL- und XQuery-Anweisungen bis hin zu Aufrufen benutzerdefinierter Funktionen. Im Bereich föderierter Datenbanksysteme gibt es zwar bereits Erfahrung mit der Kostenschätzung in heterogenen Umgebungen, bisher fehlt aber ein schlüssiges Konzept diese auf den Bereich der PGM-Optimierung zu übertragen und entsprechend der zusätzlichen Anforderungen zu erweitern.

### 8.5.2    Bewertung im Kontext anfragegenerierender Systeme

Für die Diskussion der Optimierungsansätze im Kontext anfragegenerierender Systeme ist von besonderem Interesse, welchen Einfluss der Generierungszeitpunkt und die daraus folgenden möglichen Optimierungszeitpunkte auf die Optimierungsmöglichkeiten haben. Darüber hinaus ist auch zu untersuchen, inwieweit die Wahl des Generierungsansatzes in einem anfragegenerierenden System die Optionen zur Optimierung von generierten Datenbearbeitungsanweisungen einschränkt.

Bei der Betrachtung des Optimierungszeitpunkts gilt zunächst der einfache Zusammenhang, dass eine Optimierung im konkreten Fall natürlich nur nach der abgeschlossenen Generierung der Datenbearbeitungsanweisungen möglich ist. Für die einzelnen Optimierungsansätze kann darüber hinaus aber beurteilt werden, zu welchen Zeitpunkten eine Optimierung generierter Datenbearbeitungsanweisungen generell möglich ist, und zu welchen nicht. Hierbei fällt auf, dass die Optimierungsansätze weitgehend zum Verteilungs- und Ausführungszeitpunkt angesiedelt sind. In Abbildung 53 ist dieser Zusammenhang dargestellt. Verbesserungen der Datenbearbeitungsanweisungen können zum Entwicklungszeitpunkt zwar ebenfalls erreicht werden. Dann werden hierzu aber typischerweise die bei der Generierung verwendeten Templates und Algorithmen verbessert, so dass eine abgrenzbare Phase der Optimierung nicht identifiziert werden kann. Bei einer Optimierung zum Verteilungs- und/oder Ausführungszeitpunkt ist diese Trennung in der Regel klarer. Dies gilt insbesondere dann, wenn die Optimierung getrennt von der Generierung der Datenbearbeitungsanweisungen, d.h. in einer anderen Systemkomponente durchgeführt wird. Lediglich die Optimierung auf Grundlage des Prozessgraphmodells ist auch zum Entwicklungszeitpunkt einsetzbar. Dieser Ansatz wird verwendet, wenn Workflows und die darin enthaltenen Datenbearbeitungsanweisungen bereits erstellt sind, wobei die Menge der

Aktivitäten und der sie verbindende Kontrollfluss in ihrer Gesamtheit einer Restrukturierung unterworfen werden. Der sich daraus ergebende Workflow wird dann, was die Verteilung und Ausführung angeht, wie jeder andere Workflow auch behandelt. Dieser enge Zusammenhang zur Generierung hat auch Einfluss auf die geeignete Systemarchitektur. In diesem Fall erfolgt die Optimierung sinnvollerweise direkt in der Anwendung oder in der für die Generierung von Datenbearbeitungsanweisungen zuständigen Systemkomponente. Alle anderen Ansätzen, die auf die Optimierung zum Verteilungs- oder Ausführungszeitpunkt fokussieren, können ebenso in einer separaten Systemkomponente oder im Datenbanksystem, das die generierten Datenbearbeitungsanweisungen ausführt, angesiedelt werden.

Betrachtet man den Zusammenhang zwischen Generierungsansatz und möglichen Optimierungsschritten, so bleibt zunächst Folgendes festzuhalten: Sämtliche Ansätze greifen auf die generierten Datenbearbeitungsanweisungen zu und sind nicht auf bestimmte, vom gewählten Generierungsansatz abhängige, Anfragemuster eingeschränkt. Es existieren somit keine Abhängigkeiten dergestalt, dass die Wahl des Generierungsansatzes bestimmte Optimierungsansätze ausschließt oder umgekehrt. Indirekt lässt sich dennoch ein Zusammenhang zwischen Generierungsansatz und Optimierungsmöglichkeiten ableiten. Die Zusammenstellung der Optimierungsansätze in diesem Kapitel sowie die Übersicht in Abbildung 26 zeigen, dass die Optimierung von Datenbearbeitungsanweisungen gerade dann besonders vielversprechend ist, wenn hierbei mehrere Anweisungen gleichzeitig berücksichtigt werden. Dies gilt insbesondere, wenn diese einen

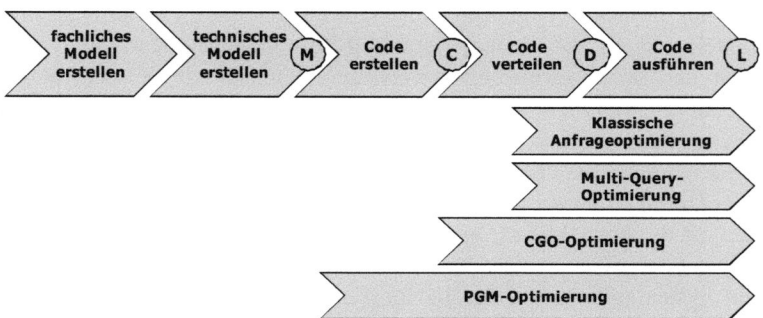

**Abbildung 53:** Zusammenhang zwischen Generierungszeitpunkt und gewinnbringenden Optimierungsansätzen

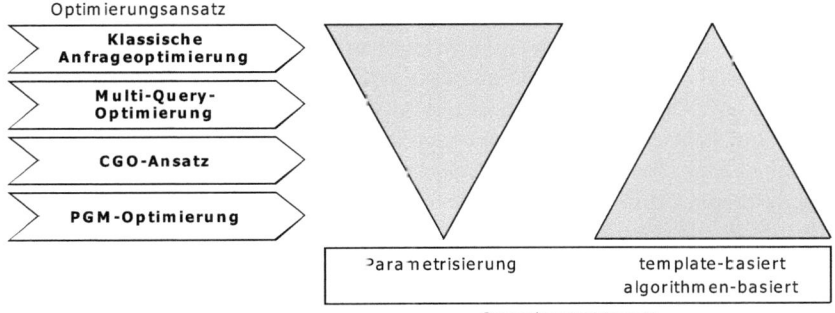

**Abbildung 54:** Bedeutung der Optimierungsansätze für die einzelnen Generierungsansätze

inhaltlichen Zusammenhang aufweisen und durch einen Kontrollfluss miteinander verbunden sind. Solche zusammenhängenden Anweisungen werden typischerweise mit template- oder algorithmen-basierten Generierungsansätzen bereitgestellt. Darüber hinaus ist eine Optimierung der Datenbearbeitungsanweisungen gerade dann besonders interessant, wenn diese Anweisungen einzeln betrachtet einen gewissen Komplexitätsgrad aufweisen, und im Vergleich zueinander eine erhebliche Variabilität zu erkennen ist. Dann ergibt sich bezogen auf die Anweisungen ein erhebliches Optimierungspotenzial, das in der Regel nicht einfach durch eine leichte Modifikation der generierten Anweisungen ausgeschöpft werden kann, da z.B. aufwändige, anweisungsübergreifende Restrukturierungen eingesetzt werden sollten. Auch in diesem Fall erscheinen insbesondere template- und algorithmen-basierte Ansätze geeignet, die mit der Generierung einhergehende Komplexität zu beherrschen. Bei beiden Generierungsansätzen wird man bestrebt sein, die Anzahl der verwendeten Templates bzw. die Anzahl der im Generierungsalgorithmus berücksichtigten Alternativen so weit wie möglich zu begrenzen, um die Generierungskomponente beherrschbar zu halten. Im Sinne dieser Komplexitätsreduktion muss dann teilweise auf Optimierungsmöglichkeiten im Rahmen der Generierung verzichtet werden. Insbesondere beim template-basierten Ansatz können sich bereits bei der Verwendung einiger weniger Templates durch die Schachtelung der auf dieser Grundlage generierten Anfragefragmente, Folgen von Datenbearbeitungsanweisungen mit erheblichem Optimierungspotenzial ergeben. Zusammenfassend bleibt festzuhalten, dass insbesondere diejenigen Generierungsansätze, die auf eine mittlere bis

hohe Variabilität und Komplexität der generierten Anfragen abzielen eine Optimierung der generierten Anweisungen in einer separaten Optimierungskomponente sinnvoll erscheinen lassen und dass gerade für diesen Optimierungsbedarf
in Form des CGO-Ansatzes und der PGM-Optimierung geeignete Ansätze zur
Verfügung stehen. Insgesamt kann somit der in Abbildung 54 dargestellte
Zusammenhang zwischen Generierungsansätzen und den jeweils gewinnbringend nutzbaren Optimierungsansätzen identifiziert werden.

### 8.5.3    Einsatzmöglichkeiten in den Systembeispielen

Aufbauend auf der vorangegangenen Bewertung der Optimierungsansätze wird
in diesem Abschnitt die Eignung der einzelnen Ansätze für die in dieser Arbeit
vorgestellten Systembeispiele untersucht.

### 8.5.3.1    Business Intelligence

Wie in Abschnitt 4.1 erläutert, ist die Datenverarbeitung in Business-Intelli-
gence-Werkzeugen vielfach dadurch gekennzeichnet, dass zu einer Benutzeranfrage eine zusammengehörige Menge von Datenbearbeitungsanweisungen
generiert wird. Daraus folgt unmittelbar, dass für diesen Anwendungsbereich insbesondere die homogenen Optimierungsansätze geeignet sind. In OLAP-Werk-
zeugen sind die Datenbearbeitungsanweisungen typischerweise in Sequenzen
strukturiert. Der Ansatz der CGO ist direkt auf diesen Anwendungsfall zugeschnitten. In Data-Mining-Werkzeugen werden dagegen häufig auch komplexere
Abläufe modelliert, die neben der eigentlichen Analyse der Daten auch die vorab
notwendigen Aufbereitungsschritte umfassen. Zu dieser Datenaufbereitung
gehört dann beispielsweise, Probleme mit der Datenqualität zu erkennen und
geeignete Aktivitäten zu deren Behebung zu starten. Sequenzen reichen häufig
nicht aus, den hierfür notwendige Kontrollfluss zu beschreiben, d.h. die Datenaufbereitung und Analyse der Daten stellen insgesamt einen komplexen Workflow mit eingebetteten Aktivitäten für das Datenmanagement dar. Darum ist der
Ansatz der PGM-Optimierung für Anwendungen im Data-Mining-Bereich
besonders geeignet. Neben diesen für den Bereich Business Intelligence primär
relevanten Optimierungsansätzen erfolgt ergänzend natürlich eine Optimierung
der im Datenmanagementsystem ausgeführten Anweisungen mit Hilfe der Anfrageoptimierung für Einzelanfragen und ggf. auch mit Techniken der Multi-Query-
Optimierung.

### 8.5.3.2    Datenmanagement in datenintensiven Workflows

In diesem Bereich werden Workflows betrachtet, die durch einen potenziell komplexen Kontrollfluss sowie durch die Mischung aus unterschiedlichen Aktivitätstypen gekennzeichnet sind. Wie in Abschnitt 4.2 erläutert reicht das Spektrum der Aktivitätstypen von solchen, die keine spezifischen Aufgaben des Datenmanagements ausführen, über Web-Service- und Stored-Procedure-Aufrufe bis hin zur Ausführung von SQL- und XQuery-Anweisungen. Offensichtlich besteht der Kontrollfluss nicht nur aus Sequenzen, weshalb in diesem Bereich in erster Linie die Optimierung auf Basis des Prozessgraphmodells greift. Nur bei diesem Ansatz wird das breite Spektrum hinsichtlich Kontrollfluss und Aktivitätstypen berücksichtigt.

### 8.5.3.3    Generierung von Repositories und datenintensiven Webanwendungen

Die Generierung von Datenbearbeitungsanweisungen ist in diesem Anwendungskontext in erster Linie notwendig, um den Datenzugriff auf das generierte Repository zu ermöglichen. Die hierfür notwendigen Anweisungen sind typischerweise eher homogen und weisen selten gegenseitige Abhängigkeiten auf. Optimierungsansätze, die wie die CGO und die PGM-Optimierung in erster Linie auf die Betrachtung von Gruppen zusammengehörender Anweisungen abzielen, sind für diesen Bereich somit weniger relevant. Die Einzeloptimierung markiert hier den Bereich zu berücksichtigender Optimierungsansätze. Wie in Abschnitt 7 erläutert gehören hierzu insbesondere die Anfragemodifikation durch den Generator des Repositories oder durch eine separate Systemkomponente sowie die Optimierung der einzelnen generierten Datenbearbeitungsanweisungen durch das ausführende Datenmanagementsystem. Diese Ansätze sind gleichermaßen im Kontext der Generierung von Repositories nutzbar.

Ähnlich stellt sich die Auswahl relevanter Optimierungsansätze für den Bereich datenintensiver Webanwendungen dar. Auch hier werden vorwiegend einfache Datenbearbeitungsanweisungen generiert, die den Zugriff auf die von der Webanwendung zu verarbeitenden Daten ermöglichen. Diese Anweisungen werden typischerweise isoliert betrachtet und sind eher einfach strukturiert, so dass auch hier der Schwerpunkt der Optimierung auf der Einzeloptimierung liegen sollte.

### 8.5.3.4    Semantische Suche

Die Bewertung der Optimierungsmöglichkeiten muss in diesem Bereich für die
beiden in Abschnitt 4.5 erläuterten Beispielsysteme getrennt erfolgen. In u38
werden Suchanfragen der Nutzer mit Hilfe eines vorab erstellten Index bearbeitet. Jede Anfrage wird dabei isoliert ausgewertet, so dass inhaltliche Zusammenhänge der Anweisungen bei der Optimierung nicht ausgenutzt werden können.
Es bleiben somit nur die getrennte Optimierung der einzelnen Suchanfragen oder
der Ansatz der heterogenen Optimierung. Die Optimierung der einzelnen Anfragen ist in verschiedenen Systemkomponenten möglich. In u38 erfolgt die Generierung der Anweisungen in der für die Anfragemodifikation zuständigen Komponente. Hier kann die Optimierung direkt angegliedert werden. Eine weitere
Option besteht darin, die Optimierung in einer zusätzlichen Systemkomponente
zu bündeln. Darüber hinaus kann auch eine Anfrageoptimierung in der für die
Auswertung der Suchanfrage zuständigen Komponente - in u38 der Index Reader
- erfolgen. Die zuletzt genannte Option kann prinzipiell auch auf Gruppen unabhängiger Anfragen ausgedehnt werden, womit sich eine Art Multi-Query-Optimierung realisieren lässt. Inwieweit sich hierfür die bekannten, in Abschnitt 8.2
erläuterten Ansätze der Multi-Query-Optimierung in Datenbanksystemen übertragen lassen wurde bisher nicht weiter untersucht.

Das System EXPOSE zur Suche nach Experten im Web unterstützt dagegen
komplexere Suchprozesse. Im Rahmen solcher Suchprozesse werden typischerweise eine Vielzahl von Anfragen an unterschiedliche Suchmaschinen erstellt.
Aus der resultierenden Ergebnismenge wird in EXPOSE dann das gewünschte
Suchergebnis aufgebaut oder aber die Zwischenergebnisse steuern den weiteren
Suchprozess des Focused Crawler. In jedem Fall sind hier sequentielle Folgen
zusammenhängender Suchanfragen möglich, so dass eine homogene Optimierung vergleichbar mit dem CGO-Ansatz anwendbar ist. Hierzu können die
Sequenzen von Suchanfragen restrukturiert werden, um eine bessere Anfrageper-
formanz zu erzielen. Dies kann einerseits direkt beim Generieren der Suchanfragen und andererseits in einer separaten Systemkomponente erfolgen. Eine
Restrukturierung kann darüber hinaus auch auf der Ebene der Einzelanfragen
vorgenommen werden. Die einzelnen Suchanfragen werden allerdings von verschiedenen Suchmaschinen ausgeführt, deren Suchalgorithmen von außen nicht
analysiert und beeinflusst werden können. Darum ist die Betrachtung der Optimierung auf dieser Systemebene weniger erfolgversprechend. Heterogene Optimierungsansätze sind hier ebenfalls als weniger zielführend zu betrachten.

## 8.6 Zusammenfassung

In diesem Kapitel wurde eine Reihe von Ansätzen zur Optimierung von Datenbearbeitungsanweisungen vertieft und hinsichtlich ihrer Einordnung in die in Kapitel 7 vorgestellte Klassifikation sowie hinsichtlich ihrer Anwendbarkeit auf generierte Datenbearbeitungsanweisungen untersucht. Der Schwerpunkt lag hierbei auf Optimierungsansätzen, die auf die Verarbeitung von Anweisungen in Datenbankmanagementsystemen zugeschnitten sind. Hierzu gehört die klassische Optimierung einzelner Datenbankanfragen ebenso wie die Multi-Query-Optimierung und neuere Ansätze, wie der CGO-Ansatz und die PGM-Optimierung, bei denen eine größere Variationsbreite hinsichtlich der Datenmanagementaktivitäten und des Kontrollflusses berücksichtigt werden. Für die jeweiligen Optimierungsansätze wurde die grundlegende Vorgehensweise vorgestellt und insbesondere bei den neueren Ansätzen deren Effektivität und Effizienz auf der Grundlage von Messungen bewertet. Dabei zeigt sich, dass mit allen Optimierungsansätzen im jeweils passenden Anwendungskontext erhebliche Leistungsverbesserungen - teilweise mehrere Größenordnungen - zu erzielen sind. Die Bewertung der Optimierungsansätze hat darüber hinaus gezeigt, dass mit diesen ein großer Optimierungsbereich abgedeckt wird. Die Ansätze beziehen sich sowohl auf die Optimierung einzelner Anfragen wie auch auf die Optimierung von Gruppen von Anfragen, wobei sowohl der homogene Fall als auch der heterogene Fall vertreten ist. Bei der Bewertung der Optimierungsansätze im Kontext anfragegenerierender Systeme konnte gezeigt werden, dass diese in erster Linie zum Verteilungs- und Ausführungszeitpunkt der generierten Datenbearbeitungsanweisungen anwendbar sind. Darüber hinaus sind die erläuterten Optimierungsschritte unabhängig vom gewählten Generierungsansatz anwendbar. Allerdings zeigt eine genauere Analyse, dass insbesondere diejenigen Generierungsansätze, die auf eine mittlere bis hohe Variabilität und Komplexität der generierten Anfragen abzielen eine separate Optimierung der generierten Anweisungen sinnvoll erscheinen lassen. Für diesen Optimierungsbedarf stehen in Form der Multi-Query-Optimierung, des CGO-Ansatzes sowie der PGM-Optimierung geeignete Ansätze zur Verfügung. Abschließend konnte erläutert werden, in welchen der vorgestellten Systembeispiele die verschiedenen Optimierungsansätze gewinnbringend genutzt werden können.

# 9 Zusammenfassung und Ausblick

In diesem Kapitel werden die zentralen Ergebnisse der Diskussion anfragegenerierender Systeme zusammengefasst. Dabei werden auch Themen identifiziert, die im Kontext dieser Systeme weiter vertieft werden sollten.

## 9.1 Resümee

Generierungsaspekte spielen bei der Erstellung und Nutzung aktueller Informationssysteme eine immer größere Rolle. Generierung kann hierbei verschiedene Facetten aufweisen. Einerseits können komplette Anwendungen mit Hilfe generativer Ansätze erstellt werden. Andererseits werden solche Ansätze vielfach genutzt, um die Datenhaltung eines Informationssystems sowie die für den Zugriff auf diese Daten genutzten Datenbearbeitungsanweisungen zu generieren. In diesem Buch wurden verschiedene Fragestellungen im Zusammenhang mit dem zuletzt genannten Aspekt vertieft. Im Zentrum standen somit Informationssysteme, die Datenbearbeitungsanweisungen generieren. Diese wurden unter dem Begriff *anfragegenerierende Systeme* zusammengefasst.

Für das weitere Verständnis musste der Begriff der anfragegenerierenden Systeme zunächst definiert werden. Ein charakteristisches Merkmal dieser Systeme ist, dass die Datenbearbeitungsanweisungen, die diese für Zugriffe auf Daten nutzen, generiert werden. Die Anweisungen werden im Rahmen der Anwendungsentwicklung nicht vollständig durch die Entwickler festgelegt, sondern bis spätestens zum Ausführungszeit durch Software erstellt oder ergänzt. Besonders zu betonen ist die Breite dieses Begriffes, der neben Datenbankanwendungen und Information-Retrieval-Anwendungen auch Entwicklungswerkzeuge zur Erstellung solcher Anwendungsprogramme umfasst. Die Abgrenzung zu anderen Anwendungsklassen sowie das Spektrum der Sprachen für Datenbearbeitungsanweisungen und deren Komplexität wurde ebenfalls diskutiert.

Ausgehend von der Abgrenzung anfragegenerierender Systeme von anderen Systemklassen, wurden zunächst die zentralen Vorteile der Generierung von Datenbearbeitungsanweisungen herausgearbeitet. Wichtige Gesichtspunkte sind hierbei die Flexibilität der Anwendung hinsichtlich der möglichen Reaktionen auf die Benutzereingabe sowie die Flexibilität bei der Anpassung an die Datenverarbeitungskomponente. Darüber hinaus kann die Generierung von Datenbearbeitungsanweisungen aber auch eine Komplexitätsreduktion sowie eine verbesserte Wartbarkeit für das Anwendungsprogramm bedeuten.

Zur Veranschaulichung grundlegender Aspekte anfragegenerierender Systeme sowie als Grundlage der detaillierten Diskussion im Rahmen dieser Arbeit wurden verschiedene Systembeispiele und Anwendungsszenarien vorgestellt, in denen Datenbearbeitungsanweisungen in unterschiedlichen Varianten generiert werden. Die Auswahl dieser Beispiele zeigt, dass die Generierung von Datenbearbeitungsanweisungen in einem breiten Spektrum von Anwendungen und Anwendungsklassen eine Rolle spielt. Hierzu gehören beispielsweise Anwendungsprogramme im Bereich Business Intelligence und Workflows mit spezifischen Datenmanagementaktivitäten. Der Bereich Webanwendungen ist unter anderem mit dem Werkzeug ALGen, das solche Anwendungen generiert, vertreten. ALGen und SERUM sind darüber hinaus die beiden Vertreter von Werkzeugen zur Generierung vollständiger Anwendungsprogramme. Stellvertretend für den Bereich der Information-Retrieval-Anwendungen wurde EXPOSE sowie u38, ein System zur semantischen Suche, vorgestellt. EXPOSE unterstützt den Anwender bei der Suche nach Experten auf der Grundlage von im Web verfügbaren Informationen. Gerade die beiden letztgenannten Systembeispiele zeigen, dass Ansätze der Anfragegenerierung weit über den klassischen Bereich der Datenbankanwendungen hinaus von Bedeutung sind.

Zur weiteren Strukturierung der anfragegenerierenden Systeme wurde eine Klassifikation vorgestellt. Diese verwendet den Generierungszeitpunkt, die Anfragesprache, den Zusammenhang zwischen Anweisungen sowie deren Variabilität und Komplexität als Kriterien. Das Ziel dieser Klassifikation war es, über die Klassenzuordnung einfache Aussagen bezüglich möglicher Ansätze der Anfragegenerierung sowie bezüglich der für die generierten Datenbearbeitungsanweisungen gegebenen Optimierungsmöglichkeiten abzuleiten. Die einzelnen Systembeispiele wurden schließlich anhand dieser Klassifikation zugeordnet.

Für die Generierung von Datenbearbeitungsanweisungen wurden drei grundlegende Ansätze herausgearbeitet: die Parametrisierung, der template-basierte sowie der algorithmen-basierte Ansatz. Diese wurden hinsichtlich der Aspekte Flexibilität, Komplexität, Variabilität, Konsistenz und Wartbarkeit bewertet. Dabei zeigte sich die Tendenz, dass große Variabilität und Flexibilität des Generierungsansatzes grundsätzlich mit erheblicher Komplexität bei der Erstellung der Generierungskomponente einerseits und bei der Wartung andererseits einhergeht. So gesehen stellt der template-basierte Ansatz einen guten Kompromiss zwischen den beiden Extremfällen dar. Der algorithmen-basierte Ansatz erscheint aufgrund seiner Flexibilität insbesondere dann geeignet, wenn für eine Anwendung offensichtlich eine so große Zahl unterschiedlicher Datenbearbeitungsanweisungen notwendig ist, dass diese mit Hilfe von Templates nicht bereitgestellt werden können. Nur dann ist es vertretbar, den mit diesem Ansatz verbundenen großen Aufwand in Kauf zu nehmen. Der Ansatz der Parametrisierung ist vor allem dann vorzuziehen, wenn die Bandbreite der für eine Anwendung notwendige Datenbearbeitungsanweisungen vergleichsweise gering ist und davon ausgegangen werden kann, dass sich dies auch bei der Wartung der Software nicht weiter ändert.

Zu den Grundlagen anfragegenerierender Systeme sind die Klassifikation dieser Systeme sowie die Gegenüberstellung möglicher Ansätze zur Generierung von Datenbearbeitungsanweisungen als zentrale Ergebnisse hervorzuheben. Auf dieser Grundlage stellten die Herausforderungen der Optimierung generierter Anweisungen den zweiten Schwerpunkt der vorliegenden Betrachtungen dar. Zunächst wurde hierzu untersucht, woraus sich ein Optimierungsbedarf für anfragegenerierende Systeme ergibt. Dabei zeigte sich, dass insbesondere die Notwendigkeit zur Komplexitätsreduktion bei Anweisungsgeneratoren zu Datenbearbeitungsanweisungen führt, die im jeweiligen Ausführungskontext nicht ausreichend effizient verarbeitet werden können. Eine weitere Optimierung der Anweisungen ist somit in vielen Fällen notwendig.

Als Grundlage für eine detaillierte Diskussion wurden zunächst die wesentlichen Merkmale herausgearbeitet, anhand derer mögliche Optimierungsansätze unterschieden werden können. Solche Ansätze können danach unterschieden werden, welche Systemkomponente Datenbearbeitungsanweisungen optimiert und zu welchem Zeitpunkt diese Optimierung ansetzt. Darüber hinaus sollten auch der Optimierungsansatz, der bei der Erstellung der Datenbearbeitungsanweisungen genutzt wurde, und die Optimierungsreichweite berücksichtigt werden. Letztere beschreibt die Menge der Anweisungen, auf die sich Optimierungsmaßnahmen beziehen. Zu trennen sind hierbei Maßnahmen, die nur auf einzelne Anweisungen wirken von solchen, die Auswirkungen auf mehrere Anweisungen einer einzelnen oder unterschiedlicher Anwendungen haben. Insgesamt zeigen die Analysen, dass es spezifische Optimierungsmöglichkeiten in Abhängigkeit von der Optimierungsebene, dem Optimierungszeitpunkt und der Optimierungsreichweite gibt. Der gewählte Generierungsansatz spielt dabei eine eher untergeordnete Rolle. Lediglich bei der Optimierung durch die Anwendung selbst konnten unterschiedliche Optimierungsmöglichkeiten in Abhängigkeit vom gewählten Generierungsansatz identifiziert werden. Des Weiteren ist hervorzuheben, dass eine Optimierung generierter Anweisungen insbesondere bei der Verteilung der Anwendung und/oder zur Laufzeit erfolgen sollte. Zur Entwicklungszeit besteht nur in Ausnahmefällen eine Möglichkeit, die generierten Anweisungen im Sinne einer effizienteren Ausführung zu modifizieren.

Abschließend wurde eine Reihe von Ansätzen zur Optimierung von Datenbearbeitungsanweisungen vertieft und hinsichtlich ihrer Einordnung in die vorgestellte Klassifikation sowie hinsichtlich ihrer Anwendbarkeit auf generierte Datenbearbeitungsanweisungen untersucht. Der Schwerpunkt lag hierbei auf Optimierungsansätzen, die auf die Verarbeitung von Anweisungen in Datenbankmanagementsystemen zugeschnitten sind. Hierzu gehört die klassische Optimierung einzelner Datenbankanfragen ebenso wie die Multi-Query-Optimierung und neuere Ansätze, wie die Coarse-Grained-Optimierung und die PGM-Optimierung, bei denen eine größere Variationsbreite hinsichtlich der Datenmanagementaktivitäten und des Kontrollflusses berücksichtigt werden. Für die jeweiligen Optimierungsansätze wurde die grundlegende Vorgehensweise vorgestellt und insbesondere bei den neueren Ansätzen deren Effektivität und Effizienz auf der Grundlage von Messungen bewertet. Festzuhalten bleibt, dass mit allen Optimierungsansätzen im jeweils passenden Anwendungskontext erhebliche Leistungsverbesserungen zu erzielen sind. Die Bewertung der Optimierungsansätze hat darüber hinaus gezeigt, dass mit diesen ein großer Optimierungsbereich abgedeckt wird. Die Ansätze beziehen sich sowohl auf die Optimierung einzelner Anfragen wie auch auf die Optimierung von Gruppen von Anfragen, wobei sowohl der homogene Fall als auch der heterogene Fall vertreten ist.

Die Optimierungsansätze wurden schließlich im Kontext anfragegenerierender Systeme bewertet. Dabei wurde deutlich, dass diese in erster Linie zum Verteilungs- und Ausführungszeitpunkt der generierten Datenbearbeitungsanweisungen anwendbar sind. Darüber hinaus sind die erläuterten Optimierungsschritte unabhängig vom gewählten Generierungsansatz anwendbar. Die genauere Analyse zeigte, dass insbesondere diejenigen Generierungsansätze, die auf eine mittlere bis hohe Variabilität und Komplexität der generierten Anfragen abzielen eine separate Optimierung der generierten Anweisungen sinnvoll erscheinen lassen. Für diesen Optimierungsbedarf stehen in Form der Multi-Query-Optimierung, des CGO-Ansatzes sowie der PGM-Optimierung geeignete Ansätze zur Verfü-

gung. Abschließend konnte erläutert werden, in welchen vorgestellten Systembeispiele die verschiedenen Optimierungsansätze gewinnbringend genutzt werden können.

Abschließend sollen nochmals die zentralen Ergebnisse hinsichtlich der Optimierung generierter Datenbearbeitungsanweisungen hervorgehoben werden. Hierzu
gehört neben der Feststellung, dass in anfragegenerierenden Systemen typischerweise ein großes Optimierungspotenzial gegeben ist, in erster Linie die Bewertung verfügbarer Optimierungsansätze im Kontext solcher anfragegenerierender
Systeme. Dabei zeigte sich, dass ein breites Spektrum von Ansätzen verfügbar
ist, die weitgehend unabhängig vom gewählten Generierungsansatz eingesetzt
werden können. Sie greifen zu verschiedenen Zeitpunkten im Entstehungs- und
Nutzungsprozess einer Anwendung und decken sowohl die Optimierung einzelner Anweisungen als auch die Optimierung von durch einen komplexen Kontrollfluss verbundenen Anweisungen ab.

## 9.2 Ausblick

Im Rahmen bisheriger Arbeiten lag der Fokus auf verschiedenen Optimierungsansätzen, die sich in erster Linie mit der Optimierung von Datenbearbeitungsanweisungen für relationale Datenbanksysteme befassen. Lediglich bei der PGM-
Optimierung werden auch andere Varianten des Datenmanagements, z.B. in
Form von Web-Service-Aufrufen und benutzerdefinierten Funktionen berücksichtigt. Die für diesen Bereich charakteristische Mischung unterschiedlicher
Datenmanagementaktivitäten wird an Bedeutung sicherlich zunehmen. Dementsprechend bleibt zu prüfen, inwieweit die Optimierungsansätze auch bei zunehmender Heterogenität tragen und inwieweit beispielsweise eine Übertragung auf
XQuery-Anweisungen erfolgen kann. Darüber hinaus sollten in zukünftigen
Arbeiten auch Optimierungsfragen im Bereich des Information-Retrieval adressiert werden. Auch für Suchanfragen sind die im Rahmen dieser Arbeit vorgestellten grundlegenden Optimierungsansätze denkbar. Eine Untersuchung des in
diesem Bereich vorliegenden Optimierungspotenzials sowie eine detaillierte
Bewertung einsetzbarer Restrukturierungsregeln, Heuristiken, Kostenmodelle
und Kontrollstrategien steht jedoch noch aus.

Darüber hinaus liefert die Diskussion der Optimierungsansätze auch Ansatz-
punkte für eine Weiterentwicklung der PGM-Optimierung. Während alle anderen
im Detail hier vorgestellten Optimierungsansätze auf einem Kostenmodell auf-

bauen, wurde bei der Optimierung auf Basis des Prozessgraphmodells bisher nur die heuristische Variante genauer untersucht. Aber auch für die PGM-Optimierung ist davon auszugehen, dass die Berücksichtigung von Kosteninformation zu einer gezielteren Auswahl der Restrukturierungsschritte und damit zu einer sowohl effektiveren als auch effizienteren Optimierung generierter Datenbearbeitungsanweisungen führen kann. Dies ist eine sehr umfassende Aufgabenstellung, da die Heterogenität der zu berücksichtigenden Datenmanagementaktivitäten erhebliche zusätzliche Komplexität hinsichtlich der Kostenbestimmung nach sich zieht. Unter anderem ist zu untersuchen, inwieweit hier Ansätze der lernenden Optimierung berücksichtigt werden sollten.

# 10 Literaturverzeichnis

[Aal97]     W. van der Aalst: Verification of Workflow Nets. In: P. Azema, G. Balbo (Hrsg.): Application and Theory of Petri Nets, LNCS, Vol. 1248, Springer, 1997.

[Aal99]     W. van der Aalst: Formalization and Verification of Event-driven Process Chains. In: Information and Software Technology, Vol. 41, 1999.

[ACN00]     S. Agrawal, S. Chaudhuri, V. R. Narasayya: Automated Selection of Materialized Views and Indexes in SQL Databases. In: Proceedings of 26th International Conference on Very Large Data Bases (VLDB 2000), Cairo, Egypt, September 10-14, 2000.

[AGS97]     R. Agrawal, A. Gupta, S. Sarawagi: Modeling Multidimensional Databases. In: Proceedings of the 13th International Conference on Data Engineering (ICDE 1997), Birmingham, U.K., April 7-11, 1997.

[AH00]      R. Avnur, J. M. Hellerstein: Eddies: Continuously Adaptive Query Processing. In: Proceedings of the 2000 ACM SIGMOD International Conference on Management of Data (SIGMOD 2000), Dallas, Texas, USA, May 16-18, 2000.

[ASU88]     A. V. Aho, R. Sethi, J. D. Ullman: Compilerbau. Addison-Wesley, 1988.

[BC+00]     A. Bongio, S. Ceri, P. Fraternali, A. Maurino: Modeling Data Entry and Operations in WebML. In: Proceedings of WebDB2000, Dallas, USA, May 18-19, 2000.

[BGP00]     L. Baresi, F. Garzotto, P. Paolini: From Web Sites to Web Applications: New Issues for Conceptual Modeling. In Proc. of WCM2000, Salt Lake City, USA, October 2000.

[BGP01]     L. Baresi, F. Garzotto, P. Paolini: Extending UML for Modeling Web Applications. In Proc. of the 34th Annual Hawaii International Conference on System Sciences (HICSS-34), Maui, Hawaii, January 3-6, 2001.

[BHL01]     T. Berners-Lee, J. Hendler, O. Lassila: The semantic web. In: Scientific American, Vol. 2001, No. 5, May 2001.

[BM06]      B. Burke, R. Monson-Haefel: Enterprise JavaBeans 3.0. O'Reilly
            Media, 2006.

[BR99]      R. Baeza-Yates, B. Ribeiro-Neto: Modern Information Retrieval.
            Addison Wesley, 1999.

[BR05]      A. Birman, J. J. Ritsko: Service-Oriented Architecture.   IBM Sys-
            tems Journal, Vol. 44, No. 4, 2005.

[BSZ04]     P. Breitling, H. Schwarz, M. Zimmermann: Verwaltung der Lehr-
            und Lerninhalte in der Metadatenbank MITO. In: Peter Göhner
            (Hrsg.): Information Technology Online: Online-gestütztes Lehren
            und Lernen in informationstechnischen Studiengängen. Münster,
            New York, München, Berlin: Waxmann, Januar 2004.

[BW01]      S. Babu, J. Widom: Continuous Queries over Data Streams. In: SIG-
            MOD Record Vol. 30, No. 3, 2001.

[Cat99]     R. Cattell: The Object Database Standard, Morgan Kaufmann, San
            Francisco, 1999.

[CD97]      S. Chaudhuri, U. Dayal: An Overview of Data Warehousing and
            OLAP Technology. In: SIGMOD Record, Vol. 26, No. 1, 1997.

[CD+00]     J. Chen, D. J. DeWitt, F. Tian, Y. Wang: NiagaraCQ: A Scalable
            Continuous Query System for Internet Databases. In: Proceedings of
            the 2000 ACM SIGMOD International Conference on Management
            of Data (SIGMOD 2000), Dallas, Texas, USA, May 16-18, 2000.

[CFB00]     S. Ceri, P. Fraternali, A. Bongio: Web Modeling Language
            (WebML): a Modeling Language for Designing Web Sites. In Com-
            puter Networks Vol. 33, No. 1-6, June 2000.

[CFM02]     S. Ceri, P. Fraternali and M. Matera: Conceptual Modeling of Data-
            intensive Web Applications. In: IEEE Internet Computing, Vol. 6,
            No. 4, July 2002.

[Cha98]     Chaudhuri, S.: An Overview of Query Optimization in Relational
            Systems. In: Proceedings of the Seventeenth ACM SIGACT-SIG-
            MOD-SIGART Symposium on Principles of Database Systems
            (PODS 1998), Seattle, Washington, USA, June 1-3, 1998.

[CS94]      S. Chaudhuri, K. Shim: Including Group-By in Query Optimization.
            In: Proceedings of the 20th International Conference on Very Large

Data Bases (VLDB 1994), Santiago de Chile, Chile, September 12-15, 1994.

[CS95]    S. Chaudhuri, K. Shim  An Overview of Cost-based Optimization of Queries with Aggregates. IEEE Data Eng. Bull. Vol. 18, No. 3, 1995.

[CS96]    S. Chaudhuri, K. Shim: Optimizing Queries with Aggregate Views. In: Peter M. G. Apers, Mokrane Bouzeghoub, Georges Gardarin (Eds.): Advances in Database Technology; 5th International Conference on Extending Database Technology (EDBT 1996), Avignon, France, March 25-29, 1996, Proceedings. Lecture Notes in Computer Science 1057 Springer 1996.

[DBTG71]  Report of the CODASYL Data Base Task Group, ACM, April,1971.

[DG+92]   D. B. Terry, D. Goldberg, D. Nichols, B. M. Oki: Continuous Queries over Append-Only Databases. In: Proceedings of the 1992 ACM SIGMOD International Conference on Management of Data (SIGMOD 1992), San Diego, California, USA, June 2-5, 1992.

[DH01]    M. Dumas, A. H. M. ter Hofstede: UML Activity Diagrams as a Workflow Specification Language. In: Proceedings of the 4th International Conference on The Unified Modeling Language, Modeling Languages, Concepts, and Tools. Toronto, Canada, October 1-5, 2001.

[DS+98]   B. Dinter, C. Sapia, G. Höfling, M. Blaschka: The OLAP Market: State of the Art and Research Issues. In: Proceedings of the First International Workshop on Data Warehousing and OLAP (DOLAP 1998), Bethesda, Maryland, USA, November 7, 1998.

[FF−98]   M. Fernandez, D. Florescu, A. Levy, D. Suciu, K. Yaewoo: Catching the Boat with Strudel: Experiences with a Web Site Management System. In: Proceedings of ACM SIGMOD International Conference on Management of Data (SIGMOD 1998), Seattle, Washington, USA, June 2-4, 1998.

[FG+05]   N. Folkert, A. Gupta, A. Witkowski, S. Subramanian, S. Bellamkonda, S. Shankar, T. Bozkaya, L. Sheng: Optimizing Refresh of a Set of Materialized Views. In: Proceedings of the 31st International Conference on Very Large Data Bases (VLDB 2005), Trondheim, Norway, August 30 - September 2, 2005.

[FP00]      P. Fraternali, P. Paolini: Model-driven Development of Web Appli-
            cations: the AutoWeb System. In: ACM Transactions on Informa-
            tion Systems Vol. 18, No. 4, October 2000.

[FPS96b]    U. Fayyad, G. Piatetsky-Shapiro, P. Smyth: From Data Mining to
            Knowledge Discovery: An Overview. In: U. Fayyad, G. Piatetsky-
            Shapiro, P. Smyth, R. Uthurusamy (Ed.): Advances in Knowledge
            Discovery and Data Mining. AAAI/MIT Press, Cambridge, Menglo
            Park, California, 1996.

[Fra03]     D. Frankel: Model driven architecture : applying MDA to enterprise
            computing. Wiley, New York, 2003.

[GCP00]     J. Gomez, C. Cachero, O. Pastor: Extending a Conceptual Modelling
            Approach to Web Application Design. In: Proc. of the 12th Internati-
            onal Conference CAiSE 2000, Stockholm, Sweden, June 5-9, 2000.

[GD87]      G. Graefe, D. J. DeWitt: The EXODUS Optimizer Generator. In:
            Proceedings of the Association for Computing Machinery Special
            Interest Group on Management of Data 1987 Annual Conference,
            San Francisco, California, USA, May 27-29, 1987.

[GG01]      M. Garofalakis, P. Gibbons: Approximate Query Processing:
            Taming the TeraBytes. In: Proc. of the 27th International Conference
            on Very Large Data Bases (VLDB 2001), Roma, Italy, September
            11-14, 2001.

[GHQ95]     A. Gupta, V. Harinarayan, D. Quass: Aggregate-Query Processing in
            Data Warehousing Environments. In: Proceedings of 21th Internati-
            onal Conference on Very Large Data Bases (VLDB 1995), Zurich,
            Switzerland, September 11-15, 1995.

[GH+95]     E. Gamma, R. Helm, R. Johnson, J. Vlissides: Design Patterns.
            Addison-Wesley, 1995.

[GK93]      G. Graefe, W. J. McKenna: The Volcano Optimizer Generator:
            Extensibility and Efficient Search. In: Proceedings of the Ninth
            International Conference on Data Engineering (ICDE 1993),
            Vienna, Austria, April 19-23, 1993.

[GL01]      J. Goldstein, P.-A. Larson: Optimizing Queries Using Materialized
            Views: A practical, scalable solution. In: Proceedings of the 2001
            ACM SIGMOD International Conference on Management of Data

(SIGMOD 2001), Santa Barbara, California, USA, May 21-24, 2001.

[Gra95]     G. Graefe: The Cascades Framework for Query Optimization. IEEE Data Engineering Bulletin, Vol. 18, No. 3, 1995.

[GUW02]     H. Garcia-Molina, J. D. Ullman, J. Widom: Database Systems: The Complete Book. Prentice Hall, 2002.

[HF+89]     L. M. Haas, J. C. Freytag, G. M. Lohman, H. Pirahesh: Extensible Query Processing in Starburst. Proceedings of the 1989 ACM SIG-MOD International Conference on Management of Data (SIGMOD 1989), Portland, Oregon, USA, May 31 - June 2, 1989.

[HK06]     J. Han, M. Kamber: Data Mining: Concepts and Techniques. Second Edition, Morgan Kaufmann, Amsterdam u.a., 2006.

[HMRS99]     T. Härder, W. Mahnke, N. Ritter, and H.-P. Steiert: Generating Repo-sitory Managers for Cooperative Design Applications. In: Proc. 2nd Int. Symposium on Cooperative Database Systems for Advanced Applications (CODAS 1999), Singapore, March 1999.

[HR01]     T. Härder, E. Rahm: Datenbanksysteme: Konzepte und Techniken der Implementierung. 2. Aufl., Springer, 2001.

[IBMa]     IBM: WebSphere Business Integration Server Foundation v5.1, http://www-306.ibm.com/software/integration/wbisf

[IBMb]     IBM: Information Integration for BPEL on WebSphere Process Ser-ver, http://www.alphaworks.ibm.com/tech/ii4bpel

[IC93]     Y. Ioannidis, S. Christodoulakis: Optimal Histograms for Limiting Worst-Case Error Propagation in the Size of Join-Results. In: ACM Transactions on Database Systems, Vol. 18, No. 4, 1993.

[IP95]     Y. Ioannidis, V. Poosala: Histogram-Based Solutions to Diverse Database Estimation Problems. In: Data Engineering Bulletin, Vol. 18, No. 3, 1995.

[IP99]     Y. Ioannidis, V. Poosala: Histogram-Based Approximation of Set-Valued Query-Answers. In: Proceedings of 25th International Con-ference on Very Large Data Bases (VLDB 1999), Edinburgh, Scot-land, UK, September 7-10, 1999.

[JK+06]   M. Jakob, F. Kaiser, H. Schwarz, S. Beucker: Generierung von Web-
          anwendungen für das Innovationsmanagement. In: it - Information
          Technology. Heft 4 (August) 2006.

[JFS05]   M. Jakob, F. Kaiser, H. Schwarz: SEMAFOR: A Framework for an
          Extensible Scenario Management System. In: Proceedings of the
          IEEE International Engineering Management Conference (IEMC
          2005), St. John's, Newfoundland, September 11-14, 2005.

[JS+06a]  M. Jakob, H. Schwarz, F. Kaiser, B. Mitschang: Modeling and
          Generating Application Logic for Data-Intensive Web Applications.
          In: Proceedings of the International Conference on Web Engineering
          (ICWE 2006), Palo Alto, California, USA, July 11-14, 2006.

[JS+06b]  M. Jakob, H. Schwarz, F. Kaiser, B. Mitschang: Towards an Opera-
          tion Model for Generated Web Applications. Workshop Model-Dri-
          ven Web Engineering (MDWE 2006), Palo Alto, California, USA,
          July 11, 2006.

[KK02a]   N. Koch, A. Kraus: The Expressive Power of UML-based Web
          Engineering. In: Proc. of IWOOST02, Cyted, 2002.

[KK02b]   A. Kraus, N. Koch: Generation of Web Applications from UML
          Models Using an XML Publishing Framework. In: Proc. of IDPT
          2002, Pasadena, USA, June 2002.

[KM07]    T. Kraft, B. Mitschang: Statistics API: DBMS-independent access
          and management of dbms statistics in heterogeneous environments.
          In: Proceedings of the Ninth International Conference on Enterprise
          Information Systems (ICEIS 2007), Funchal, Madeira, Portugal,
          June 12-16, 2007.

[KR+98]   R. Kimball, L. Reeves, M. Ross, W. Thornthwaite: The Data Ware-
          house Lifecycle Toolkit. Wiley, New York u.a., 1998.

[Kra07]   T. Kraft: A Cost-Estimation Component for Statement Sequences.
          In: Proc. of the 33rd International Conference on Very Large Data
          Bases (VLDB 2007), Vienna, Austria, September 23-28, 2007.

[Kra09]   T. Kraft: Optimization of query sequences. Dissertation Universität
          Stuttgart, 2009.

[KS88]     G. E. Krasner, S. T. Pope: A cookbook for using the model-view controller user interface paradigm in Smalltalk-80. Journal of Object-Oriented Programming, Vol. 1, No. 3, 1988.

[KS+03]    T. Kraft, H. Schwarz, R. Rantzau, B. Mitschang: Coarse-Grained Optimization: Techniques for Rewriting SQL Statement Sequences. In: Proceedings of 29th International Conference on Very Large Data Bases (VLDB 2003), Berlin, Germany, September 9-12, 2003.

[KS04]     T. Kraft, H. Schwarz: CHICAGO: A Test and Evaluation Environment for Coarse-Grained Optimization. In: Proceedings of the 30th International Conference on Very Large Databases (VLDB 2004), Toronto, Canada, August 29 - September 3, 2004.

[KSM07]    T. Kraft, H. Schwarz, B. Mitschang: A Statistics Propagation Approach to Enable Cost-Based Optimization of Statement Sequences. In: Proc. of the 11th East European Conference on Advances in Databases and Information Systems (ADBIS 2007), Varna, Bulgaria, September 29 - October 3, 2007.

[KSJ06]    F. Kaiser, H. Schwarz, M. Jakob: Finding Experts on the Web. In: Proceedings of the International Conference on Web Information Systems and Technologies (WEBIST 2006), Setúbal, Portugal, April 11-13, 2006.

[LK08]     F. Leymann, D. Karastoyanova (Hrsg.): Service Oriented Architecture – Overview of Technologies and Standards. it - Information Technology, Schwerpunktheft zum Thema Service Oriented Architecture, Vol. 50, No. 2, 2008.

[LR00]     F. Leymann, D. Roller: Production Workflows: Concepts and Techniques. London, Prentice-Hall 2000.

[LS+00]    W. Lehner, R. Sidle, H. Pirahesh, R. Cochrane: Maintenance of Automatic Summary Tables. In: Proceedings of the 2000 ACM SIGMOD International Conference on Management of Data (SIGMOD 2000), Dallas, Texas, USA, May 16-18, 2000.

[LS04]     W. Lehner, H. Schöning: XQuery: Grundlagen und fortgeschrittene Methoden. dpunkt Verlag, Heidelberg, 2004.

[Man07]     C. Mangold: A survey and classification of semantic search approaches. In: Int. Journal Metadata, Semantics and Ontology, Vol. 2, No. 1, 2007.

[MAM03]     P. Merialdo, P. Atzeni, G. Mecca: Design and Development of Data-Intensive Web Sites: The Araneus Approach. In: ACM Transactions on Internet Technology Vol. 3, No. 1, February 2003.

[ME00]      J. Melton, A. Eisenberg: Understanding SQL and Java Together. Morgan Kaufmann, 2000.

[MF+90]     I. S. Mumick, S. J. Finkelstein, H. Pirahesh, R. Ramakrishnan: Magic is Relevant. In: Proceedings of the 1990 ACM SIGMOD International Conference on Management of Data (SIGMOD 1990), Atlantic City, NJ, May 23-25, 1990.

[Mel03]     J. Melton: Advanced SQL:1999, Understanding Object-Relational and Other Advanced Features. Morgan Kaufmann, 2003.

[Mic]       Microsoft: Microsoft Workflow Foundation. http://msdn.microsoft.com/windowsvista/building/workflow

[Mil93]     R. Milner: The Polyadic Pi-Calculus: A tutorial. In: F. L. Bauer, H. Schwichtenberg (Hrsg.): Logic and Algebra of Specification, Springer, 1993.

[Mit95]     B. Mitschang: Anfrageverarbeitung in Datenbanksystemen: Entwurfs- und Implementierungskonzepte. Vieweg, Braunschweig, Wiesbaden, 1995.

[MN+05]     J. Mendling, G. Neumann, M. Nüttgens: Yet Another Event-Driven Process Chain. In: Business Process Management 2005.

[MP94]      I. S. Mumick, H. Pirahesh: Implementation of Magic-sets in a Relational Database System. In: Proceedings of the 1994 ACM SIGMOD International Conference on Management of Data (SIGMOD 1994), Minneapolis, Minnesota, USA, May 24-27, 1994.

[MRS99]     W. Mahnke, N. Ritter, H.-P. Steiert. Towards Generating Object-Relational Software Engineering Repositories. In: Tagungsband der GI-Fachtagung Datenbanksysteme in Büro, Technik und Wissenschaft (BTW 1999), A. Buchmann (Hrsg.), Informatik aktuell, Freiburg, März 1999.

[MR+01]    H. Mistry, P. Roy, S. Sudarshan, K. Ramamritham: Materialized View Selection and Maintenance Using Multi-Query Optimization. In: Proceedings of the 2001 ACM SIGMOD International Conference on Management of Data (SIGMOD 2001), Santa Barbara, California, USA, May 21-24, 2001.

[MS02]     J. Melton, A. R. Simon: SQL:1999: Understanding Relational Language Components. Morgan Kaufmann, San Francisco u.a., 2002.

[MS02]     J. Melton, A. R. Simon: SQL:1999, Understanding Relational Language Concepts. Morgan Kaufmann, 2002.

[MS+02]    S. Madden, M. A. Shah, J. M. Hellerstein, V. Raman: Continuously adaptive continuous queries over streams. In: Proceedings of the 2002 ACM SIGMOD International Conference on Management of Data (SIGMOD 2002), Madison, Wisconsin, USA, June 3-6, 2002.

[MSB98]    M. Mitra, A. Singhal, C. Buckley: Improving automatic query expansion. In: SIGIR '98: Proceedings of the 21st Annual International ACM SIGIR Conference on Research and Development in Information Retrieval, ACM Press, New York, NY, USA, 1998.

[MSM05]    C. Mangold, H. Schwarz, B. Mitschang: Improving Intranet Search Engines Using Context Information from Databases. In: Proceedings of the 14th ACM International Conference on Information and Knowledge Management (CIKM 2005), Bremen, October 31 - November 5, 2005.

[MSM06]    C. Mangold, H. Schwarz, B. Mitschang: u38: A Framework for Database-Supported Enterprise Document-Retrieval. In: Proc. of the International Database Engineering & Applications Symposium (IDEAS 2006), Delhi, Indien, December 11-14, 2006.

[Mur89]    T. Murata: Petri nets: Properties, Analysis and Applications. In Proceedings of the IEEE, Vol. 77, No. 4, 1989.

[MZ+05]    R. S. Monteiro, G. Zimbrão, H. Schwarz, B. Mitschang, J. M. de Souza: Building the Data Warehouse of Frequent Itemsets in the DWFIST Approach. 15th International Symposium on Methodologies for Intelligent Systems (ISMIS 2005), Saratoga Springs, New York, USA, Mai 25-28, 2005.

[MZ+06]    R. S. Monteiro, G. Zimbrão, H. Schwarz, B. Mitschang, J. M. De Souza: DWFIST: The Data Warehouse of Frequent Itemsets Tactics Approach. In: Darmont, Jerome (Hrsg.); Boussaid, Omar (Hrsg.): Processing and Managing Complex Data for Decision Support, Idea Group Publishing, April 2006.

[OAS05]    OASIS: Web Services Business Process Execution Language Version 2.0. Committee Draft. http://www.oasis-open.org/committees/download.php/14616/wsbpel-specification-draft.htm,    September 2005.

[OMG06]    OMG/BPMI: Business Process Modeling Notation (BPMN) 1.0: OMG Final Adopted Specification. February 6, 2006.

[Ora]      Oracle: Oracle BPEL Process Manager. p://www.oracle.com/technology/products/ias/bpel/index.html

[PGI99]    V. Poosala, V. Ganti, Y. Ioannidis: Approximate Query Answering using Histograms. In: IEEE Data Engineering Bulletin, Vol. 22, No. 4, 1999.

[PI+96]    V. Poosala, Y. E. Ioannidis, P. J. Haas, E. J. Shekita: Improved Histograms for Selectivity Estimation of Range Predicates. In: Proceedings of the 1996 ACM SIGMOD International Conference on Management of Data (SIGMOD 1996), Montreal, Quebec, Canada, June 4-6, 1996.

[PI97]     V. Poosala, Y. Ioannidis: Selectivity Estimation Without the Attribute Value Independence Assumption. In: Proceedings of 23rd International Conference on Very Large Data Bases (VLDB 2007), Athens, Greece, August 25-29, 1997.

[PHH92]    H. Pirahesh, J. M. Hellerstein, W. Hasan: Extensible/Rule Based Query Rewrite Optimization in Starburst. In: Proceedings of the 1992 ACM SIGMOD International Conference on Management of Data (SIGMOD 1992), San Diego, California, USA, June 2-5, 1992.

[PR00]     E. Pourabba, M. Rafanelli: Hierarchies and Relative Operators in the OLAP Environment. In: SIGMOD Record, Vol. 29, No. 1, 2000.

[PS88]     J. Park, A. Segev: Using Common Subexpressions to Optimize Multiple Queries. In: Proceedings of the Fourth International Conference on Data Engineering (ICDE 1988), Los Angeles, California, USA, February 1-5, 1988.

[RC88]     A. Rosenthal, U. S. Chakravarthy: Anatomy of a Mudular Multiple Query Optimizer. In: Fourteenth International Conference on Very Large Data Bases (VLDB 1988), Los Angeles, California, USA, August 29 - September 1, 1988.

[RG90]     A. Rosenthal, C. A. Galindo-Legaria: Query Graphs, Implementing Trees, and Freely-Reorderable Outerjoins. In: Proceedings of the 1990 ACM SIGMOD International Conference on Management of Data (SIGMOD 1990), Atlantic City, NJ, May 23-25, 1990.

[RH−06]    N. Russel, A. ter Hofstede, W. van der Aalst, N. Mulyar: Workflow Control-Flow Patterns: A Revised Review. BPM Center Report BPM-06-22, 2006.

[Rou82]    N. Roussopolous: View indexing in relational databases. In: ACM Transactions on Database Systems, Vol. 7, No. 2, 1982.

[RS99]     R. Rantzau, H. Schwarz: A Multi-Tier Architecture for High-Performance Data Mining. In: A. P. Buchmann (Hrsg.): Tagungsband GI-Fachtagung Datenbanksysteme in Büro, Technik und Wissenschaft (BTW 1999). Freiburg, 1.-3. März 1999, Informatik Aktuell, Springer, Berlin u.a., 1999.

[RS+98]    P. Roy, S. Seshadri, S. Sudarshan, S. Bhobe: Efficient and extensible algorithms for multi query optimization. In: Technical report, Indian Institute of Technology, Bombay, Oct./Nov 1998.

[RS+00]    P. Roy, S. Seshadri, S. Sudarshan, S. Bhobe: Efficient and Extensible Algorithms for Multi Query Optimization. In: Proceedings of the 2000 ACM SIGMOD International Conference on Management of Data (SIGMOD 2000), Dallas, Texas, USA, May 16-18, 2000.

[RV03]     E. Rahm, G. Vossen (Hrsg.): Web & Datenbanken: Konzepte, Architekturen, Anwendungen. dpunkt-Verlag, 2003.

[SA+79]    P. G. Selinger, M. M. Astrahan, D. D. Chamberlin, R. A. Lorie, T. G. Price: Access Path Selection in a Relational Database Management System. In: Proceedings of the 1979 ACM SIGMOD International Conference on Management of Data (SIGMOD 1979), Boston, Massachusetts, USA, May 30 - June 1, 1979.

[Sch03]   H. Schwarz: Integration von Data Mining und Online Analytical
          Processing: Eine Analyse von Datenschemata, Systemarchitekturen
          und Optimierungsstrategien, Dissertation Universität Stuttgart,
          2003.

[Sch04]   H. Schwarz: Konzeptueller und logischer Data-Warehouse-Entwurf:
          Datenmodelle und Schematypen für Data Mining und OLAP. In:
          Informatik Forschung und Entwicklung. Bd. 18, No. 2, Springer,
          Januar 2004.

[SH05]    M. Stonebraker, J. M. Hellerstein: Readings in Database Systems,
          4th Edition, Morgan Kaufman, 2005.

[Sel86]   T. K. Sellis: Global Query Optimization. In: Proceedings of the 1986
          ACM SIGMOD International Conference on Management of Data
          (SIGMOD 1986), Washington, D.C., USA, May 28-30, 1986.

[Sel88]   T. K. Sellis: Multiple query optimization. In: ACM Transactions on
          Database Systems, Vol. 13, No. 1, March 1988.

[SK+03]   H. Schwarz, T. Kraft, R. Rantzau; Mitschang, Bernhard: Optimie-
          rung von Anfragesequenzen in Business-Intelligence-Anwendun-
          gen. In: it - Information Technology, Bd. 45, No. 4, München:
          Oldenbourg, August 2003.

[SK+05]   S Shankar, A. Kini, D. J. DeWitt, J. F. Naughton: Integrating databa-
          ses and workflow systems. In: SIGMOD Record Vol. 34, No. 3,
          2005.

[SRB96]   D. Schwabe, G. Rossi and S. Barbosa: Systematic Hypermedia
          Application Design with OOHDM. In: The 7th ACM Conference on
          Hypertext, Washington, USA, March 1996.

[SS91]    T. Sellis, L. D. Shapiro: Query Optimization for Nontraditional
          Database Applications. In: IEEE Transactions on Software Enginee-
          ring, Vol. 17, No. 1, 1991.

[SV98]    S. N. Subramanian, S. Venkataraman: Cost based optimization of
          decision support queries using transient views. In: Proc. of the SIG-
          MOD Intl. Conf. on Management of Data (SIGMOD 1998), Seattle,
          USA, June 2-4, 1998.

[SWM01]   H. Schwarz, R. Wagner, B. Mitschang: Improving the Processing of
          Decision Support Queries: The Case for a DSS Optimizer. In: Pro-

ceedings of the 2001 International Database Engineering & Applications Symposium (IDEAS 2001), Grenoble, France, July 16-18, 2001.

[VS+08] M. Vrhovnik, H. Schwarz, S. Radeschuetz, B. Mitschang: An Overview of SQL Support in Workflow Products. In: Proceedings of the 24th International Conference on Data Engineering (ICDE 2008), Cancún, México, April 7-12, 2008.

[VS+07] M. Vrhovnik, H. Schwarz, O. Suhre, B. Mitschang, V. Markl, A. Maier, T. Krart: An Approach to bOptimize Data Processing in Business Processes. In. Proceedings of the 33rd International Conference on Very Large Data Bases (VLDB 2007), Vienna, Austria, September 23-27, 2007.

[VS+08b] M. Vrhovnik, O. Suhre, S. Ewen, H. Schwarz: PGM/F: A FRamework for the Optimization of Data Processing in Workflows. In: Proceedings of the 24th International Conference on Data Engineering (ICDE 2008), Cancún, México, April 7-12, 2008.

[W3C07] W3C: XQuery 1.0: An XML Query Language. W3C Recommendation 23 January 2007.

[XML] XML2DDL. http://xml2ddl.berlios.de

[YL95] W. P. Yan, P.-A. Larson: Eager Aggregation and Lazy Aggregation. In: Proceedings of 21th International Conference on Very Large Data Bases (VLDB 1995), September 11-15, 1995, Zurich, Switzerland.